诚信为本
坚持准则

操守为重
不做假账

——与学习会计的同学共勉

诚信为本
操守为重
坚持准则
不做假账

——与会计的同学共勉

高等职业教育财经类专业群 **智慧财经** 系列教材
高等职业教育财务会计类专业 **“岗课赛证”** 融通系列教材
iCVE 智慧职教 高等职业教育在线开放课程新形态一体化教材

大数据+

财务大数据分析

中国职业技术教育学会智慧财经专业委员会 组编
孙万军 郝海霞 主编
刘双灵 副主编

- 大数据与会计
- 大数据与财务管理
- 大数据与审计
- 会计信息管理
- 财税大数据应用

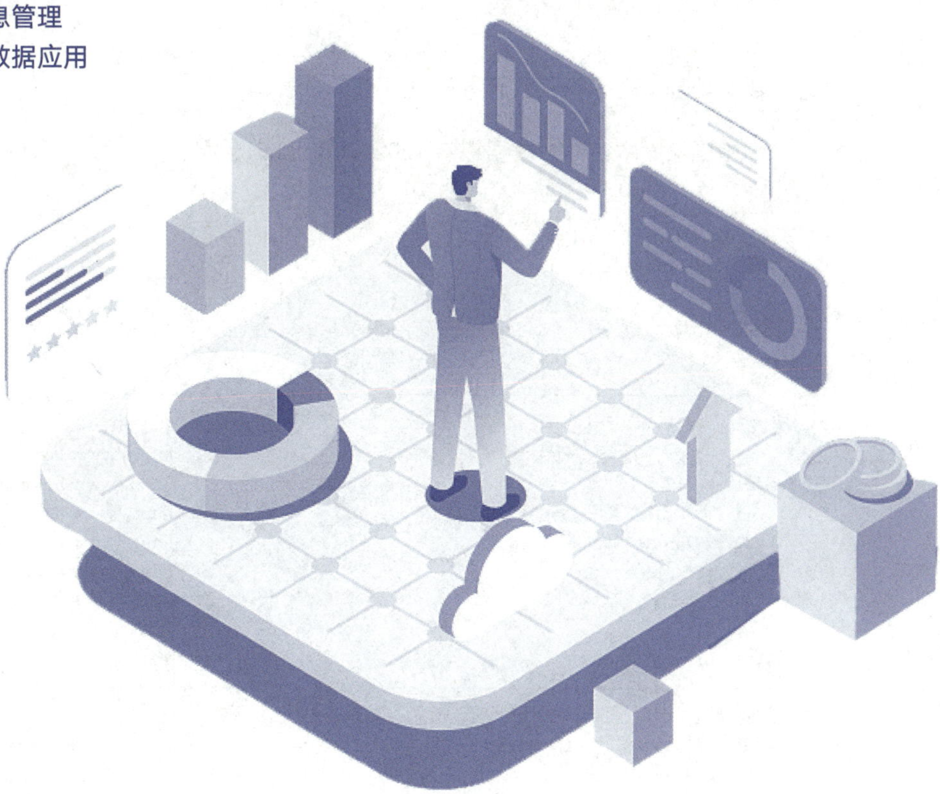

中国教育出版传媒集团
高等教育出版社 · 北京

内容提要

本书是高等职业教育财经类专业群智慧财经系列教材之一，也是高等职业教育财务会计类专业“岗课赛证”融通系列教材之一。

随着经济的发展和新一代信息技术的不断升级，数字经济成为推动中国式现代化的重要力量，在大数据时代如何对企业的财务数据进行深入、有效的分析，并从中获取重要的决策信息，成为当前财务领域重要的研究方向。

“财务大数据分析”是高等职业院校大数据与会计、大数据与财务管理、财税大数据应用等专业的一门专业核心课程。本书贯彻落实立德树人根本任务，注重学生职业素养提升；内容选取适用性强，以Power BI和数据分析平台为工具，主要讲授财务大数据的认知、财务数据采集方法、财务数据预处理方法与财务数据分析方面的知识与技能，“岗课赛证”融通一体化设计，着重培养学生利用新一代数据分析工具进行财务分析，并帮助管理层提高经营管理决策的能力。

本书是新形态理实一体化教材，以制造业行业中一家典型企业的案例为背景，结合企业的业务数据、财务数据和行业数据，培养学生从企业经营管理者和投资者的角度进行企业财务报表分析、企业财务指标分析、企业经营数据分析和财税风险预警分析等，从而及时发现企业在经营管理中存在的问题及潜在的风险，并能够及时提出改善建议。

本书内容新颖、知识全面、应用性强，还配备了完整的教学资源，可以作为高等职业教育专科、本科院校财务会计类专业和应用型本科院校相关专业的教材，也可以作为社会会计从业人员自主学习的参考用书。

图书在版编目（CIP）数据

财务大数据分析 / 中国职业技术教育学会智慧财经专业委员会组编 ; 孙万军，郝海霞主编. -- 北京 : 高等教育出版社，2023.9
ISBN 978-7-04-060015-5

Ⅰ. ①财… Ⅱ. ①中… ②孙… ③郝… Ⅲ. ①财务管理-数据处理-高等职业教育-教材 Ⅳ. ①F275

中国国家版本馆CIP数据核字(2023)第036518号

财务大数据分析
CAIWU DASHUJU FENXI

策划编辑 武君红 张雅楠　　责任编辑 张雅楠　　封面设计 李树龙　　版式设计 马 云
责任绘图 李沛蓉　　责任校对 陈 杨　　责任印制 高 峰

出版发行 高等教育出版社
社　　址 北京市西城区德外大街4号
邮政编码 100120
印　　刷 天津市银博印刷集团有限公司
开　　本 787mm×1092mm 1/16
印　　张 18.5
字　　数 300千字
插　　页 2
购书热线 010-58581118
咨询电话 400-810-0598
网　　址 http://www.hep.edu.cn
　　　　 http://www.hep.com.cn
网上订购 http://www.hepmall.com.cn
　　　　 http://www.hepmall.com
　　　　 http://www.hepmall.cn
版　　次 2023年9月第1版
印　　次 2023年9月第1次印刷
定　　价 48.80元

物 料 号 60015-00

主编简介

孙万军　北京财贸职业学院教授、北京市首批高层次创新创业领军人才。获国家级教学成果奖一等奖1项、二等奖2项。主持研究20多个省部级及以上项目，主编40多本教材，其中首届全国教材建设奖全国优秀教材一等奖1部，普通高等教育“十一五”国家级规划教材4部、“十二五”职业教育国家规划教材6部、“十四五”职业教育国家规划教材4部。

国家级精品课程和国家级精品资源共享课“会计岗位综合实训”负责人、国家职业教育大数据与会计专业教学资源库建设项目“会计综合实训”课程负责人、国家示范性职业学校数字化资源共建共享计划立项课题（一、二期）会计电算化专业精品课程建设项目负责人。

郝海霞　河北工业职业技术大学教授、国际注册会计师、会计师，会计专业群带头人。高等职业教育本科“大数据与财务管理”专业教学标准研制组成员、职业教育国家学分银行专家、河北省科技厅专家、河北省会计学会理事、河北省交通会计学会常务理事、中国职业技术教育学会特聘专家，河北省提质培优行动计划教师教学创新团队带头人。主持课题研究12项，发表学术论文10余篇，发明专利4项，主编教材8本，出版专著2部。

前　言

为全面贯彻《中华人民共和国职业教育法》，加快推进《职业教育专业目录（2021年）》《职业教育专业简介（2022年修订）的实施，满足全国各地高等职业院校财务会计类和财政税务类专业实施新版人才培养方案的教学急需，中国职业技术教育学会智慧财经专业委员会组织全国高职院校和行业企业百余名专家，依据有关专业基础课和专业核心课的教学改革新要求，编写了本套高等职业教育财经类专业群智慧财经系列教材。本书是该系列教材之一，是按照“财务大数据分析”专业核心课程的教学需求而编写的通用教材。

本书以培养学生财务大数据分析能力与职业素养和正确价值观为目标，以财务大数据分析基本理论和财务报表分析为重点，引入企业代表性的真实工作任务、规范的业务流程、科学的管理制度，构建了情境真实、业务典型、过程完整的教学项目，注重培养学生为企业进行财务分析和编写财务分析报告的能力。本书主要内容包括财务大数据认知、财务数据采集、财务数据预处理、企业经营数据分析、企业财务报表分析、企业财务指标分析、大数据财税风险预警分析、财务分析报告撰写八个单元，每个单元由一系列连续的学习任务组成。全书力求体系完整、框架清晰、层次分明，内容由浅入深、由易到难、循序渐进。

本书力求突出以下主要特点：

1. 贯彻党的二十大精神，坚持为党育人、为国育才

本书在培养学生财务大数据分析能力的同时，做到坚持准则、勇于创新、与时俱进、提高技能。在各单元的学习过程中融入培养数据思维、服务数字中国，坚持求真务实、保障数据安全，秉承客观公正、发扬工匠精神，树立全局观念、注重团结协作，坚持系统观念、强化责任意识，树立辩证思维、坚持守正创新，坚持底线思维、做到居安思危，增强法治观念、坚持诚实守信等职业素养提升内容，融价值塑造、知识传授与能力培养于一体。

2. 深化职业教育改革，体现“岗课赛证”融通综合育人

本书适应新技术、新业态、新模式、新制度的要求，紧跟财务数字化、智能化转型发展新趋势，精准对接企业财务分析岗位能力需求，深度融合1+X智能财税职业技能等级证书标准的有关要求，全面引入全国职业院校技能大赛业财税融合大数据应用、会计实务技能赛项规程中的有关技能范围，充分体现“岗课赛证”融通综合育人。

3. 符合项目教学需要，突出职业教育类型特色

本书采用前后贯通的企业应用案例，按照项目导向、任务驱动的教学理念，构建了从财务数据采集、数据预处理，到企业财务报表分析、财务指标分析、经营数据分析、财务分析报告撰写等完整的教学项目，每个阶段的工作任务均包括任务描述、相关知识、任务实现等内容。

4. 配备丰富数字资源，实现线上线下融合互动

本书采用纸质教材与在线开放课程一体化设计的方式开发，教学资源包括课程标准、情境动画、工作任务、相关知识讲解、操作演示视频、学习评价表等，能够满足线上线下混合式教学的需求，能够实现“教”与“学”有机结合、“线上”与“线下”融合互动、“纸媒”和“数媒”无缝切换。

本书由中国职业技术教育学会智慧财经专业委员会组编，由北京财贸职业学院孙万军教授、河北工业职业技术大学郝海霞教授任主编，由中联集团教育科技有限公司刘双灵任副主编，由孙万军、郝海霞、刘双灵、李红萍、孙振丹、朱姝、梁建秋、张文利等共同编写。在本书编写过程中得到了中联企业管理集团、北京财贸职业学院、河北工业职业技术大学等单位的大力支持，高等教育出版社赵洁、武君红、张雅楠为本书的出版付出了大量的心血和精力，谨表示衷心的感谢！

限于作者的水平、实践经验和时间有限，书中难免存在疏漏和不足之处，敬请广大读者批评指正，以使本书日臻完善。

编者

2023年6月于北京

目　录

单元1

财务大数据认知

学习目标

知识目标

◆ 了解大数据的含义、特征、类型与应用范围；

◆ 了解财务大数据的含义与作用；

◆ 理解财务大数据分析的含义、内容与作用；

◆ 了解大数据分析工具的主要功能及其特点。

技能目标

◆ 能够正确安装 Power BI 数据分析工具；

◆ 能够正确安装 Wyn Enterprise 数据分析工具；

◆ 能够正确安装 Python 数据分析工具。

素养目标

◆ 通过本单元学习，领悟财务大数据为企业带来的发展动能，强化数据思维的培养；

◆ 在学习数据分析技术的同时，坚持自强自立、坚定文化自信，培养与时俱进、提高技能的职业态度。

思维导图

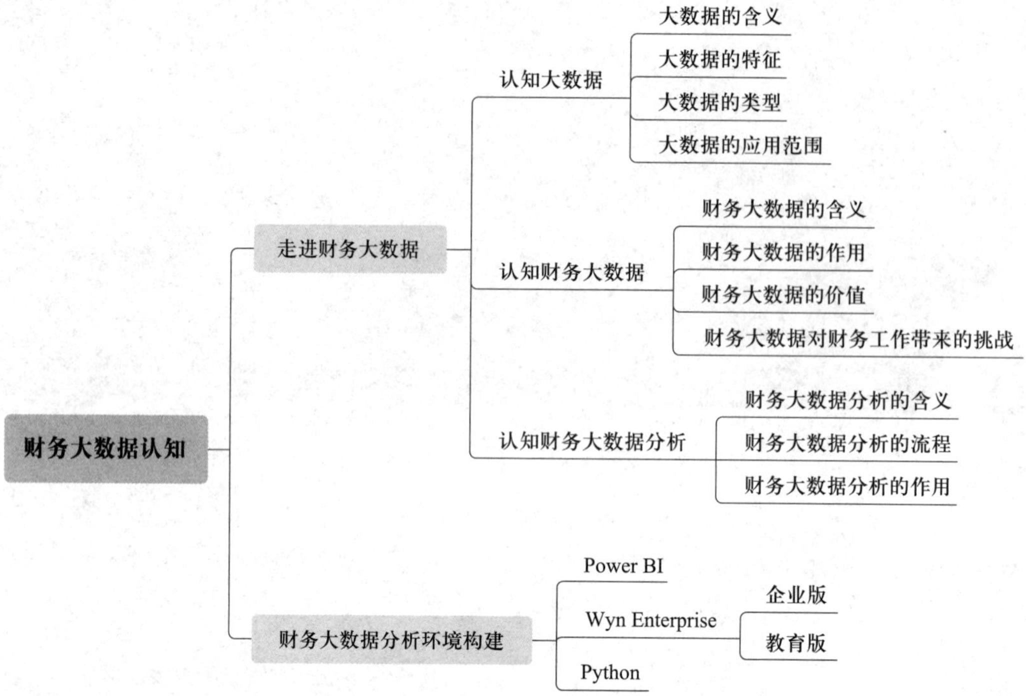

职业素养提升

培养数据思维，服务数字中国

进入信息社会，数据对生产、分配、流通、消费和社会服务管理等各环节产生了重要影响，数据成为新型生产要素，是数字化、智能化的基础，深刻改变着生产方式、生活方式和社会治理方式。数据的爆发增长、海量集聚蕴藏了巨大的价值，带来了新的发展动能，蕴含着新的竞争优势。党的二十大报告指出，“推动战略性新兴产业融合集群发展，构建新一代信息技术、人工智能、生物技术、新能源、新材料、高端装备、绿色环保等一批新的增长引擎。”“加快发展数字经济，促进数字经济和实体经济深度融合，打造具有国际竞争力的数字产业集群。”2021 年 11 月，财政部印发《会计改革与发展“十四五”规划纲要》，提出了“以数字化技术为支撑，以推动会计审计工作数字化转型为抓手，健全完善各种数据标准和安全使用规范，形成对内提升单位管理水平和风险管控能力、对外服务财政管理和宏观经济治理的会计职能拓展新格局”的总体目标。

作为财务工作者，要适应新形势、抓住新机遇，打破传统的结构化和内部数据认知，培养新时代的数据思维，切实学好用好大数据，利用与财务有关的海量数据资源和丰富的应用场景优势，发掘和释放财务数据要素的价值，充分发挥财务数据分析的作用，推动会计数字化转型，为企业经营决策提供科学依据，推动以数据为重要生产要素的数字经济，更好地服务数字中国建设。

任务 1.1　走进财务大数据

【任务描述】

北京康佳医疗有限公司（简称“康佳医疗”）于 2009 年成立，是一家医疗器械制造公司，并向全国医疗机构直销所生产的医疗器械。随着大数据与人工智能等新一代信息技术的迅速发展，大数据在财务中的应用日益广泛，对财务工作产生了深远影响。公司财务部为了更好地对公司财务状况进行分析，以期能够为公司管理层提供更准确的经营管理决策信息，决定让财务部员工小李先去体验一下财务大数据的应用场景，并向财务部汇报调研成果。

任务布置：

进入企业体验财务大数据应用场景或通过网络阅读财务大数据具体案例，编写财务大数据应用故事。

【相关知识】

大数据开启了一次重大的社会转型，它正在改变人们的生活、工作以及理解世界的方式，大数据已经渗透到各行各业的业务领域，逐渐成为重要的生产要素和数据资产。我们要学习大数据，用好大数据，增强利用数据推进各项工作的本领，不断提高对大数据发展规律的把握能力，使大数据在各项工作中发挥更大作用。

一、认知大数据

（一）大数据的含义

大数据（Big Data）是指具有体量巨大、来源多样、生成极快且多变等特征并且难以用传统数据体系结构有效处理的包含大量数据集的数据。大数据也是海量数据、源头多样化、实时生成且高速增长、瞬息变化的数据资产，需要新的处理模式才能具有更强的决策力、洞察力和流程优化能力，是大量数据集与现代化信息技术环境相融合的结果。

从众多来源中采集庞大的数据集形成大数据，以多元形式存在，往往具有实时性。例如在企业销售大数据中，由用户基本数据、商品销售数据、用户反馈信息等组成的数据集，可能来自社交网络、电子商务网站、顾客来访记录等，它们以二维表格、文字、图像、视频等多种形式呈现，并且可能每天每时都在变化。

大数据源于互联网、移动互联网、物联网、人工智能及云计算等新一代信息技术的发展和应用。现阶段大数据应用尚处于初级阶段，根据大数据分析预测未来、指导实践的深层次应用将成为发展重点。当前，大数据治理体系远未形成，特别是隐私保护、数据安全与数据共享利用效率之间尚存在明显矛盾，成为制约大数据发展的重要短板，各界已经意识到构建大数据治理体系的重要意义，相关的研究与实践将持续加强。并且现有大数据理论与技术远未成熟，难以满足对规模高速增长的数据的应用需求，未来信息技术体系将需要颠覆式创新和变革。

（二）大数据的特征

一般认为，大数据具有体量大（Volume）、多样性（Variety）、速度快（Velocity）、多变性（Variability）4 个基本特征。

1. 体量大

构成大数据的数据集的规模大。大数据的特征首先就是数据量大，包括数据采集、存储和计算的量都非常大，数据量的存储单位从过去的 GB、TB，发展到 PB，甚至 EB 或 ZB 级别。

2. 多样性

数据可能来自多个数据仓库、数据领域或多种数据类型。大数据时代的数据类型包括文本、图片、音频、视频、网络日志、地理位置信息等。

3. 速度快

单位时间的数据流量大。数据生成速度快，处理速度高，能够满足实时数据分析需求，高速度是大数据区别于传统数据的显著特征。

4. 多变性

大数据的体量大、速度快和多样性等特征都处于多变状态。

除上述 4 个基本特征外，低价值密度也是大数据的主要特征之一。随着物联网的广泛应用，信息感知无处不在，信息海量，但价值密度较低，存在大量不相关信息。以视频为例，比如警察在破获案件时，需要查看的视频量很大，但可能有价值的信息只有几秒钟，因此可以说视频数据的价值密度很低。虽然单位数据的价值密度在不断降低，但是数据的整体价值在提高。

（三）大数据的类型

数据来源的广泛性，决定了数据类型的多样性。大数据的类型主要有结构化数据、非结构化数据和半结构化数据。

1. 结构化数据

结构化数据是指具有统一的数据结构，一般用关系型数据库表示和存储，可以通过固有键值获取相应信息，表现为二维形式的数据。比如企业的财务系统数据、信息管理系统数据、客户关系管理数据、订单数据等。

2. 非结构化数据

非结构化数据是指数据结构不规则或不完整，没有以一个预先定义的方式来组织，不方便用数据库二维逻辑表来表现的数据。在存储非结构化数据时，网络附属存储（NAS）和对象存储（OSS）是目前两个主要的选择。比如视频、图片、音频、邮件、办公文档等。

3. 半结构化数据

半结构化数据是指介于结构化数据和非结构化数据之间的数据。半结构化数据，属于同一类实体可以有不同的属性，即使它们被组合在一起，这些属性的顺序并不重要。比如 XML 文件、HTML 文件、JSON 文件等。

（四）大数据的应用范围

大数据价值创造的关键在于大数据的应用，随着大数据技术飞速发展，大数据应用已经融入各行各业。大数据产业正快速发展成为新一代信息技术和服务业态，即对数量巨大、来源分散、格式多样的数据进行采集、预处理、存储和关联分析，并从中发现新知识、创造新价值及提升新能力。

大数据已经与我们日常的生活密不可分，其应用无处不在，比如大数据帮助政府实现市场经济调控、公共卫生安全防范、社会舆论监督、精准扶贫等；大数据帮助城市预防犯罪、提升紧急应急能力、提高交通通行效率、实现智慧交通等；大数据帮助医疗机构建立患者的疾病风险跟踪机制，为临床决策提供支持，如进行药品不良反应、疾病并发症监测，开展疾病诊断与预测等；帮助银行等金融机构实现精准营销、降低金融风险等。

大数据思维

二、认知财务大数据

（一）财务大数据的含义

财务大数据是指面向企事业等单位财务应用，采用专门的会计方法，由财务会计和管理会计及相关信息的数据集组成的大数据。财务大数据贯穿企业采购、生产、销售等各阶段，体现经营项目的申请、审批、交易、报账、支付、核算、报告等各环节，能够快速进行财务信息的归档、存储、核算和使用等服务，全面分析财务管理相关指标，帮助企业进行营运管理、投资决策、风险预警和成本管控等管理活动。

财务大数据主要包括来自企业 ERP 系统或会计信息系统中的业务、财务等企业内部数据，来自国家有关行政管理部门的统计数据、公开网站发布的财务报告和商业数据库等外部数据。

财务大数据相比于传统的财务数据更细致、更多维，这也是财务大数据与一般大数据相比具有的主要特征。

（二）财务大数据的作用

1. 财务大数据促进财务部门职能转变

财务大数据的应用使财务人员从传统核算类工作转向管理类工作。传统财务人员职责定位是整理凭证、管理账目、编制报表、档案归档等核算类工作；而大数据时代财务人员职责定位是利用大数据核算业绩、监察内控、管理预算、管理投资等管理类工作。财务数据类型也不仅仅局限于历史的、结构化的报表数据，而是大量的非结构化、碎片化外部数据，尤其是与管理决策密切相关的非财务数据。

2. 模糊财务部门与业务部门的界限

在大数据技术应用下，企业各职能部门之间的信息孤岛将被打破，建立互联互通的内部数据共享中心，企业将拥有更多样、更全面的数据来源，实现业财一体化。一方面，财务成本核算数据、消费者调查数据、竞争对手数据等可以支撑业务部门更好地发展；另一方面，了解业务部门的商业逻辑和生成、销售的具体流程，便于财务部门更好地为企业战略管理服务。

3. 使财务工作从后端走向前端

传统模式下财务部门的职能主要是总结作用，即对企业过去一年的利润情况和资产负债情况做盘点与分析，解决信息不对称问题，对企业未来发展作用不显著；大数据时代，财务数据更加广泛、及时，财务部门开始成为"探照灯"，利用大数据为企业洞察、预测未来，支撑企业战略层面的管理决策。

（三）财务大数据的价值

1. 提高财务工作效率

大数据背景下，企业可以共享强大的数据库，财务信息可以实现共享与互通，数据的采集、处理和分析速度不断加快，信息处理效率得到提升，财务管理工作能够实现精准化与高效化，工作效率大大提高。

2. 提高预算管理质量

在人工智能、云计算和大数据等新一代信息技术的支撑下，通过大数据对各项业务进行事前预测、事中控制和事后分析，能够使财务人员充分了解企业运行状况，更精准地制定预算管理，从而提高企业的财务预算管理质量，帮助企业实现稳步发展。

3. 提高财务管理维度

大数据时代，企业信息来源不再局限于企业内部经营记录，更多的是来自公开网站的行业数据、宏观经济数据等外部数据，分析国家政策等外部因素对企业的影响，且可以将企业数据与行业数据和标杆企业数据进行对比分析，发现企业与行业和标杆企业之间存在的差距，提高财务管理的维度，进一步为企业决策提供更加全面的信息保障。

4. 强化风险防范能力

大数据背景下，企业实现信息资源共享，能够及时为企业财务人员提供准确且全面的信息，帮助企业及时发现与规避因信息不对称等原因造成的潜在风险因素，从而强化企业的风险防范能力。

（四）财务大数据对财务工作带来的挑战

1. 对财务人员的专业度要求更高

财务大数据时代，要求财务工作人员能够运用新一代信息技术进行数据采集、数据处理、数据分析及数据呈现，但企业财务人员的综合素质参差不齐，信息素养相对较低，缺乏应用新一代信息技术的能力和经验，导致经营管理质量停滞不前。

2. 给企业财务安全管理带来考验

企业财务信息化发展依赖于信息技术，网络平台的开放性使财务信息暴露于互联网环境下，管理稍有不慎，在互联网环境下运行的智能系统就会被外部黑客攻击，从而盗取企业信息，且企业财务人员能力参差不齐，新一代信息技术素养的缺乏进一步给财务安全管理带来了风险。

3. 对会计信息化系统数据接口的兼容性要求更高

大数据时代，各种信息平台资源丰富，但各平台之间的接口兼容性不足，仍存在各平台功能上不关联互助、信息不共享互换以及信息与业务流程和应用相互脱节的情况，从而导致“信息孤岛”现象的存在，在一定程度上降低了财务工作的效率。

4. 对企业的数据存储提出更高要求

伴随着大数据时代的到来，财务会计工作发展过程中需要覆盖丰富的数据信息，计算机储存模式被普遍应用，核算单位动辄以 TB、PB 甚至 EB 或 ZB 进行记录，在这种情况下，企业的数据存储空间将面临着巨大挑战。

三、认知财务大数据分析

（一）财务大数据分析的含义

财务大数据分析是运用新一代信息技术，将企事业等单位的业务数据、财务数据、非财务信息及相关行业数据进行专业化处理，将处理后的数据放入专业的数据分析工具中，通过建模等相关手段，对企业的财务状况、经营成果和现金流量情况进行综合比较与分析，为使用者提供管理决策和控制依据的一项管理工作。

（二）财务大数据分析的流程

财务大数据分析通常运用 Power BI、Wyn Enterprise、Python、Tableau 等数据分析工具，通过采用直连获取数据或网络爬虫等方法将内部数据或外部数据采集至数据分析工具，并对数据进行预处理，然后将处理后的数据储存至数据仓库，以便进行后续的数据分析与应用，例如生成数据报表、进行数据可视化呈现或进行数据挖掘。如图 1-1 所示。

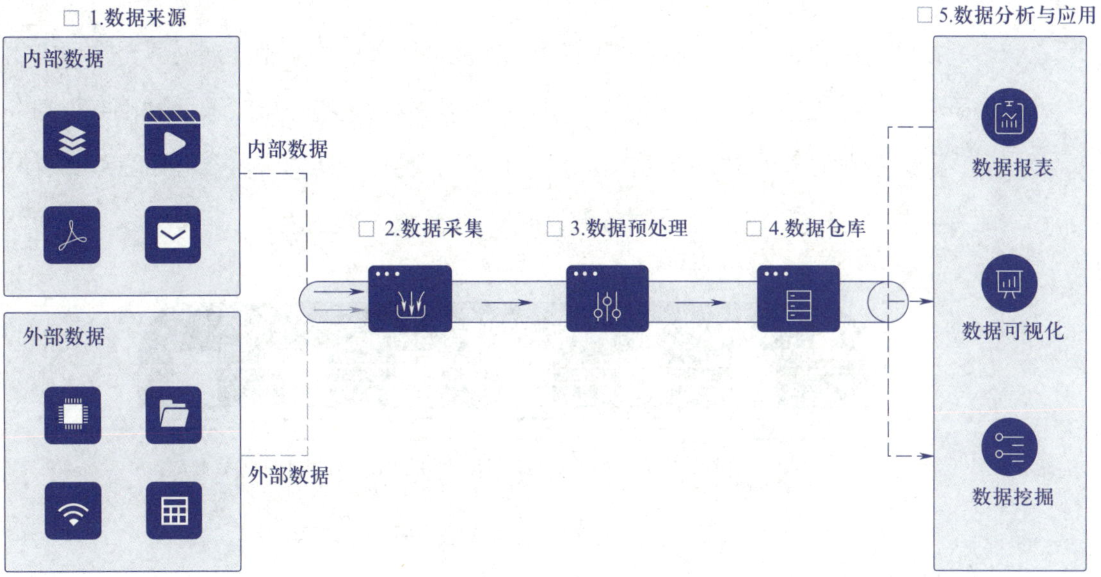

图 1-1　财务大数据分析流程

（三）财务大数据分析的作用

财务大数据分析的目的是判断企业的财务运行状况、发展趋势、在行业中的位置以及与标杆企业的差距，从而为企业的利益相关者做出正确决策提供依据。财务大数据分析的作用主要体现在三个方面：第一，有助于全面评价企业的财务状况和存在的财务风险，并通过大数据分析，查找原因，从而改善财务状况和降低财务风险；第二，有助于衡量企业的经营管理水平、成本费用控制水平和盈利水平等，从而在此基础上综合评价企业的经营业绩，预测未来发展趋势；第三，有助于企业发现管理中存在的问题，找出与标杆企业的差距，从而分析问题及差距形成的原因，寻求改善途径，缩小与标杆企业的差距，并最终提升企业经营业绩。

【任务实现】

进入企业体验财务大数据应用场景或通过网络阅读财务大数据具体案例，编写财务大数据应用故事。

一、财务大数据应用调研

按照编制调研计划，进行调研实施，完成调研分析等步骤开展财务大数据应用调研工作。可以选择一家熟悉的企业，通过现场参观、专家访谈、现场或网络查阅资料，了解企业财务大数据的主要内容和用途等，具体调研内容可参考如图 1-2 所示的有关内容，分析该企业应用财务大数据相比传统方式的优势。

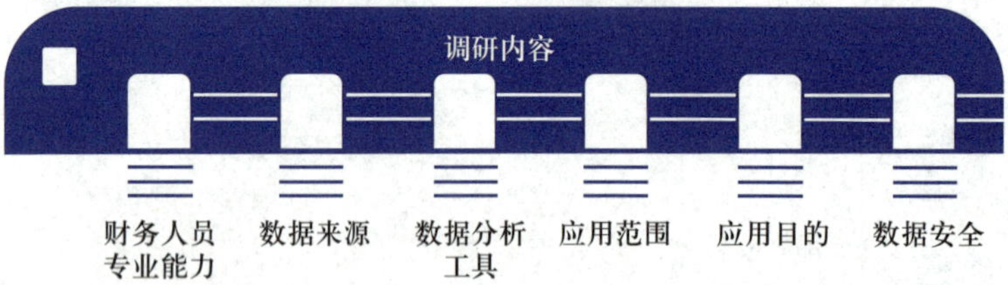

图 1-2　财务大数据应用调研参考内容

二、财务大数据应用体验

深入企业，在指导教师和相关专家的指导下，进行财务数据采集、数据处理、数据建模与分析、数据可视化呈现等相关操作，真实体验财务大数据应用场景。常见的财务大数据应用场景如图 1–3 所示。

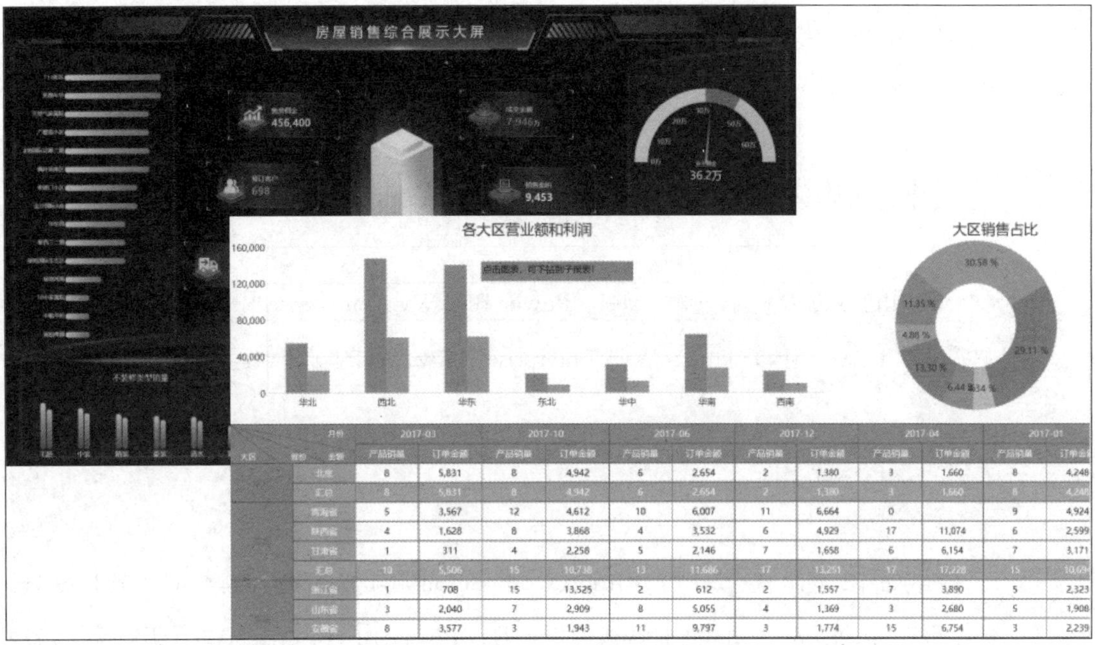

图 1–3　财务大数据应用场景举例

三、制作财务大数据应用案例 PPT

根据调研和体验，编写一个财务大数据应用故事，内容包括但不限于调研内容、体验内容等，并制作 PPT 进行展示。

任务 1.1 测试

任务 1.2　财务大数据分析环境构建

【任务描述】

2022 年 1 月，康佳医疗财务部为准备公司年度工作会议材料，需要运用大数据分析工具对公司和行业的财务数据进行分析，因此准备构建财务数据分析环境。

任务布置：

1. 安装 Power BI 桌面版数据分析工具
2. 安装 Wyn Enterprise 桌面版数据分析工具
3. 安装 Python 数据分析工具

【相关知识】

常用的数据分析工具有 Excel、Power BI、Wyn Enterprise 和 Python 等，本任务主要介绍 Power BI Desktop、Wyn Enterprise 和 Python 的安装与运行。

一、Power BI

Power BI 是微软公司（Microsoft Corporation）开发的集数据获取、分析处理、数据呈现等功能为一体的商业智能分析工具。Power BI 作为 Excel 的升级产品，解决 Excel 难以处理的问题，它能实现数据分析的所有流程，包括对数据的获取、清洗、建模和可视化展示，用数据驱动业务，从而帮助企业或个人做出正确的决策。

Power BI 支持各种数据源，能够从 Excel、CSV 等文件及 SQL Server、Oracle 等数据库中快速创建数据集，可进行丰富的建模、实时分析、可视化呈现及自定义开发等，能够使可视化数据在整个组织中共享洞察，并将其嵌入到应用或网站中，连接数百个数据源，通过实时仪表板和报告将数据呈现出来，可成为项目组、部门或整个企业的分析和决策引擎。

Power BI 可以支持用户在任何地方对报表进行编辑和修改，并且支持使用人员根据赋予的权限随时在 PC 端和移动端进行查询、探索、分析相关数据，并据此做出相关经营管理决策。

Power BI 应用包括 Windows 桌面端应用（Power BI Desktop）、云端在线服务（Power BI Online-Service）和移动端应用（Power BI Mobile）。Power BI 的前身可以追溯到 2010 版 Excel 中的插件 Power Pivot。Power Pivot 分析引擎是一个列式存储的内存数据库，可以将自助式商业智能分析工具引入每个员工的桌面，使原先使用 Excel 数据透视表的业务分析人员能够执行更复杂的数据分析。到 2013 版 Excel 推出时，插件 Power View 交互式报表、Power Map 三维地图和负责抓取整理数据的 Power Query 一起出现，Power BI 家族的“成员”增加到 4 位。Power BI Desktop 则整合了前面 4 个插件，成为真正意义上的自助式商业智能分析工具。

Power BI Desktop 和 Power Pivot、Power View、Power Map、Power Query 4 个插件的关系如图 1-4 所示。

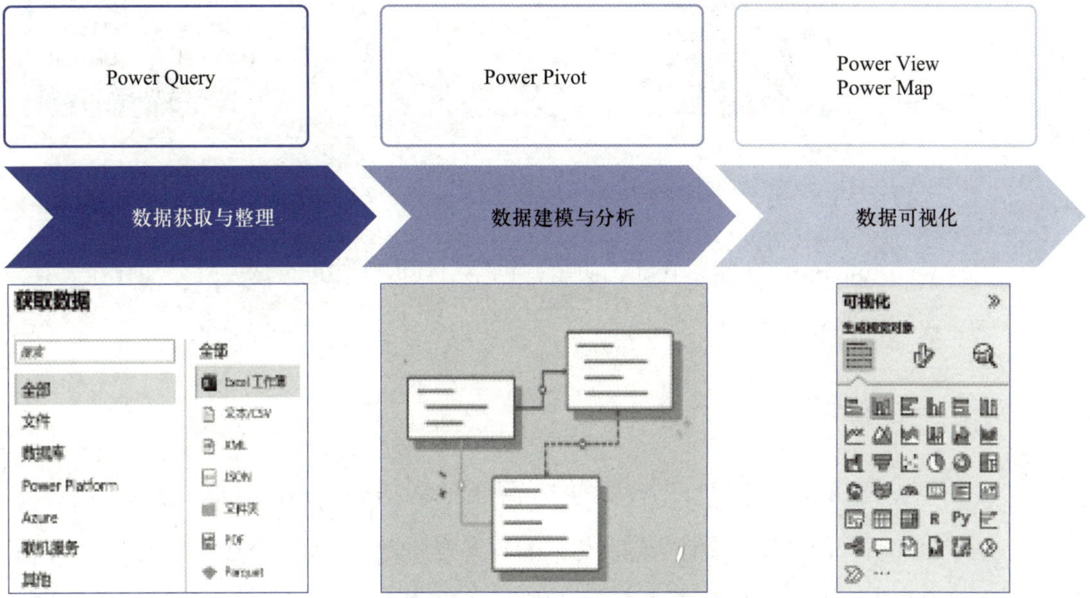

图 1-4　Power BI Desktop 系列插件

本书采用版本号为“2.104.702.0 64-bit（2022 年 4 月）”的 Power BI Desktop 作为教学蓝本。

二、Wyn Enterprise

Wyn Enterprise 是由我国自主研发的集多源数据整合、自助式 BI 分析、数据可视化呈现、在线报表设计及数据填报等功能为一体的嵌入式商业智能软件。Wyn Enterprise 提供自助分析功能，用户可以灵活地与数据交互，探索数据背后的逻辑并发掘更多价值，为决策制定提供有效的数据支撑。其产品结构如图 1-5 所示。

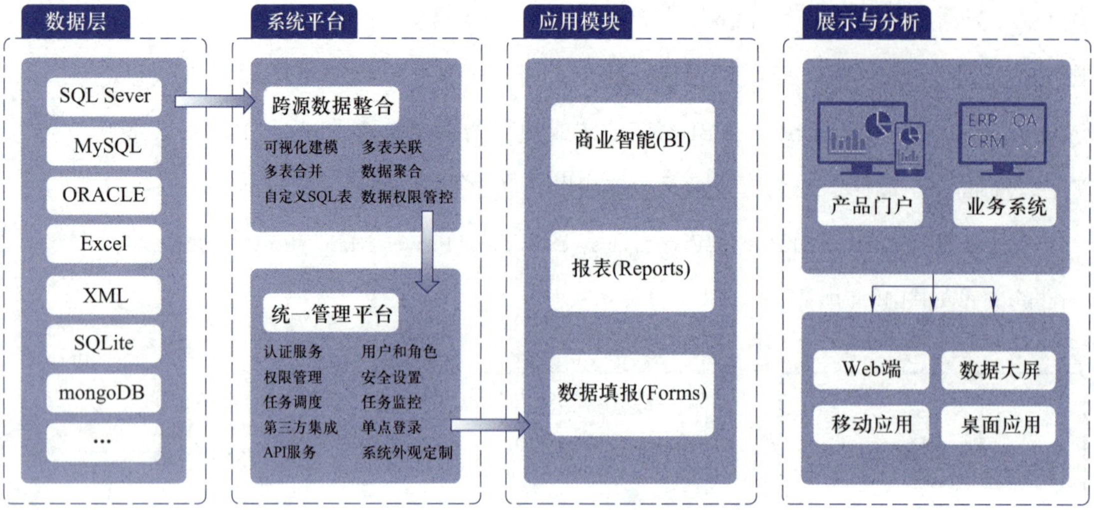

图 1–5　Wyn Enterprise 产品结构

Wyn Enterprise 既能独立部署使用，也能与其他软件进行深度集成和合作。其分为企业版和教育版。

（一）企业版

企业级 BI 是企业数字化转型的必备平台，Wyn Enterprise 嵌入式商业智能软件从平台部署、产品架构设计、国产化适配等多方面为企业级数据应用提供支撑。产品功能覆盖企业数据管理和应用全生命周期，包括从数据接入、数据加工到报表统计、自助分析、数据大屏等所有环节，真正地为企业提供一站式数据分析解决方案。

（二）教育版

教育版由中联集团教育科技有限公司（简称“中联教育”）和西安葡萄城软件有限公司联合推出，借助 Wyn Enterprise 嵌入式商业智能软件 BI 工具强大的嵌入式能力，将该软件与中联教育财务大数据分析教学平台无缝对接，实现教学、训练与测评系统一体化，并且支持多节点部署，来保证高并发的请求能够被及时响应，满足多所院校同时教学、训练及考试等使用。同时，该软件简单易用的特性，能够让广大师生快速上手，培养学生的大数据分析能力，实现自助式的财务数据探索，挖掘真实财务数据背后潜在的商机与风险。

本书采用教育版作为教学蓝本。

三、Python

Python 是一种面向对象的解释型计算机程序设计语言。Python 的语法和动态类型，以及解释型语言的本质，使它成为多数平台上写脚本和快速开发应用的编程语言，随着其版本的不断更新和语言新功能的添加，逐渐被用于独立的、大型项目的开发。

由于 Python 语言的简洁性、易读性以及可扩展性，其已经成为最受欢迎的程序设计语言之一，其主要特点如下。

（1）Python 是一款免费、开源的程序语言。使用者可以自由地发布软件的拷贝、阅读软件的源代码、对软件做改动、把软件的一部分用于新的自由软件中。

（2）Python 结构简单，语法清晰，易于学习。

（3）Python 的编程语法类似于英文语法，易于维护。阅读一个 Python 程序就像是在读英语一样，它使用户能够专注于解决问题而不是去理解语言本身。

（4）Python 拥有 Numpy、Pandas、Python 图像库等丰富的库，且为主要的商业数据库提供了接口，Python 的大部分库可以与 UNIX、Windows 和 Mac OS 等平台兼容。

（5）Python 具有很强的可嵌入性。可以把 Python 嵌入 C 或 C++ 程序，从而向程序用户提供脚本功能。

（6）Python 具有很强的可扩展性。如果需要一段关键代码运行得更快或者希望某些算法不公开，可以部分程序用 C 或 C++ 语言编写，然后在 Python 程序中使用它们。

本书采用 Python3.9 版本作为教学蓝本，将 Jupyter Notebook 嵌入财务大数据分析课程教学平台，便于 Python 程序的创建，支持实时代码、可视化和共享程序文档等功能。

【任务实现】

一、安装Power BI Desktop数据分析工具

用户可登录 Power BI 官方网站下载免费 Power BI Desktop 安装程序，然后进行

本地安装。具体操作步骤如下：

（1）打开 Power BI 中文版官方网站，将页面下拉至最后，在“下载”列表中选择“Power BI Desktop”链接，如图 1-6 所示。

图 1-6　Power BI Desktop 下载链接

（2）在打开的页面中，选择“免费下载”。

（3）选择语言“中文（简体）”，并单击“下载”按钮。

（4）根据计算机操作系统选择 32 位或 64 位安装包，单击“Next”按钮，即可进行安装包的下载。

（5）双击安装程序，根据系统提示进行操作即可完成安装。安装完成后，桌面会生成图标。

（6）双击图标，可启动 Power BI Desktop 应用程序，如图 1-7 所示。

Power BI 桌面版详细功能介绍

Power BI Desktop 界面由菜单栏、视图和报表编辑器 3 个部分构成。菜单栏部分主要有“文件”“主页”“插入”“建模”“视图”“帮助”菜单，可用于数据可视化的基本操作，视图部分由可视化视图、报表视图和建模视图组成，报表编辑器部分由“筛选器”“可视化”“字段”3 个窗格组成。

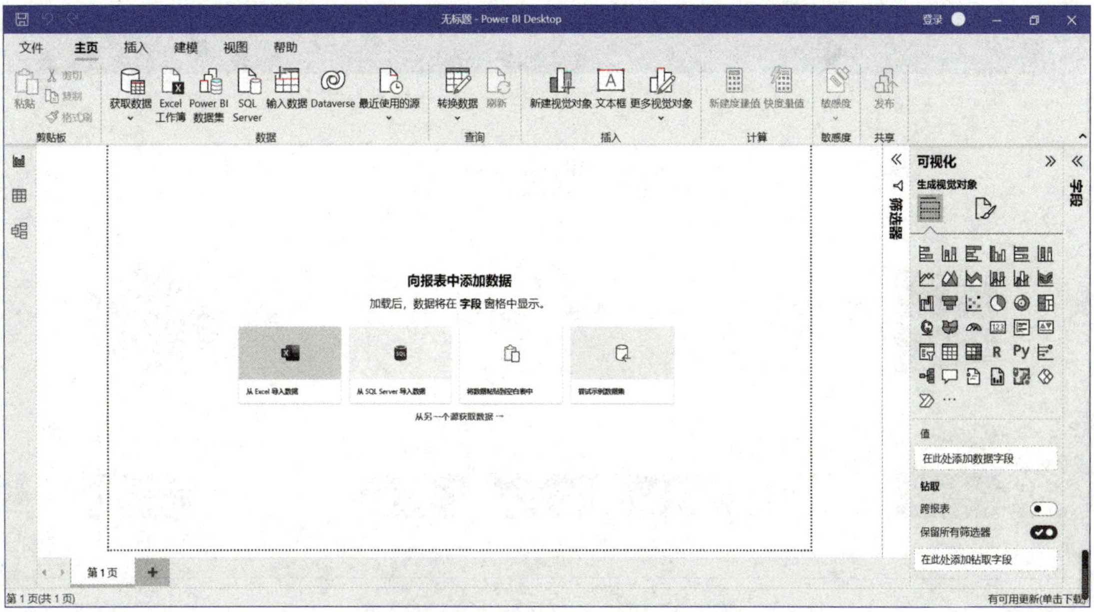

图 1-7　Power BI Desktop 界面

二、安装Wyn Enterprise数据分析工具

Wyn Enterprise 数据分析工具可以安装在 Windows 操作系统上，也可以安装在 Linux 操作系统上，本书以 Windows 操作系统为例，介绍 Wyn Enterprise 数据分析工具的安装。具体操作步骤如下：

（1）在浏览器中输入 grapecity 公司网址依次选择，“产品中心”—“智能报表”—“wyn（商业智能软件）”，选择“Windows（x64）”，单击“立即下载”按钮，如图 1-8 所示。

（2）双击“Wyn-x64-6.0.00197.0.exe”文件，启动安装程序。单击“浏览”选择安装路径，勾选“我已阅读并同意用户许可协议（A）”，单击“下一步”。

（3）进入安装界面，系统默认用户名和密码均为 admin，如需修改密码，可选择修改密码进行密码修改，单击“立即安装”按钮或根据需要单击“自定义安装”按钮，本书选择“立即安装”。

（4）安装完成。安装完成后，桌面会生成图标。

（5）获取激活码。双击图标，进入激活对话框，单击“免费申请试用序列号”，然后单击“登录或注册葡萄城通行证 立即获取激活码”按钮，进入“葡萄城通行证”

图 1-8　Wyn Enterprise 下载链接

界面，可选择“使用密码登录”或“使用微信扫一扫登录或注册”，注册登录后，即可获得激活码。

（6）输入激活码激活产品，进入登录界面，输入用户名和密码，单击“登录”按钮即可进入 Wyn Enterprise 的界面，如图 1-9 所示。

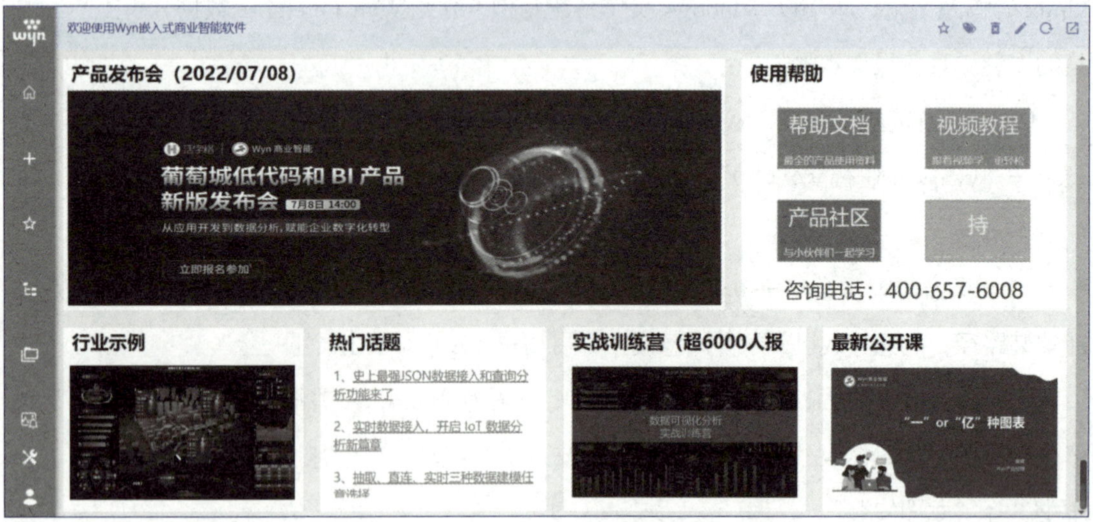

图 1-9　进入 Wyn Enterprise 界面

Wyn Enterprise 界面由“主页”“创建文档”“收藏夹”“分类”“文档类型”“数据监控”“系统管理”“admin”菜单组成。常用的菜单主要有“创建文档”“文档类型”和“系统管理”三个菜单，其中“创建文档”菜单主要由“数据源”“仪表板”“报表”“其他”功能模块组成；“文档类型”菜单主要由“数据”“文档”“其他”功能模块组成；“系统管理”菜单主要由“管理控制台”“系统设置”“账户管理”“安全设置”“运维管理”“文档管理”“文档门户”等功能模块组成。

Wyn Enterprise
详细功能介绍

三、安装Python数据分析工具

Python 的开发环境比较简单，用户可以直接登录官方网站下载 Python 的程序包进行安装。Python 自带的 IDE 功能十分有限，不适合开发 Python 工程项目，目前比较常用的开发环境是 PyCharm 和 Anaconda，这两种开发环境下载和安装都比较方便，不需要进行复杂的环境配置。由于本书教学内容是基于云教学平台，在配置 Python 开发环境时主要以 Anaconda 中自带的 Jupyter Notebook 为主，因此本书主要介绍 Jupyter Notebook 的开发环境搭建。具体操作步骤如下：

（1）在浏览器中输入 ANACONDA 官网地址，单击“Download”按钮下载 Anaconda 安装包，如图 1-10 所示。也可以从清华大学开源软件镜像站下载 Anaconda 安装包。

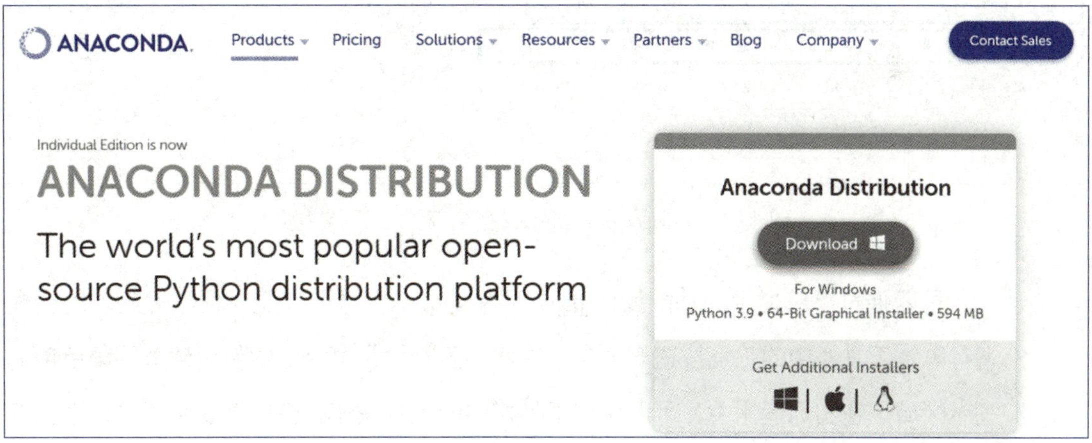

图 1-10　下载 Anaconda 安装包

（2）双击安装程序进行安装，打开 Anaconda 安装向导，在安装向导界面单击“Next”按钮，进入协议选择界面，单击“I Agree”按钮。

（3）选择安装类型。在选择安装类型界面中，“Install for：All Users（requires admin privileges）”表示安装的 Anaconda 软件可以为当前计算机上的所有用户使用，“Install for：Just me（recommended）”表示安装的 Anaconda 软件仅供当前计算机上的当前用户使用。本书选择“Install for：All Users（requires admin privileges）”，单击“Next”按钮。

（4）选择合适的安装路径，单击“Next”按钮，进入“Advanced Installation Options”界面，选择“Register Anaconda3 as the system Python3.9”，然后单击“Install”按钮安装 Anaconda。

（5）在 Anaconda 安装界面单击“Next”按钮，在弹出的界面中继续单击“Next”按钮，弹出安装向导的最后一个界面，然后单击“Finish”按钮结束安装程序。

（6）安装完成后，在计算机开始菜单中找到 Jupyter Notebook（Anaconda3）的运行文件，启动 Jupyter Notebook 环境，在启动 Jupyter Notebook 环境的过程中，会弹出一个黑色的启动窗口，按照启动窗口中的提示在浏览器中打开 Jupyter Notebook 的主界面。

（7）单击主界面右上角的下拉按钮“New”，选择“Python”，Jupyter Notebook 将打开一个可编辑 Python 程序代码的新页面，如图 1-11 所示。

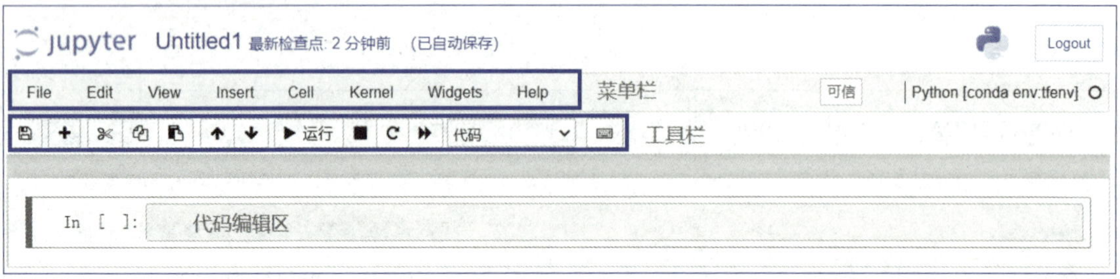

图 1-11　Jupyter Notebook 菜单栏和工具栏

可以通过菜单栏中的功能操作 Jupyter Notebook，从而实现对程序代码的编辑和运行等，工具栏中的工具按钮均来自菜单栏，工具栏是菜单栏中使用频繁的菜单项的列示区域。在实际运用中，可以使用工具栏中的工具按钮，也可以使用菜单栏中的菜单项进行操作。

（8）编写一个简单的 Python 程序。在代码编辑区输入：print（“欢迎学习中联财务大数据分析课程”），运行结果如图 1-12 所示。

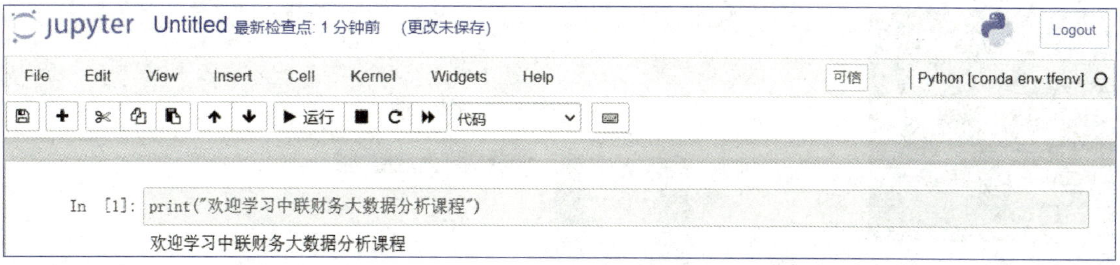

图 1-12 Jupyter Notebook 运行界面

四、使用数据分析集成环境

为了便于使用，开发人员开发了数据分析集成环境，即嵌入式和数据分析等工具的结合。有效地将数据分析等工具与应用软件进行无缝集成和对接，使用户可以在日常的业务系统中直接调用数据分析等工具，从而提高应用软件的综合价值和用户黏性。数据分析集成环境功能强大，不需要单独安装，能够有效减少失误，使用方便快捷，节省时间和精力，且能为使用者建立了统一的标准，便于管理。

财务大数据分析教学平台集成了 Jupyter Notebook 环境和 Wyn Enterprise 环境，院校师生无须下载 Python 和 Wyn Enterprise，便可直接在线编写代码和运行 Wyn Enterprise 数据分析工具。

登录财务大数据分析教学平台，打开 Jupyter Notebook 和 Wyn Enterprise，分别如图 1-13 和图 1-14 所示。

任务1.2测试

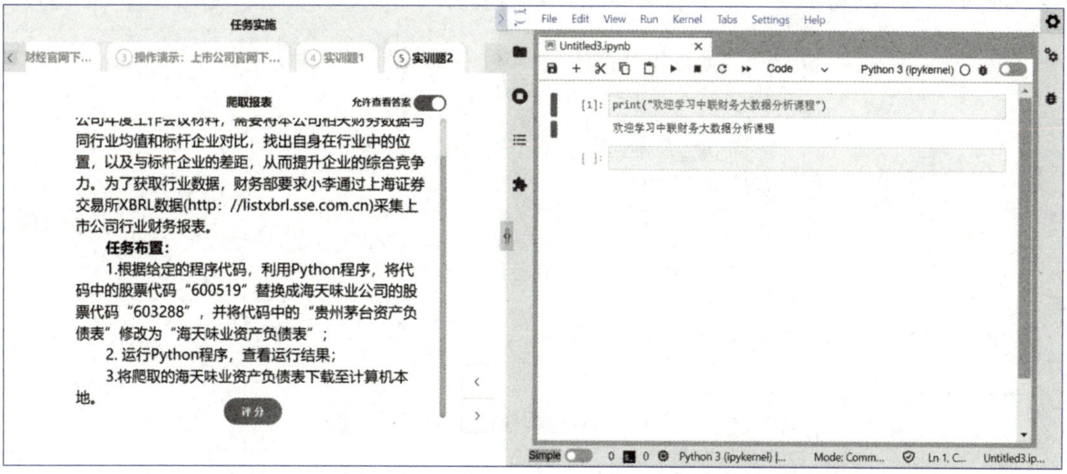

图 1-13 财务大数据分析教学平台 Jupyter Notebook 环境

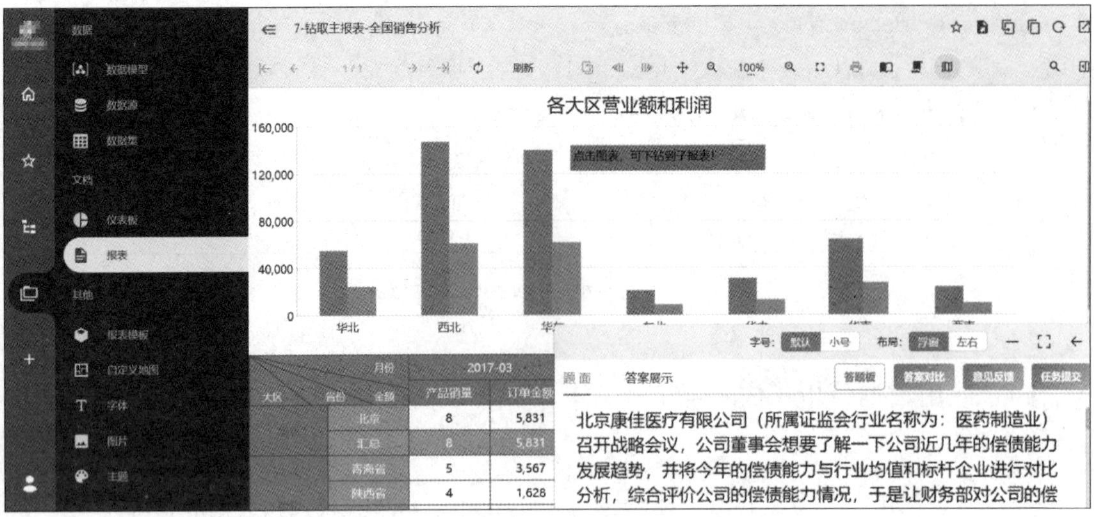

图 1-14　财务大数据分析教学平台 Wyn Enterprise 环境

单元学习评价

按照表 1-1 财务大数据认知学习评价表的考核内容，分别评价各项内容的完成度并计算得分，按考核项目的权重计算本单元的总分。

表 1-1　财务大数据认知学习评价表

考核项目	权重 /%	考核内容	分值	得分
知识	60	按时完成认知大数据、认知财务大数据、认知财务大数据分析相关知识的阅读或听讲	30	
		按时完成 Power BI、Wyn Enterprise 与 Python 相关知识的阅读或听讲	20	
		积极参与本单元规定的走进财务大数据和财务大数据分析环境构建的讨论与交流活动	10	
		正确完成本单元规定的走进财务大数据和财务大数据分析环境构建的线上、线下测试与作业	40	
技能	20	完成 Power BI 桌面版数据分析工具的本地化安装	25	
		完成 Wyn Enterprise 桌面版数据分析工具的本地化安装	25	

续表

考核项目	权重/%	考核内容	分值	得分
技能	20	完成Python数据分析工具的本地化安装	25	
		完成本单元规定的社会实践活动	25	
素养	20	完成本单元规定的职业素养基本要求	50	
		结合本单元实例，完成有关培养数据思维、服务数字中国等职业素养的讨论或撰写心得感悟短文	50	
总体评价			100	

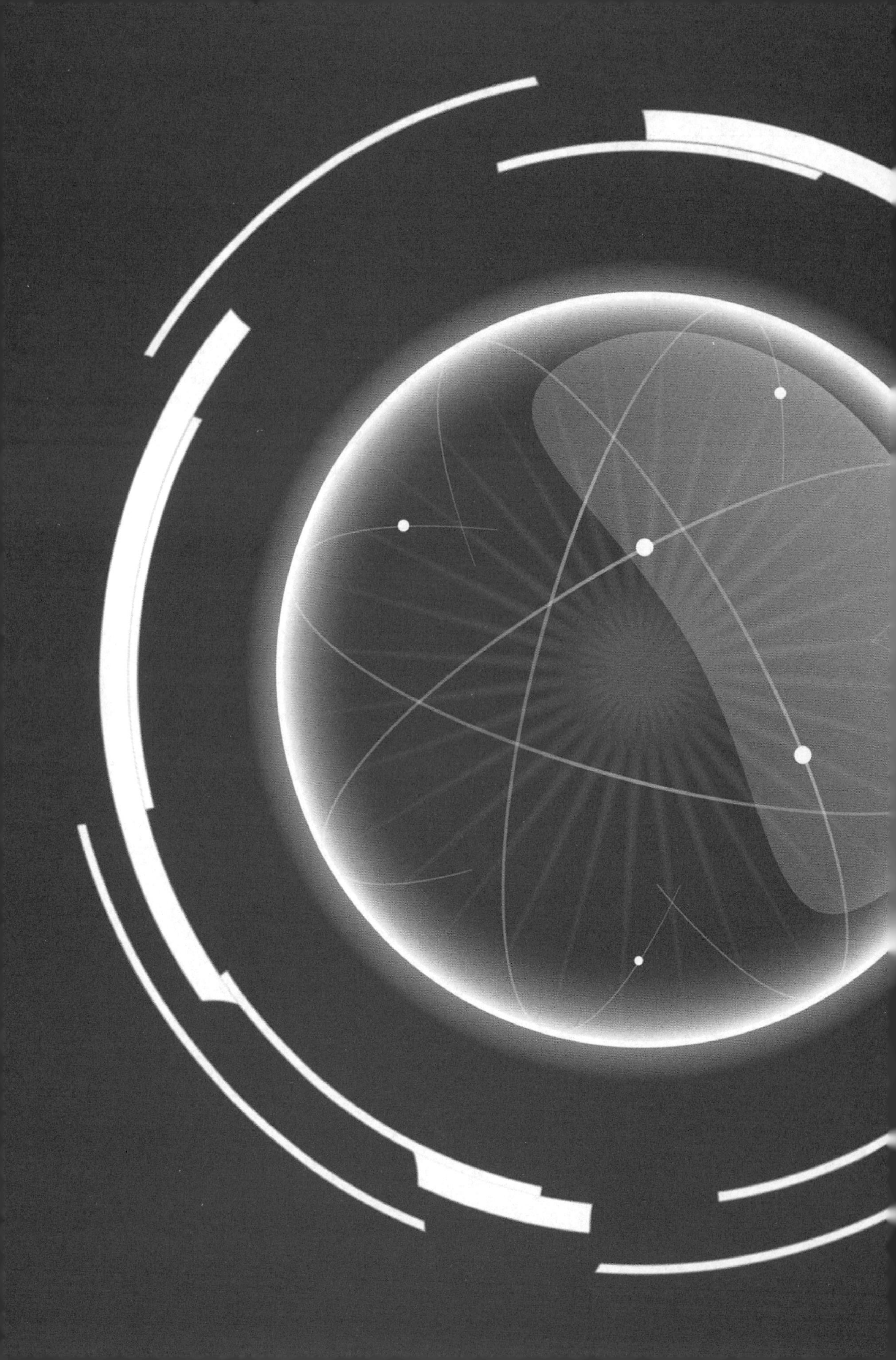

单元2

财务数据采集

学习目标

知识目标

◆ 了解数据采集的基本概念和基本方法；

◆ 了解从 ERP 系统中获取数据的基本原理和主要方法；

◆ 了解从专业数据库中获取数据的基本方法；

◆ 理解网络爬虫的基本原理及程序设计方法。

技能目标

◆ 能够利用典型数据分析工具，直接导入 Excel 表格数据；

◆ 能够在专业数据库中，准确、完整地获取指定上市公司财务报表及其他财务数据；

◆ 能够利用 Python 网络爬虫程序，准确、完整地获取指定上市公司的财务报表及其他财务数据。

素养目标

◆ 通过本单元学习，在体验数据采集基本技能的同时，培养实事求是、求真务实和严谨细致的职业态度；

◆ 在进行数据采集时，应以维护国家数据安全、保护个人信息和商业秘密为前提，树立数据安全观念。

思维导图

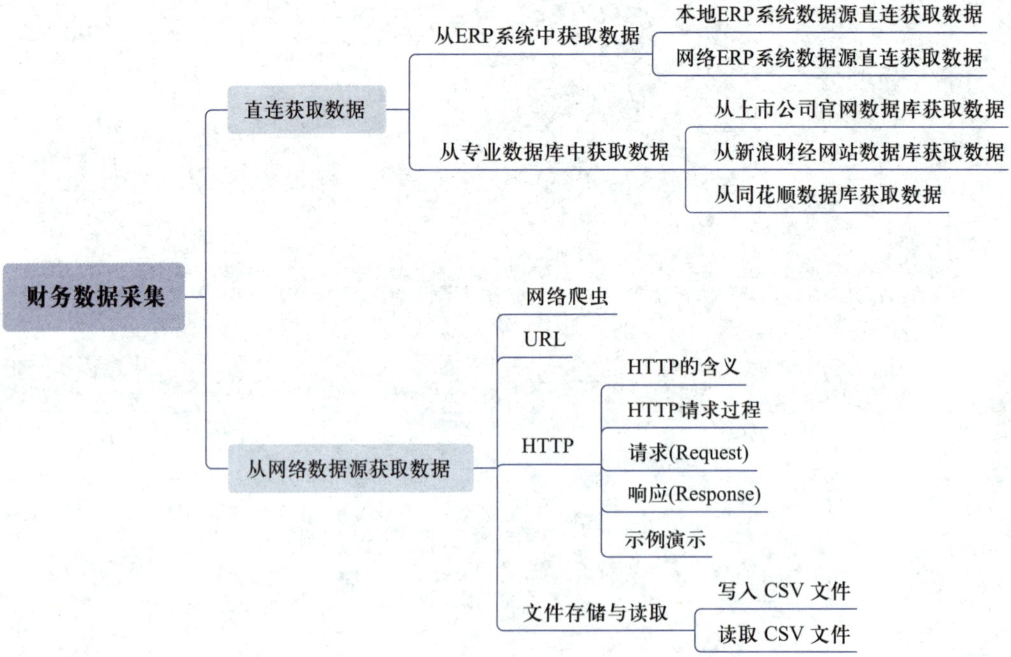

职业素养提升

坚持求真务实，保障数据安全

进行财务数据分析，需要获取与财务有关的海量数据并从中分析出有价值的信息。鉴于大数据体量大、种类多、变化快、来源多样等特点，例如在进行财务数据分析时，不仅要获取企业连续的历史数据和当前最新数据，而且还要获取同类企业相关财务数据以及有关企业政策信息，同时要保障这些数据的完整性、及时性、真实性、安全性等。这就要求我们在获取数据时务必要做到严谨细致，坚持实事求是和求真务实，从数据来源的实际出发，强化高质量数据采集。

作为财务工作者，进行数据采集时应以维护国家数据安全、保护企业商业秘密和个人信息为前提。按照《中华人民共和国数据安全法》规定，“任何组织、个人收集数据，应当采取合法、正当的方式，不得窃取或者以其他非法方式获取数据”。我们应当遵守数据获取相关法律法规，加强个人信息保护，不得非法获取或损害处于有效保护和合法利用状态的数据。例如，可以合理运用“网络爬虫”技术获取公开信息，以更好地保护个人和组织的合法权益，维护国家和企业的数据安全和发展利益。

任务 2.1　直连获取数据

【任务描述】

康佳医疗财务部为准备公司年度工作会议材料，需获取本公司财务报表数据和同行业财务报表数据，以便运用数据分析工具对本公司财务报表数据进行分析，以及进行本公司和同行业的对比分析。

任务布置：

1. 获取本公司 2018—2020 年资产负债表、利润表和现金流量表
2. 获取同行业 A 股上市公司 2018—2020 年资产负债表、利润表和现金流量表
3. 将上述数据导入数据分析平台

【相关知识】

数据采集（Data Collection）又称为数据获取或数据集成，即将数据从数据源导入数据分析平台的过程。一般包括：连接数据源、直连获取数据或通过网络爬虫获取数据将数据放入数据仓库、将数据导入数据分析平台等步骤，如图 2-1 所示。

图 2-1　数据采集流程

一、从ERP系统中获取数据

ERP是企业资源计划（Enterprise Resource Planning）的简称，ERP系统是指建立在信息技术的基础上，集信息技术与先进管理思想于一身，以系统化的管理思想，为企业员工及决策层提供决策手段的管理平台。它是从物料需求计划（Material Requirement Planning，MRP）系统发展而来的新一代集成化管理信息系统，它扩展了MRP系统的功能，其核心思想是供应链管理。ERP系统是一个在全公司范围内应用的、高度集成的系统。数据在各业务系统之间高度共享，所有源数据只需在某一个系统中输入一次，保证了数据的一致性。

可以获取数据的ERP系统多种多样，比如金蝶ERP系统、用友ERP系统、中联智能财税共享服务平台等。ERP系统按适用情况可以分为本地ERP系统和网络ERP系统，因此从ERP系统中获取数据也分为本地ERP系统数据源直连获取和网络ERP系统数据源直连获取。

（一）本地ERP系统数据源直连获取数据

本地ERP系统即客户机与服务器结构，是将系统的操作功能合理分配到客户端和服务端，此类架构下的ERP系统适合于企业内部使用局域网的情况，具有一定的局限性，但保密性相对较强。

导出数据时可以利用系统的自身导出功能。一般企业使用的ERP系统具有报表导出功能，使用该功能可以导出企业的资产负债表、利润表和现金流量表，导出的格式通常有Excel、CSV和HTML等。本地ERP系统数据源直连获取数据流程如图2-2所示。

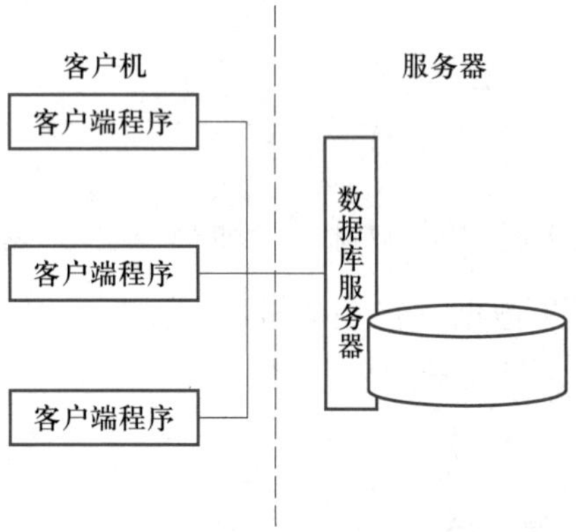

图2-2　本地ERP系统数据源直连获取数据流程

（二）网络ERP系统数据源直连获取数据

网络ERP系统即浏览器和服务器结构，用户的工作界面可以通过浏览器来实现。从适用范围来讲，网络架构的ERP系统不仅适用于企业内部的局域网，也适用于外部的广域网，即在满足企业指定计算机保密需求的同时，还能满足互联网下的无区域限制办公，适应企业全球化管理的需求。

浏览器通过向服务器端发送 HTTP 请求数据及服务器端在接受到请求后，会根据请求的内容从 ERP 系统中获取数据。网络 ERP 系统数据源直连获取数据流程如图 2-3 所示。

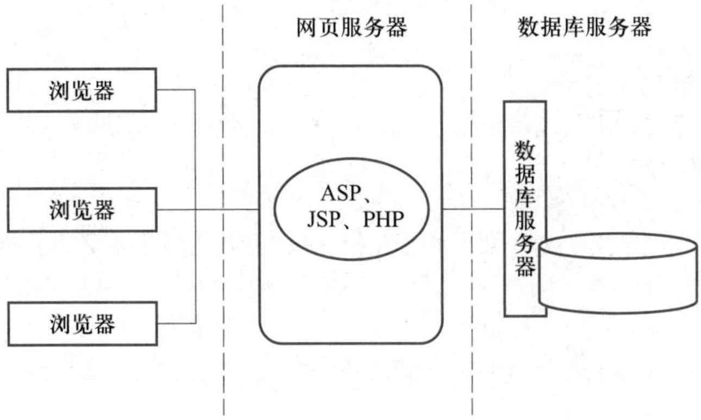

图 2-3　网络 ERP 系统数据源直连获取数据流程

二、从专业数据库中获取数据

可以获取数据的专业数据库种类繁多，比如上市公司官网数据库、新浪财经网站数据库、同花顺（iFinD）数据库、万得（Wind）数据库、锐思（RESSET）数据库等。本任务主要介绍从上市公司官网数据库、新浪财经网站数据库和同花顺数据库中获取数据。

（一）从上市公司官网数据库获取数据

如果上市公司官网提供财务报表下载功能或提供数据接口，可直接通过上市公司官网获取财务报表。本书以从云南白药官网获取云南白药 2021 年年度报告为例介绍如何从上市公司官网获取财务报表。操作步骤如下：

（1）进入云南白药官网，选择“投资者”，进入投资者界面；

（2）找到“年度报告”栏目，单击“2021 年报”，进入预览界面；

（3）单击右上角“下载”按钮，即可下载云南白药 2021 年年度报告。

（二）从新浪财经网站数据库获取数据

如果新浪财经网站提供了上市公司的财务报表信息，即可从新浪财经网站数据库中获取财务报表，本书以从新浪财经网站获取云南白药资产负债表为例介绍如何从该网站获取财务报表。操作步骤如下：

（1）进入新浪财经网站，在搜索框中输入“云南白药”或对应股票代码，进入云南白药界面；

（2）滑动鼠标找到“财务数据”栏目，单击“资产负债表”，即可查看云南白药资产负债表；

（3）单击左下角“下载全部历史数据到 Excel 中”，即可获取云南白药的资产负债表。

采用同样的方法可获取云南白药的利润表、现金流量表及其他上市公司财务报表数据。

（三）从同花顺数据库获取数据

从同花顺数据库中获取上市公司数据将在任务实现中进行详细介绍。

【任务实现】

一、获取本公司财务报表数据

本任务以从智能财税共享服务平台获取北京陈鸿商贸有限公司的资产负债表为例介绍公司财务报表数据的获取。操作步骤如下：

（1）登录智能财税共享服务平台，进入账务系统，依次选择“报表”|“财务报表”|“资产负债表”，选择“北京陈鸿商贸有限公司”的资产负债表，如图 2-4 所示。

（2）单击右上角“导出”按钮，即可将资产负债表下载至计算机本地，如图 2-5 所示。

图 2-4　选择需要导出的数据源

图 2-5　导出并保存数据源

利润表与现金流量表可采取同样的方法获取。通过企业 ERP 系统获取的康佳医疗 2018 年至 2020 年的财务报表详见二维码或见书后“郑重声明”页资源获取方式进行下载。

康佳医疗财务报表

二、获取同行业A股上市公司财务报表数据

直连获取医药制造业同行业 A 股上市公司财务报表数据方法多样，比如可以从上市公司官网直接下载、从新浪财经网站下载以及从同花顺数据库下载等，本任务以从同花顺数据库获取云南白药的数据为例介绍 A 股上市公司财务报表数据的获取。在完成本任务时，同学们可以尝试获取与康佳医疗同行业的 A 股上市公司的财务报表数据。操作步骤如下：

（1）登录同花顺，单击上方“公司数据”，在左侧找到要下载的上市公司所属行业名称，下拉找到目标公司，以获取“云南白药”资产负债表为例，如图 2-6 所示。

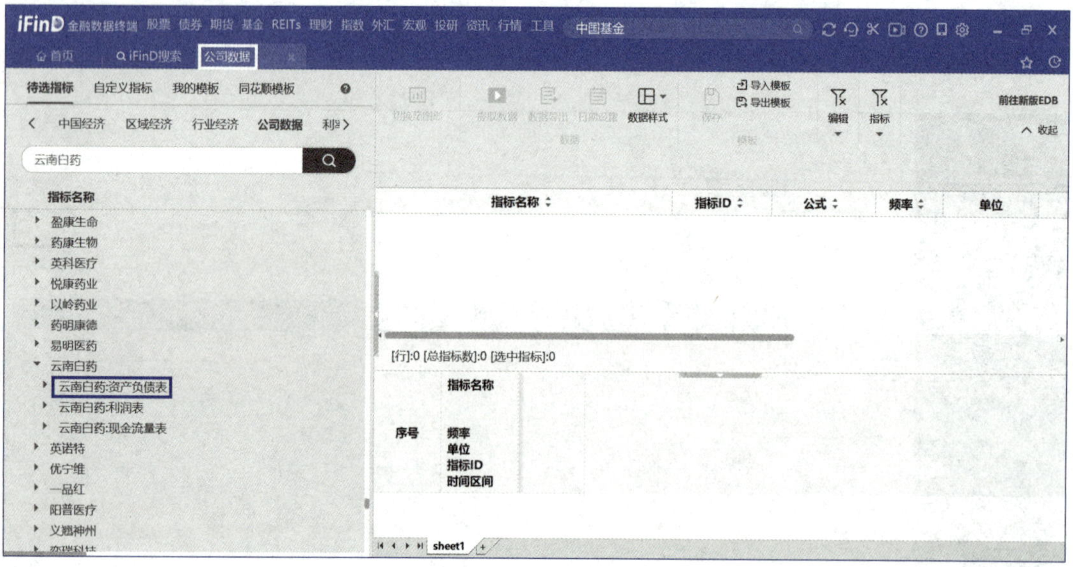

图 2-6　找出目标公司

（2）选中“云南白药：资产负债表”，右键选择“提取数据 Ctrl + T”，即可预览“云南白药：资产负债表”的相关内容，如图 2-7 所示；也可直接在搜索框中搜索“云南白药”，在弹出的页面中选择“公司数据”，找到“云南白药：资产负债表”，右键选择“提取数据 Ctrl + T”，如图 2-8 所示。

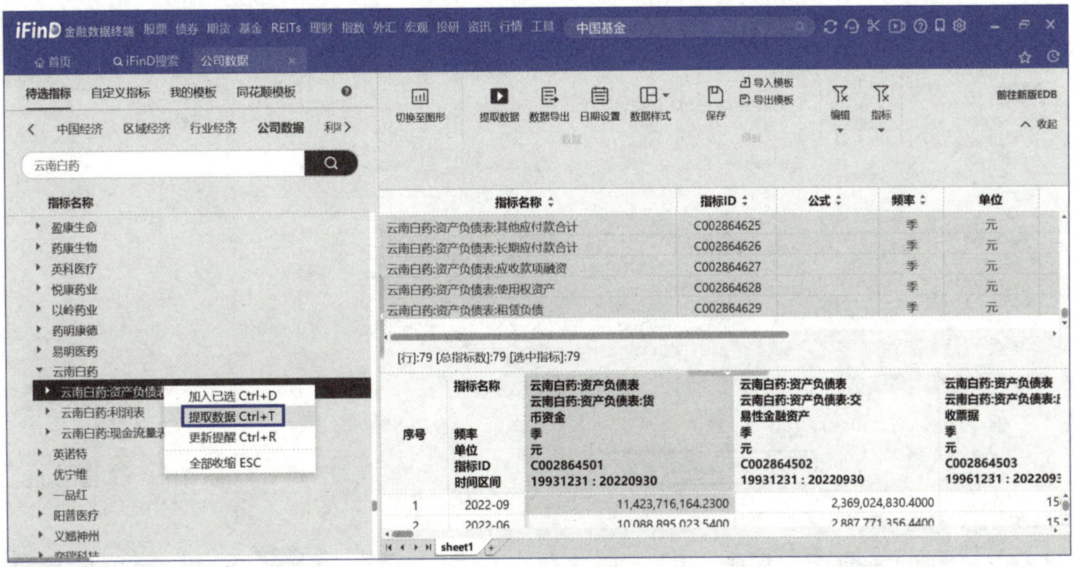

图 2-7　直接提取报表数据

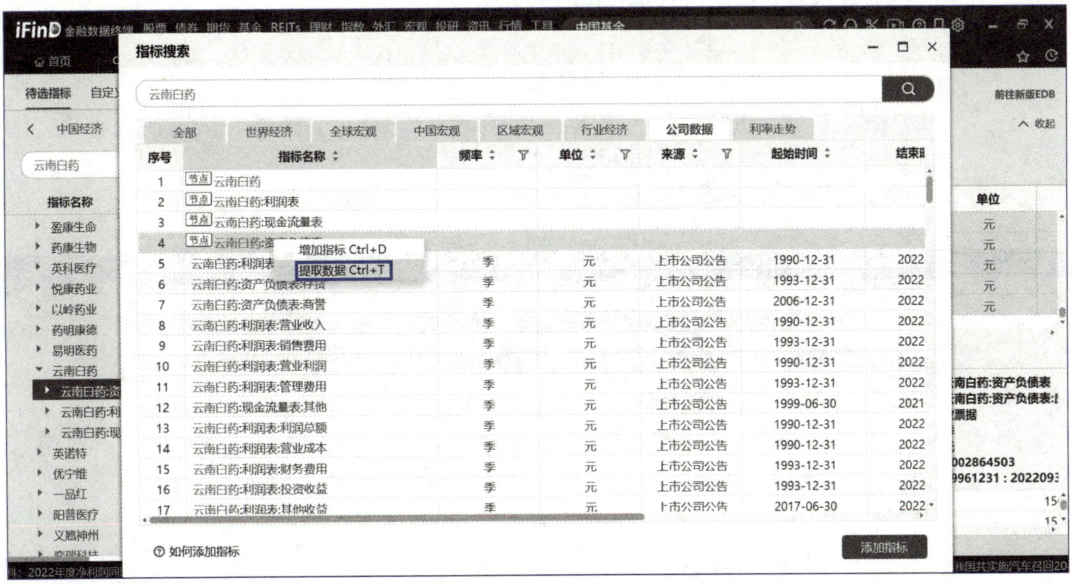

图 2-8　通过搜索方式提取报表数据

（3）单击右上角“数据导出”，在弹出的页面框中可以选择文件保存位置，如图 2-9 所示。

可采取上述方法从同花顺数据库中获取云南白药的利润表、现金流量表及其他 A 股上市公司的财务报表数据。

图 2-9　导出并保存报表

三、将数据导入 Power BI 数据分析平台

（1）在“主页”选项卡的“数据”组中单击“Excel 工作簿”按钮，或者从视图栏中单击“从 Excel 导入数据”，如图 2-10 所示。

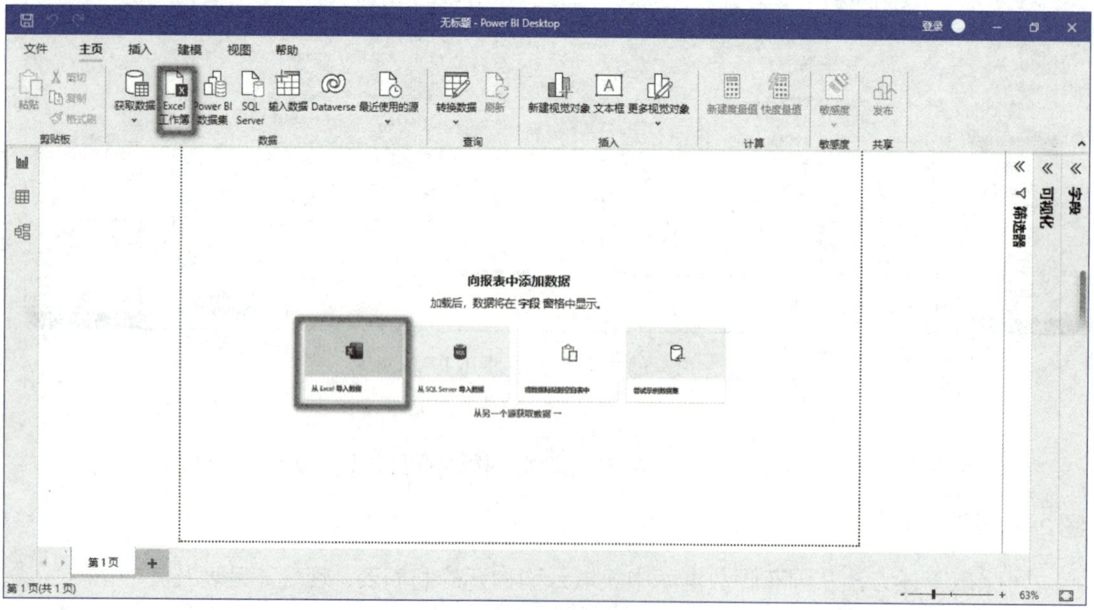

图 2-10　链接本地 Excel 文件

（2）本任务以上传康佳医疗资产负债表为例。选中要导入的文件，单击“打开”进入导航器页面，可以预览数据内容，单击“加载”按钮，数据源创建成功，如图 2-11 所示。

Column1	Column2	Column4	Column4	Column5
资产	2020年12月31日	2019年12月31日	2018年12月31日	2017年12
流动资产：	null	null	null	
货币资金	653974.33	686786.88	515361.36	500
交易性金融资产	6522.09	5991.55	6785.05	6587
衍生金融资产	null	null	null	
应收票据	3851.18	4510.82	8624.32	8373
应收账款	94322.09	87344.5	51797.67	
应收款项融资	null	null	null	
预付款项	41080.19	57953.62	95718.04	9293
其他应收款	108936.14	94787.33	120170.21	1166
存货	664510.48	574787.47	616113.74	5981
合同资产	null	null	null	
持有待售资产	null	null	null	
一年内到期的非流动资产	1345.08	1016.23	998.56	969.
其他流动资产	3556.54	2670.01	3487.51	3385
流动资产合计	1578098.12	1515848.41	1419056.46	1377
非流动资产：	null	null	null	
债权投资	4889	3144.02	2896.47	2812
其他债权投资	null	null	null	
长期应收款	246.38	299.16	305.66	296.
长期股权投资	5346.99	5712.63	6161.07	5981
其他权益工具投资	782.13	684.25	666.47	647.

图 2-11　加载数据源

（3）采取同样的方法即可将康佳医疗利润表、现金流量表与同行业上市公司财务报表上传至 Power BI 数据分析平台中，单击左上角 按钮，选择相应的存储位置，即可将上传的数据源保存至 Power BI 数据分析平台中，如图 2-12 所示。

将数据导入中联数据分析平台

任务 2.1 测试

Column1	Column2	Column3	Column4	Column5	Column6	Column7	Column8	Column9	Column
资产	2020年12月31日	2019年12月31日	2018年12月31日	2017年12月31日	负债和所有者权益（或股东权益）	2020年12月31日	2019年12月31日	2018年12月31日	2017
流动资产：					流动负债：				
货币资金	653974.33	686786.88	515361.36	500350.835	短期借款	13565.66	12897.84	18000	17475
交易性金融资产	6522.09	5991.55	6785.05	6587.427184	交易性金融负债				
衍生金融资产					衍生金融负债				
应收票据	3851.18	4510.82	8624.32	8373.126214	应付票据	20523.35	38764.72	29498.49	2863
应收账款	94322.09	87344.5	51797.67	50289	应付账款	329640.77	384343.06	350073.11	3398
应收款项融资					预收款项	652385.73	523505.44	531192.73	5157
预付款项	41080.19	57953.62	95718.04	92930.13592	合同负债				
其他应收款	108936.14	94787.33	120170.21	116670.1068	应付职工薪酬	74141.88	74815.43	75391.35	7319
存货	664510.48	574787.47	616113.74	598168.6796	应交税费	16085.39	18302.14	16684.83	1619
合同资产					其他应付款	14832.04	15535.01	19992.7	1941
持有待售资产					持有待售负债				
一年内到期的非流动资	1345.08	1016.23	998.56	969.4757282	一年内到期的非流动负债	27913.45	27253.34	33517.06	3254
其他流动资产	3556.54	2670.01	3487.51	3385.932039	其他流动负债	2494.12	2511.71	3196.05	3102.
流动资产合计	1578098.12	1515848.41	1419056.46	1377724.718	流动负债合计	1151582.39	1097928.69	1077546.32	10461
非流动资产：					非流动负债：				
债权投资	4889	3144.02	2896.47	2812.106796	长期借款	17372.41	14275.45	7980	7747.
其他债权投资					应付债券				
长期应收款	246.38	299.16	305.66	296.7572816	其中：优先股				

图 2-12　数据源上传成功

通过以上操作能够获取大部分上市公司财务报表数据，未能获取的上市公司财务报表数据可通过任务 2.2 的方法进行获取。

任务 2.2　从网络数据源获取数据

【任务描述】

康佳医疗财务部正在准备公司年度工作会议材料，为进行比较分析，需获取上市公司财务报表数据，但发现部分上市公司官网暂时无法下载财务报表数据，也未提供数据接口，但在上海证券交易所官方网站（简称“上交所网站”）可查询到相关数据。

任务布置：

利用网络爬虫技术，在上交所网站获取上市公司的资产负债表、利润表和现金流量表数据，解决在任务 2.1 中，未能获取的上市公司财务报表。

【相关知识】

网页数据源获取的途径主要是通过网络爬虫技术爬取相关的网络数据，从而获取更多的数据源。

一、网络爬虫

网络爬虫，又称为网页蜘蛛、网络机器人等，是一种按照一定的规则，自动抓取网络信息的程序或者脚本。

网络爬虫的基本原理是用户通过网址（URL）向服务器发送访问请求（HTTP 请求），服务器在收到客户的请求（Request）后，验证请求的有效性，然后向客户端发送响应内容（Response），客户端获取响应内容并将其展示出来。网络爬虫类似于模拟用户浏览网页的操作，通过模拟浏览器向网站发送请求，再获取响应内容后，从中提取有用的内容进行解析并进行数据的保存。网络爬虫的一般工作流程如图 2–13 所示。

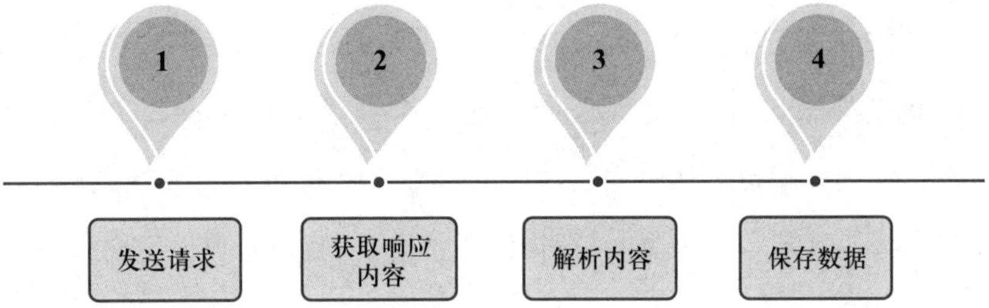

图 2–13　网络爬虫的一般工作流程

网络爬虫的主要作用是采集网络上的数据，理论上讲，只要是能请求并且能获取响应的网络上的资源都能够被抓取，比如网页文本（HTML 文档、JSON 格式文本等）、图片文件（PNG、JPEG 等）、视频文件（MP4、WMV 等）及其他各类数据。

二、URL

统一资源定位符（Uniform Resource Locator，URL）是对互联网上得到资源的位置和访问方法的一种简洁表示，URL 具有全球唯一性。URL 的一般语法格式为：传输协议 + IP 地址（域名）+ 端口号 + 路径 + 参数 + 查询 + 信息片段，例如 http://www.*****.com/***，其中“http”为传输协议，“www.*****.com”为 IP 地址（域名)，“/***”为路径。

三、HTTP

(一)HTTP 的含义

超文本传输协议(Hyper Text Transfer Protocol，HTTP)是用于从网络传输超文本数据到本地浏览器的传输协议，它能够保证高效而准确地传送超文本文档。HTTP 请求是目前互联网上应用最为广泛的一种网络请求方式，常见的是在网络浏览器中输入一个网址，在访问网页时，服务器把网页传送给浏览器，实际上就是把网页的 HTML 代码发送给浏览器，从而让浏览器显示出来，浏览器和服务器之间的传输协议即是 HTTP 协议。

(二)HTTP 请求过程

在客户端的浏览器中输入一个 URL，按回车键后，在浏览器中观察页面内容，其中的过程是浏览器向网站所在服务器发送一个请求(Request)，网站服务器接收到请求后进行处理和解析，然后返回对应的响应(Response)，传回浏览器，响应中包含页面的源代码等内容，浏览器再对其进行解析便会将网页呈现出来，如图 2-14 所示。

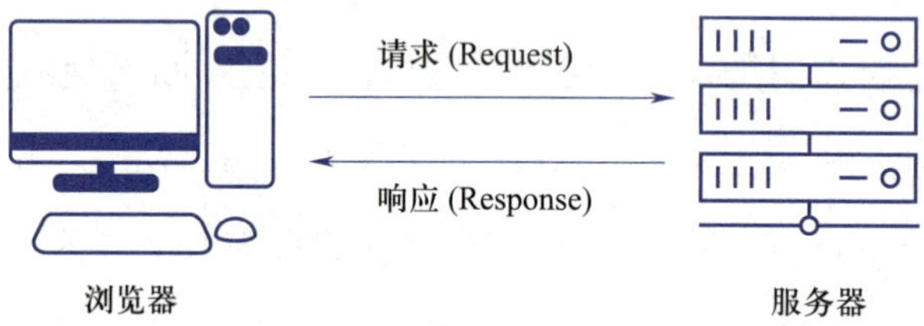

图 2-14　请求及响应模型

下面以 360 安全浏览器的开发者模式下的网络(谷歌浏览器对应“Network”)组件为例，进一步介绍 HTTP 请求过程。具体操作步骤如下。

(1)在 360 安全浏览器中输入网址 https://finance.sina.com.cn/(新浪财经)。

(2)单击右上角“≡”按钮，依次选择“更多工具”|“开发人员工具”，在打开的界面中单击“网络”选项，单击左上角“C”按钮，将打开“网络”选项下面的一

个条目，即为发送请求和接收响应的过程。

（3）单击条目可看到更加详细的信息，以单击“finance.sina.com.cn”为例，如图 2–15 所示。

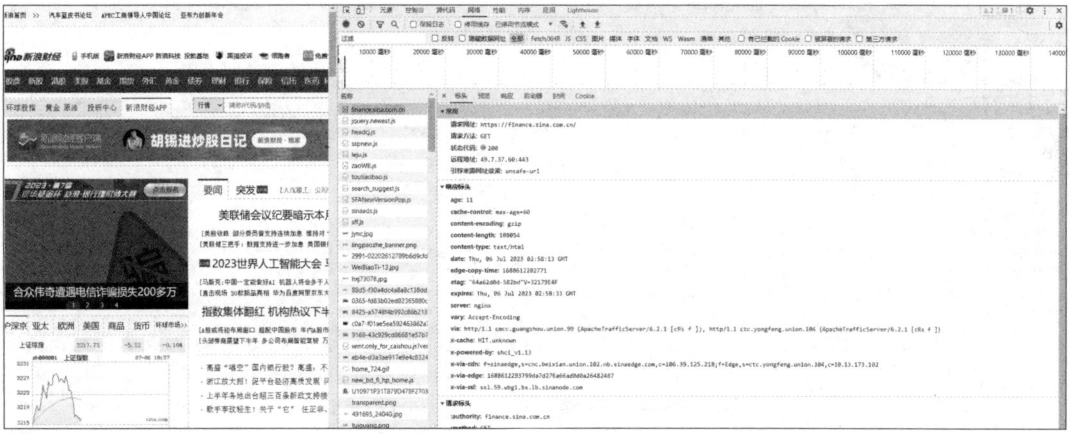

图 2–15 请求查看详细信息

（三）请求（Request）

请求由客户端的浏览器向服务器发出，是一个功能强大的网络请求库，可以请求从网站获取网页上的数据。请求的引入规则为：输入请求（import requests）。

可以将请求划分为 4 部分内容：请求方法（Request Method）、请求 URL（Request URL）、请求标头（Request Headers）和请求体（Request Body）。

请求方法。常见的请求方法有 requests.get() 和 requests.post() 两种。其中通过网络爬虫爬取网页最简单的方法是采用 requests.get() 方法，此方法是指通过请求调用 get() 方法，传入需要获取资源的 URL，即可构造一个 HTTP 请求，并获取响应内容。在浏览器中直接输入一个 URL 并按回车键，即可发起一个 GET 请求，请求参数会直接包含到 URL 中。而 POST 请求大多为表单提交发起的，如登录表单、输入用户名和密码、单击“登录”按钮等，此时通常会发起一个 POST 请求，其数据通常以表单形式传输，不会体现在 URL 中。

请求 URL。用 URL 可以唯一确定想请求的资源。

请求标头。请求标头用来说明服务器要用的附加信息。

请求体。请求体一般承载的内容是 POST 请求中的表单数据，而对于 GET 请求，请求体为空。

通过网络访问“新浪财经”官网，请求的详细信息如图 2-16 所示。

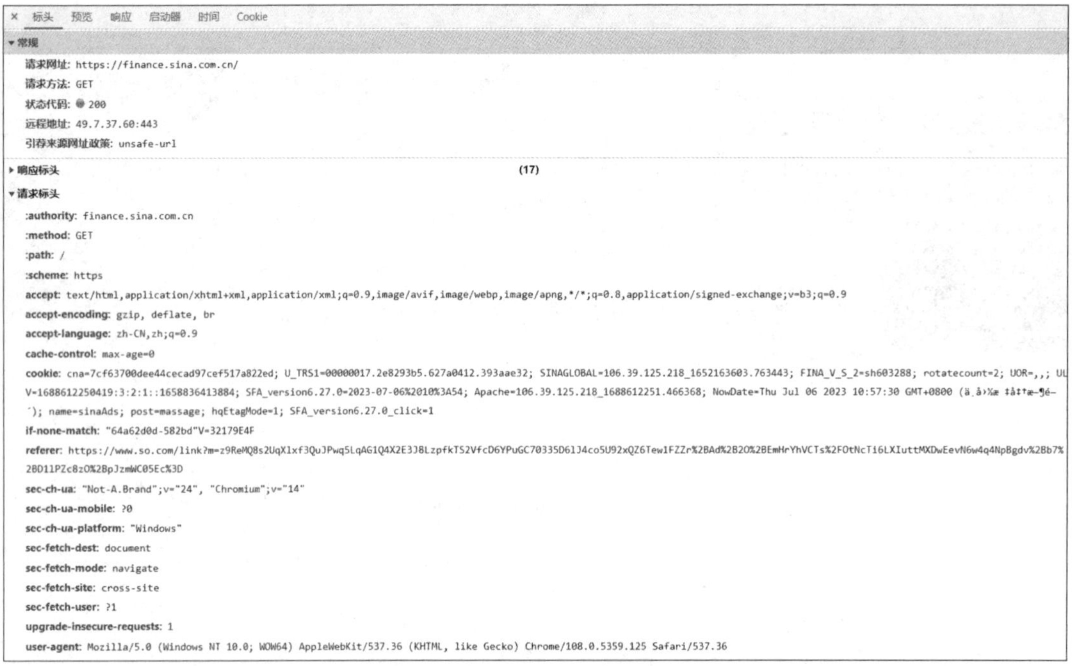

图 2-16　请求的详细信息

（四）响应（Response）

响应对象包含网络爬虫返回的内容，由服务端返回给客户端。响应可以划分为 3 部分：响应的状态代码（Response Status Code）、响应标头（Response Headers）和响应体（Response Body）。

响应的状态代码。请求返回的状态代码，“200”表示连接成功，“404”或其他表示失败。

响应标头。响应标头包含服务器对请求的应答信息，如 Content-Type、Content-Encoding、Server 等。

响应体。响应的正文数据都包含在响应体中。在执行网络爬虫程序时，主要解析的内容就是响应体，通过响应体可以得到网页的源代码、JSON 数据等，然后提取其中的内容。

通过网络访问“新浪财经”官网，响应的详细信息如图 2-17 所示。

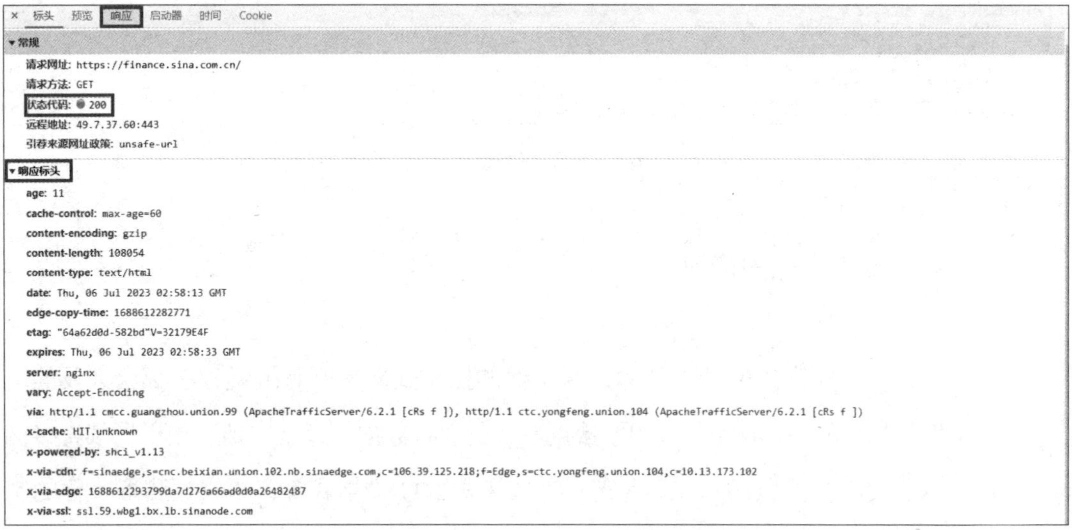

图 2-17 响应的详细信息

（五）示例演示

本示例将演示如何爬取“新浪财经”官网。

1. 编写 Python 程序

在中联教育财务大数据分析课程教学平台中打开 Jupyter Notebook 工具，新建一个 Python 文件，在代码编辑区域中输入如下代码：

```
import requests # 导入网络爬虫的 Request 库，不然调用不了网络爬虫的函数
response = requests.get("https://finance.sina.com.cn/") # 生成一个 Response 对象
response.encoding = response.apparent_encoding # 设置编码格式
print(" 状态代码 :"+ str(response.status_code)) # 打印状态代码
print(response.text) # 输出爬取的信息
```

2. 运行程序并查看结果

单击 ▶ 按钮后，出现如图 2-18 所示的运行结果。运行结果显示“状态代码：200”，表示连接成功，并且打印出了爬取的信息。

```
状态代码：200
<!Doctype html>
<!-- [ published at 2023-07-06 11:10:01 ] -->

<html>
<head>
        <meta charset="utf-8">
        <title>新浪财经_新浪网</title><meta name="keywords" content="财经纵横,股票,期货,基金,外汇,财经频道,财经网站" /><meta name="description" content="新浪财经提供7X24小时财经资讯及全球金融市场报价，覆盖股票、债券、基金、期货、信托、理财、管理等多种面向个人和企业的服务。" />
<link rel="mask-icon" sizes="any" href="//www.sina.com.cn/favicon.svg" color="red">
        <meta name="stencil" content="PGLS000089" />
        <meta http-equiv="X-UA-Compatible" content="IE=edge" />
        <meta content="always" name="referrer">
        <meta name="bytedance-verification-code" content="uGBLhf1v/byFalUGlyZc" />
        <link rel="apple-touch-icon" href="http://i1.sinaimg.cn/cj/finance5.png" />

    <!-- <link rel="stylesheet" type="text/css" href="//n3.sinaimg.cn/finance/home16/licaishi_tab.css"> -->
<link rel="stylesheet" type="text/css" href="//n3.sinaimg.cn/finance/c30320b4/20190820/licaishi_tab_v1.css?201908201028">
```

图 2-18 运行结果

四、文件存储与读取

文件是存储数据的基本载体，对文件的操作几乎是所有编程语言都会涉及的内容。而使用 requests.get() 方法爬取数据后，需要将数据保存至本地，便于后续直接调用。保存文件类型包括 JSON 格式、CSV 格式、TXT 格式等，可根据爬取文件的类型确定保存文件的类型。

使用 Python 来读写文件是非常简单的操作，可以调用 Python 自带的 open() 函数来打开一个文件，read() 函数读取文件内容，write() 函数将指定内容写入文件中。在 Python 中读写文件，一般使用"with"进行上下文的管理，它可以自动关闭文件，其基本语法格式如下：

```
with 表达式 as 变量：# 表示将表达式返回的结果保存到该变量中
    代码块
```

本书以 CSV 文件存储为例讲解文件存储。CSV 文件是一类文件的简称，它以纯文本的形式存储表格数据。

（一）写入 CSV 文件

写入数据到 CSV 文件需要创建一个 writer 对象，主要用到 writerow() 和 writerows() 两种函数，writerow() 函数用于写入一行，writerows() 函数用于写入多行。示例代码如下：

```
import csv
headers = ["学院","会计学院","管理学院","大数据学院","软件学院","网络学院"]
values = [
    ('2018年',1320,1351,2251,3178,2151),
    ('2019年',1323,1402,2202,3180,2190),
    ('2020年',1466,1322,2222,3162,2122),
    ('2021年',1486,1388,2248,3218,3108)
]
with open('中联学院学生人数统计.csv','w',encoding='utf-8',newline='')as fp:
    writer = csv.writer(fp)
    writer.writerow(headers)
    writer.writerows(values)
```

运行结果如图 2-19 所示。

	学院	会计学院	管理学院	大数据学院	软件学院	网络学院
1	2018年	1320	1351	2251	3178	2151
2	2019年	1323	1402	2202	3180	2190
3	2020年	1466	1322	2222	3162	2122
4	2021年	1486	1388	2248	3218	3108

图 2-19　写入 CSV 文件的运行结果

（二）读取 CSV 文件

调用 CSV 的 reader() 函数即可实现对 CSV 文件的读取。示例代码如下：

```
import csv
with open('中联学院学生人数统计.csv','r')as fp:
    reader=csv.reader(fp)
    titles=next(reader)
    for x in reader:
        print(x)
```

运行结果如图 2-20 所示。

```
['2018年', '1320', '1351', '2251', '3178', '2151']
['2019年', '1323', '1402', '2202', '3180', '2190']
['2020年', '1466', '1322', '2222', '3162', '2122']
['2021年', '1486', '1388', '2248', '3218', '3108']
```

图 2-20　读取 CSV 文件的运行结果

【任务实现】

一、编写网络爬虫程序

爬取未来股份资产负债表

（1）调用给定的通用网络爬虫代码，已经预置“爬取未来股份资产负债表”代码，详见“爬取未来股份资产负债表”二维码。

（2）通过查询发现，昆药集团的财务报表数据无法在其官网进行下载，因此可以通过网络爬虫程序爬取其财务报表数据。将预置代码中的股票代码修改为昆药集团股票代码“600422”，并将文件保存名称修改为“昆药集团资产负债表”，如图 2-21 所示。

```
import csv
import requests


headers = {
    "Accept": "*/*",
    "Host":"listxbrl.sse.com.cn",
    "Content-Type":"application/x-www-form-urlencoded;charset=UTF-8",
          "Origin":"http://listxbrl.sse.com.cn",
        "Referer":"http://listxbrl.sse.com.cn/companyInfo/toCompanyInfo.do?stock_id=600519&report_peric
        "User-Agent":"Mozilla/5.0 (Windows NT 10.0; Win64; x64) AppleWebKit/537.36 (KHTML, like Gecko)
        "X-Requested-With": "XMLHttpRequest"
}
                                                            600422
reqData ={'report_year':'2020','stock_id':'600532','report_period_id':'5000'}#将对应股票代码修改为昆药集
def get_data():
    url ="http://listxbrl.sse.com.cn/companyInfo/showBalance.do"
    content=requests.post(url=url,headers=headers,data=reqData).json()
    return content
                                            昆药集团
#部分代码省略#

save_csv(get_data(),"未来股份资产负债表.csv")#将未来股份修改为昆药集团
print('爬取完成')
```

图 2-21　修改股票代码和文件保存名称

二、运行并查看运行结果

单击 ▸ 按钮，运行结果如图 2–22 所示。

	指标/年份	2021	2020	2019	2018	2017
1	货币资金(元)	1,574,252,238.43	1,473,146,144.84	1,271,141,633.49	1,200,561,376.79	796,085,210.34
2	结算备付金(元)	0	0	0	0	0
3	拆出资金(元)	0	0	0	0	0
4	交易性金融资产(元)	160,501,871	334,759,859.98	210,899,726.46	0	0
5	应收票据(元)	145,164,578.54	160,369,807.3	209,541,093.68	150,867,319.78	149,779,061.04
6	应收账款(元)	1,865,688,639.1	1,391,005,496.16	1,394,811,542.86	1,203,778,510.54	1,037,556,108.08
7	预付账款(元)	381,823,999.23	183,642,258.67	126,308,583.64	192,980,745.77	137,287,235.33
8	应收保费(元)	0	0	0	0	0
9	应收分保账款(元)	0	0	0	0	0
10	应收分保合同准备金(元)	0	0	0	0	0
11	应收利息(元)	0	0	0	3,631,884.94	4,469,080.52
12	应收股利(元)	0	0	0	0	0
13	其他应收款(元)	137,329,691.71	155,359,851.4	89,809,240.23	102,295,875.63	77,010,260.56
14	买入返售金融资产(元)	0	0	0	0	0
15	存货(元)	1,883,590,181.69	1,717,581,011.54	1,431,291,758.17	1,173,973,301.8	1,133,455,994.85
16	一年内到期的非流动资...	0	0	0	0	0
17	其他流动资产(元)	31,896,812.66	97,808,884.62	67,909,467.1	176,560,415.06	720,223,912.65
18	流动资产合计(元)	6,180,248,012.36	5,563,661,764.62	4,801,861,045.63	4,201,017,545.37	4,055,866,863.37
19	发放贷款和垫款(元)	0	0	0	0	0

图 2–22　查看运行结果

三、下载并保存文件

右键单击“昆药集团资产负债表.csv”文件，在弹出的页面框中，单击“Download”下载标签，即可将“昆药集团资产负债表”下载至计算机本地磁盘，如图 2–23 所示。可采取同样的方法获取昆药集团的利润表、现金流量表以及任务 2.1 中未获取的其他上市公司的财务报表数据。

任务 2.2 测试

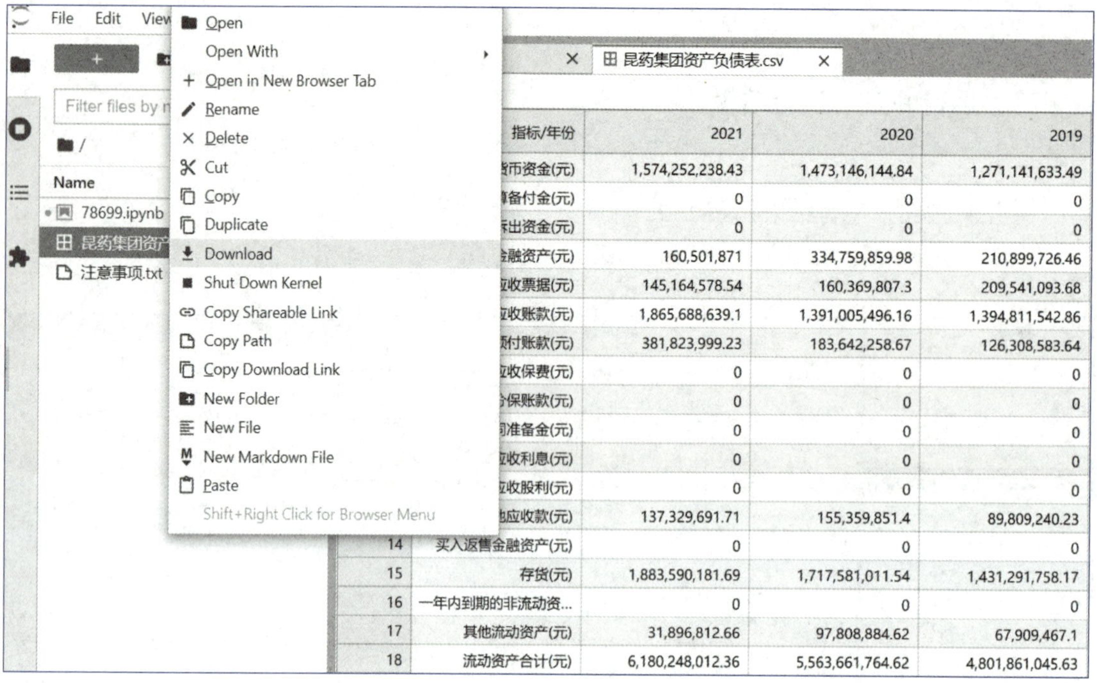

图 2-23　下载并保存财务报表

单元学习评价

按照表 2-1 财务数据采集学习评价表的考核内容，分别评价各项内容的完成度并计算得分，按考核项目的权重计算本单元的总分。

表 2-1　财务数据采集学习评价表

考核项目	权重 /%	考核内容	分值	得分
知识	40	按时完成从 ERP 系统中获取数据、从专业数据库中获取数据相关知识的阅读或听讲	30	
		按时完成网络爬虫、URL、HTTP、文件存储与读取相关知识的阅读或听讲	20	
		积极参与本单元规定的直连获取数据和从网络数据源获取数据的讨论与交流活动	10	
		正确完成本单元规定的直连获取数据和从网络数据源获取数据的线上、线下测试与作业	40	

续表

考核项目	权重/%	考核内容	分值	得分
技能	40	获取本公司资产负债表数据并上传至数据分析工具	15	
		获取本公司利润表数据并上传至数据分析工具	15	
		获取本公司现金流量表数据并上传至数据分析工具	15	
		利用数据采集工具获取同行业A股资产负债表并上传至数据分析工具	25	
		利用数据采集工具获取同行业A股利润表并上传至数据分析工具	15	
		利用数据采集工具获取同行业A股现金流量表并上传至数据分析工具	15	
素养	20	完成本单元规定的职业素养基本要求	50	
		结合本单元实例，完成培养坚持求真务实、保障数据安全等职业素养的讨论或撰写心得感悟短文	50	
总体评价			100	

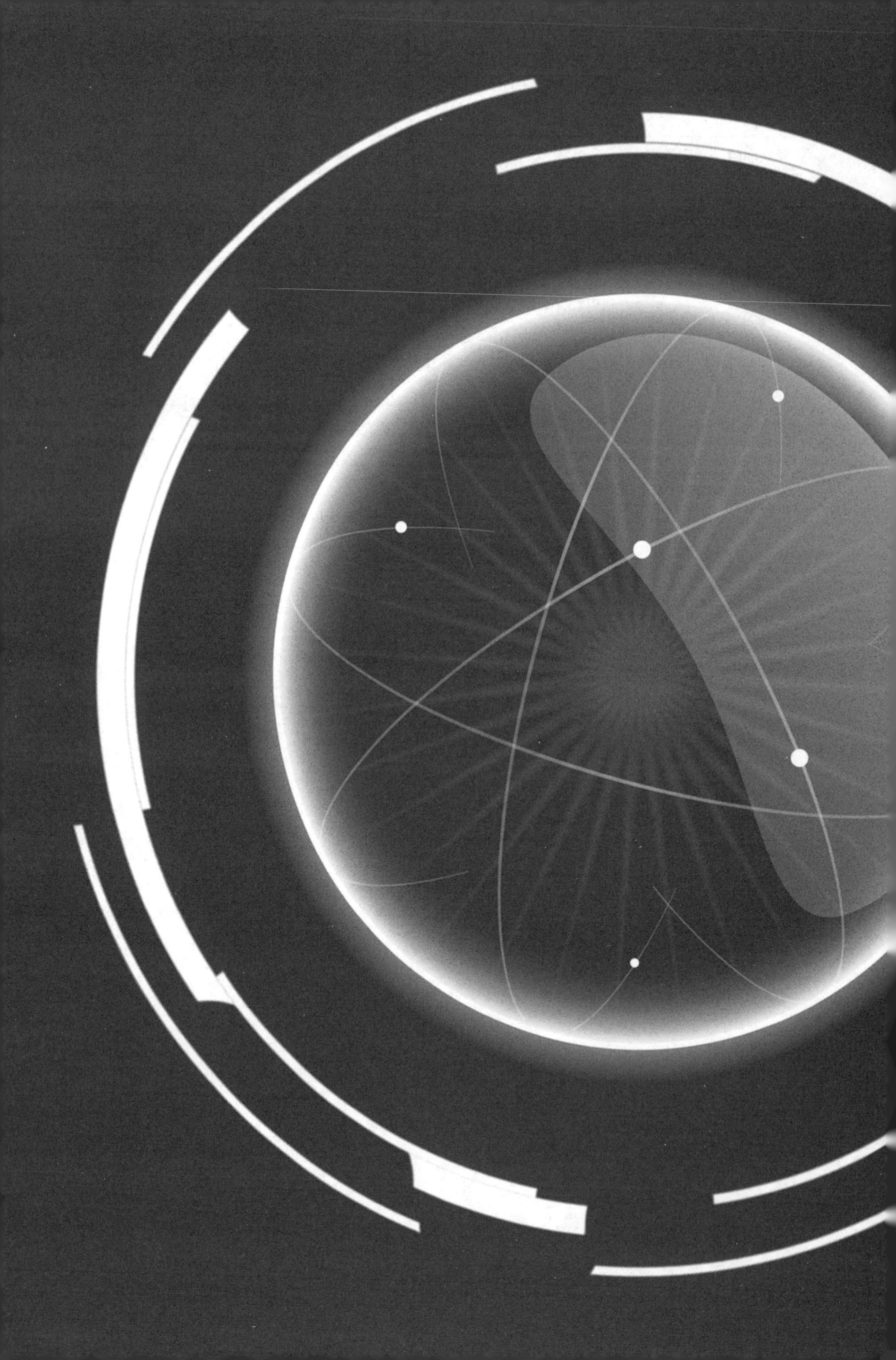

单元3

财务数据预处理

学习目标

知识目标

◆ 了解数据清洗的含义及常见数据问题；

◆ 掌握数据清洗的基本方法与数据清洗步骤；

◆ 理解数据集的基本概念；

◆ 掌握数据连接的方式。

技能目标

◆ 能够利用典型数据分析工具，准确进行财务数据的数据格式、缺失值、异常值等方面的清洗；

◆ 能够利用典型数据分析工具，准确创建数据集。

素养目标

◆ 通过本单元学习，在体验数据清洗与创建数据集的同时，培养客观公正、凝神聚力、严谨细致和精益求精的工匠精神；

◆ 在处理大量复杂的数据时，激发团队协作精神和集体意识。

思维导图

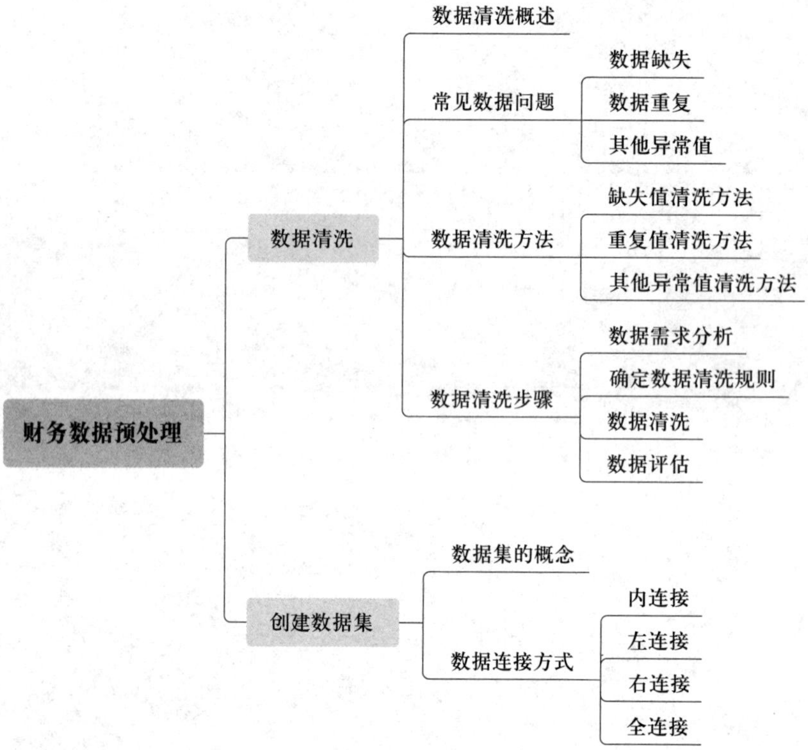

职业素养提升

秉承客观公正，发扬工匠精神

财务分析质量取决于财务数据的数量与质量。我们通过直连获取的数据或从网络数据源获取的数据，往往存在着数据格式多样、数据缺失、数据异常、逻辑关系混乱等众多问题，若直接依据未加清洗的数据进行数据分析，会导致分析结果失真。为提高数据质量，发现并纠正数据中出现的各种错误，我们必须秉承客观公正的态度，善于通过历史看现实、透过现象看本质，扎实做好数据格式、缺失值、异常值等方面的数据清洗。

大数据的清洗工作复杂程度远超一般传统数据，动辄几千万甚至上亿条数据的清洗会花费大量时间。作为财务工作者，我们要发挥团队协作精神和集体意识，以凝神聚力、严谨细致、精益求精和追求卓越的工匠精神努力提高数据质量，使财务分析结果更加准确可靠。

任务 3.1　数据清洗

【任务描述】

康佳医疗财务部为准备公司年度工作会议材料，已获取了本公司 2018—2020 年资产负债表、利润表和现金流量表以及 2018—2020 年 A 股部分上市公司的资产负债表、利润表和现金流量表。但通过分析发现，康佳医疗及 A 股部分上市公司的财务报表数据存在空白值和数据类型不一致等问题，为后续分析带来了不便，因此财务部要求小李通过数据分析工具，对获取的本公司财务报表数据和 A 股部分上市公司的财务报表数据进行数据清洗。

任务布置：

对本公司 2018—2020 年财务报表数据和 2018—2020 年 A 股部分上市公司财务报表数据进行数据清洗，包括用数值 0 替换空白值和将数据类型转换为保留 2 位小数的数值，并保存清洗后的数据。

【相关知识】

一、数据清洗概述

随着我国信息化水平的日益提高、信息系统的广泛普及，各行业都积累了海量数据。由于信息系统设计水平参差不齐，在数据的生产过程中不可避免产生了大量重复、不完整、不准确或错误数据，称之为“脏数据”，给数据的管理与应用工作带来了巨大挑战。大数据时代，数据带给我们无与伦比的价值与效益，而随之产生的“脏数据”

直接影响数据的质量，进而影响到组织决策的准确性，甚至会造成潜在的威胁或损失。因此，对于数据进行清洗以保证数据质量，从而提高数据分析的质量就变得尤为重要。

数据清洗（Data Cleaning）是对数据进行重新审查和校验的过程，目的在于删除重复信息、纠正存在的错误，并提高数据一致性。数据清洗是一个复杂的过程，不仅仅要检测出数据中存在的差错、清除数据中存在的不一致，更重要的是对数据进行整合和分解，将“脏数据”转变成“干净数据”，供后续数据分析及数据挖掘使用，以便更好地找出数据之间的关联，挖掘其内在价值。

二、常见数据问题

大数据时代，获取的数据通常存在以下几种问题：

（一）数据缺失

数据缺失是指现有数据集中某个或某些属性的值是不完整的。在数据分析工作中，缺失数据经常出现，可能是数据没有采集成功，也可能是传输、存储出现故障等原因造成的。

数据缺失产生的原因主要分为机械原因和人为原因。机械原因是机械导致的数据收集或保存的失败造成的数据缺失，比如数据存储的失败，存储器损坏，机械故障导致某段时间数据未能收集等。人为原因是人的主观失误、历史局限或有意隐瞒造成的数据缺失，比如，在市场调查中被访人拒绝透露相关问题的答案，或者回答的问题是无效的以及数据录入人员失误漏录了数据等。

（二）数据重复

数据库中属性值相同的记录被认为是重复记录，重复值一般是指数据库中存在的重复数据行。重复值的产生有可能是系统错误导致的，也有可能是多次输入导致的。比如在账务处理中，企业没有纳入电子发票核验系统，出现电子发票重复打印，可能会导致同一原始凭证重复入账，这样就会产生重复记录，影响核算结果；不同来源的数据出现重复，同一来源中出现逻辑上的重复数据，例如同一系统中身份重复或待遇重复问题等。

（三）其他异常值

获取的数据除了存在缺失值和重复值外，往往还存在许多其他问题，如数据格式内容错误、逻辑错误等，这一类错误产生的原因是业务系统不够健全，在接收输入后没有进行判断直接写入后台数据库造成的，比如数值数据输入成全角数字字符、字符串数据后面有一个回车操作、日期格式不正确、日期越界等。

三、数据清洗方法

一般来说，数据清洗是指将数据库精简以除去重复记录，并使剩余部分转换成标准可接收格式的过程。数据清洗标准模型是将数据输入到数据清洗处理器，通过一系列步骤清洗数据，然后以期望的格式输出清洗过的数据。数据清洗从数据的准确性、完整性、一致性、唯一性、实时性、有效性几个方面来处理数据的丢失值、重复值、越界值以及不一致代码等问题。

数据清洗一般针对具体应用，因而难以归纳统一的方法和步骤，但是根据数据存在的不同问题可以给出相应的数据清洗方法。

（一）缺失值清洗方法

对于缺失值，常用的清洗方法主要包括删除缺失值和填充缺失值。

1. 删除缺失值

删除缺失值是最简单、最直接的清洗方法之一。通常适用于缺失值少或缺失值对数据集的影响可以忽略不计的情况；缺失的数据量大，已无法处理大多数缺失值的情况；该缺失值无法被填充的情况。

在 Power BI 数据分析工具中选中数据界面，单击“数据转换”按钮，弹出编辑器界面，根据需要选择要删除的行或列，即可将含有缺失值的行或列删除，如图 3–1 所示。

2. 填充缺失值

填充缺失值会直接改变原有的数据集，可能会影响后续的分析结果，因此，在对缺失值进行填充时，一定要更加谨慎。填充缺失值通常采用数值 0、中位数、平均数、众数和临近值等进行填充。

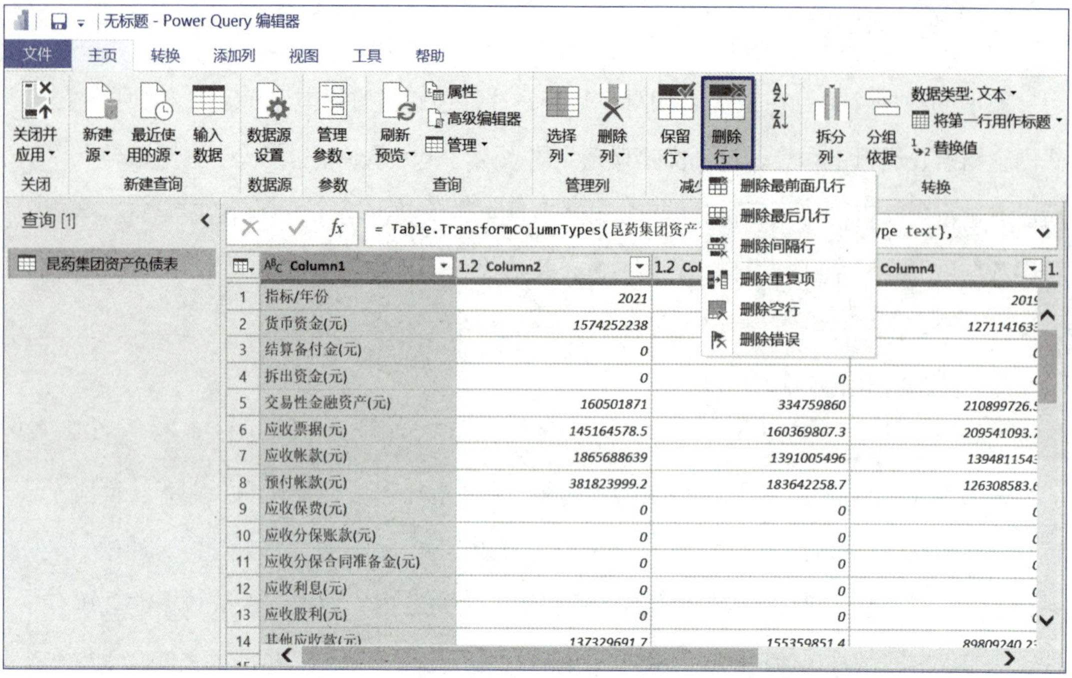

图 3-1 删除缺失值

以数值 0 填充缺失值为例，在 Power BI 数据分析工具中选择需要替换的数据，按“Ctrl + A”快捷将当前数据源全选，单击“替换值”，在弹出的对话框中输入需要查找的值“null”和替换为“0”，即可将缺失值全部替换为数值 0，如图 3-2 所示。

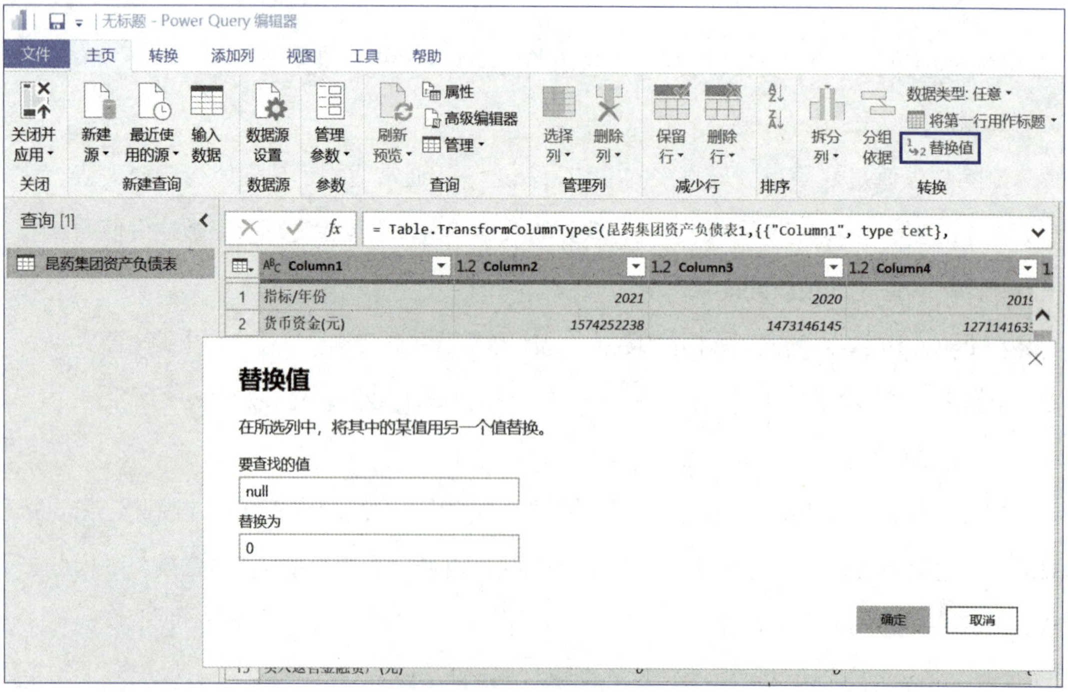

图 3-2 填充缺失值

（二）重复值清洗方法

重复值一般采取删除的方法进行数据清洗。具体可参照删除缺失值的方法进行删除。在删除重复值时，需要了解重复值出现的原因，不能盲目删除重复值，因为在实际业务中，可能存在很多重复数据的情况，比如同名销售人员某月销售业绩相同等。如果重复的记录是用于分析演变规则、处理样本不均衡问题或检测业务规则问题，在这种情况下，不建议删除重复值。

（三）其他异常值清洗方法

在数据分析中，异常值会对数据分析产生影响，从而使信息使用者做出错误决策，因此需要对异常值进行清洗。对其他异常值的清洗方法可参照缺失值清洗方法，采取对异常值进行删除或填充，也可采用对异常值进行数据类型转换等方法进行清洗。

比如数据类型错误导致的异常值，在 Power BI 数据分析工具中选择数据类型错误的单元格，单击“数据类型”，即可从中选择正确的数据类型，从而完成数据类型转换，如图 3-3 所示。

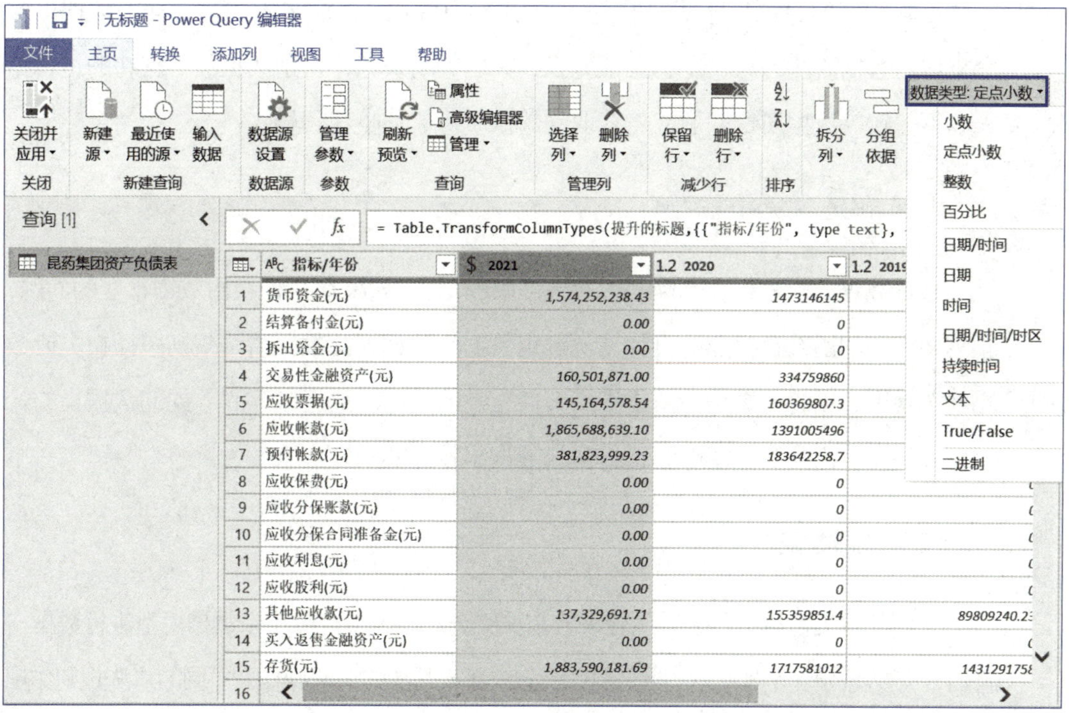

图 3-3　数据类型转换

四、数据清洗步骤

数据清洗步骤通常包括数据需求分析、确定数据清洗规则、数据清洗和数据评估，如图 3-4 所示。

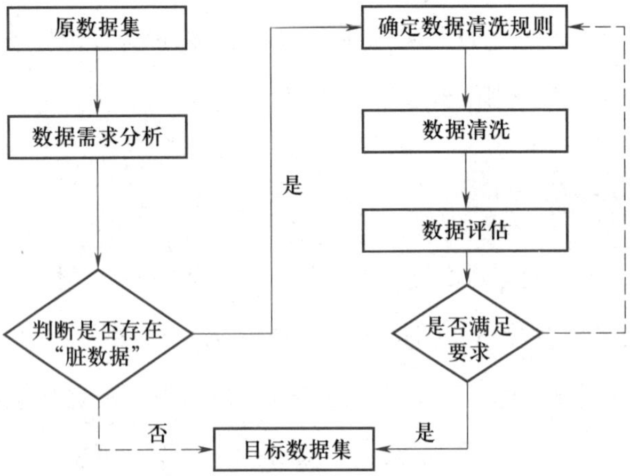

图 3-4　数据清洗步骤

（一）数据需求分析

不同领域的数据集是不一样的，数据集反映了这个领域的一些特征。数据需求分析作为数据清洗的第一步，必须先找到数据集的来源，识别数据集中存在的逻辑错误、不一致等数据质量问题，将获取的数据质量信息整理归档。

（二）确定数据清洗规则

经过数据需求分析，判断是否存在“脏数据”，如果存在，找出数据存在的问题，根据发现的问题结合行业的具体情况确定数据清洗规则。数据清洗规则包括缺失值数据清洗规则、重复值数据清洗规则、其他异常值数据清洗规则等。不同的数据集的特性差异明显，因此数据清洗要选择适合数据集特点的规则。

（三）数据清洗

在原数据集上执行已经得到验证的数据清洗规则。当直接在原数据集上进行数据清洗时，需要备份原数据集，以防需要撤销上一次或几次的清洗操作。不同的清洗规则作用于相同的数据集所得的效果不尽相同。分析清洗后的效果，若不尽如人意，则可能需要重新选择数据清洗规则，再次清洗。根据最终清洗结果，修正已经归档的数据质量信息。

（四）数据评估

在执行完数据清洗之后，需要对清洗过的数据进行评估。评估清洗过的数据质量如何，如果数据质量达到要求说明上述的清洗步骤正确。否则，就需要调整上述步骤并重新执行，直到得到高质量的数据。

【任务实现】

以上传的康佳医疗资产负债表为例，单击“数据”视图按钮，可以看到康佳医疗的资产负债表存在缺失值和数据类型不一致等问题，如图 3–5 所示。

Column1	Column2	Column3	Column4	Column5
年份	2020/12/31	2019/12/31	2018/12/31	2017/12/31
资产				
流动资产:				
货币资金	653974.33	686786.88	515361.36	500350.835
交易性金融资产	6522.09	5991.55	6785.05	6587.427184
衍生金融资产				
应收票据	3851.18	4510.82	8624.32	8373.126214
应收账款	94322.09	87344.5	51797.67	50289
应收款项融资				
预付款项	41080.19	57953.62	95718.04	92930.13592
其他应收款	108936.14	94787.33	120170.21	116670.1068
存货	664510.48	574787.47	616113.74	598168.6796

图 3–5　康佳医疗资产负债表数据问题类型

一、用数值0填充缺失值

用数值 0 填充缺失值的操作步骤如下：

（1）依次单击“主页”下的“转换数据”按钮，可以看到缺失值已经自动变成了“null”，单击“将第一行用作标题”，可以看到标题栏已经变成了日期，如图 3–6 所示。

（2）单击任一单元格，按住“Ctrl + A”快捷键，将康佳医疗资产负债表全选。

（3）单击“替换值”，在“要查找的值”下方搜索框中输入“null”，在“替换为”下方搜索框中输入“0”，单击“确定”按钮，即可将缺失值替换为数值 0，如图 3–7 所示。

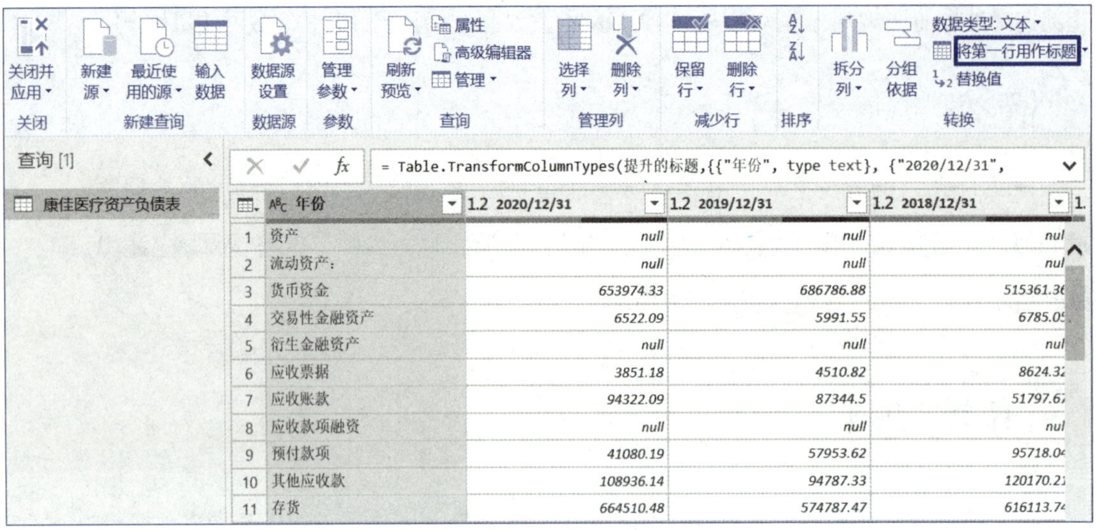

图 3-6　转换标题

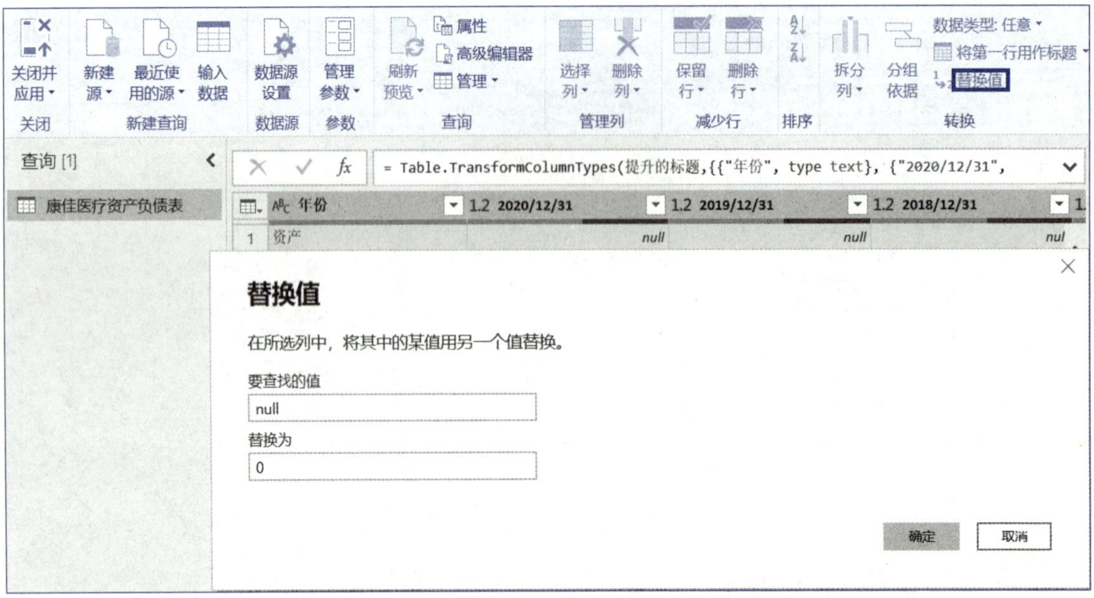

图 3-7　用数值 0 填充缺失值

康佳医疗的利润表、现金流量表和行业财务报表数据如存在缺失值，可采取同样的方法进行缺失值填充。

二、数据类型转换

在完成用数值 0 替换缺失值操作以后，继续进行数据类型的转换，操作步骤如下：

（1）选择需要进行数据类型转换的列，以“2020/12/31”这一列的数据为例。

（2）单击“数据类型”，选择“定点小数”，即可将该列数据的数据类型统一转换为保留 2 位小数后的数值，如图 3-8 所示。

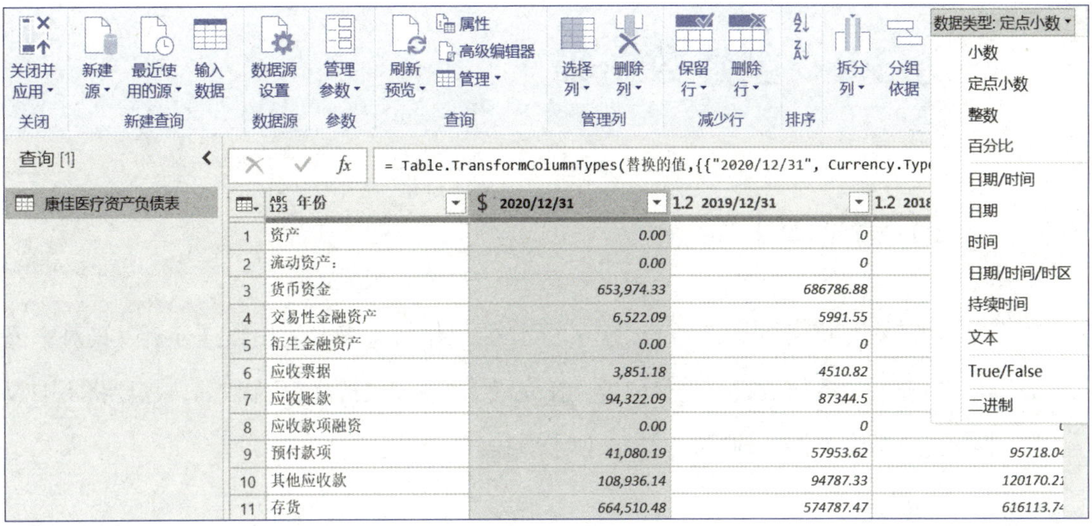

图 3-8　数据类型转换

三、保存清洗后的数据

中联数据分析平台数据清洗

将数据进行清洗之后，单击左上角 按钮，即可将清洗后的数据进行保存，以便后续分析使用，如图 3-9 所示。

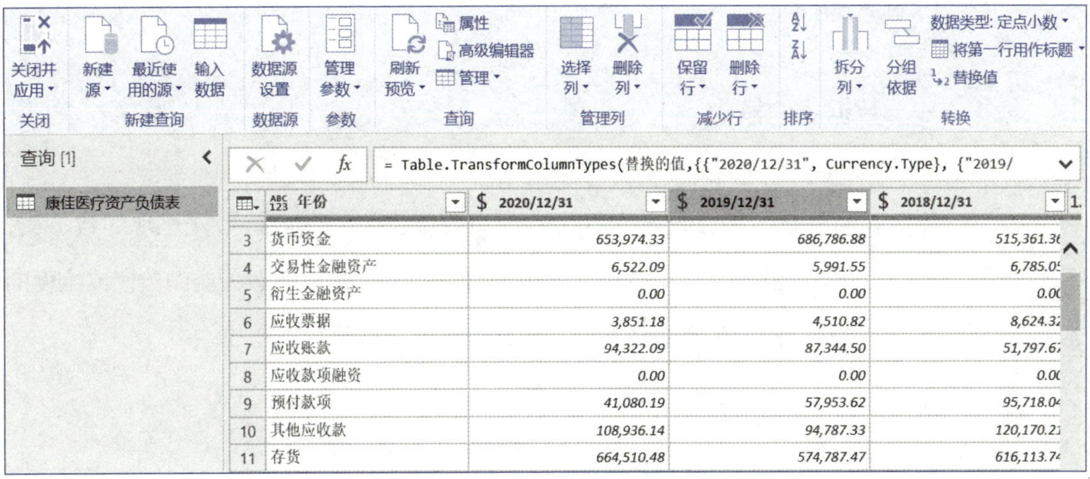

图 3-9　保存清洗后的数据

可采取同样的方法对康佳医疗的利润表、现金流量表和A股部分上市公司财务报表数据进行数据清洗。

任务3.1测试

任务3.2 创建数据集

【任务描述】

康佳医疗财务部为准备公司年度工作会议材料，需要运用数据分析工具对本公司和行业的财务报表数据进行分析，在完成了相关数据清洗工作以后，需要将不同数据源进行数据连接以创建数据集，便于后续分析使用。

任务布置：

1. 对本公司的资产负债表、利润表和现金流量表进行数据连接，创建本公司数据集

2. 将2018—2020年A股部分上市公司的资产负债表、利润表、现金流量表与“行业分类明细”表进行连接，创建行业数据集

【相关知识】

一、数据集的概念

数据集又称数据集合，是一种由数据组成的集合。以表格形式呈现的数据集，每一列代表特定的变量、分类或维度，每一行代表变量的取值、分类的数值或维度的度量值。在坐标系中，X轴表示变量，Y轴表示变量取值。

二、数据连接方式

数据集突破了单表限制，可以从多个表格、多种来源的数据中，根据不同的维度、不同的逻辑来聚合分析数据；而提取数据的前提是要将这些数据表建立关系，这个建立关系的过程就是数据连接。简单来说，数据连接就是建立表与表之间关系的过程。

数据连接必须要有关联条件，一般是指左表的主键或其他唯一约束字段（即没有重复值）与右表的主键或其他唯一约束字段相等（相同）。具体的数据连接方式主要有内连接（Inner Join）、左连接（Left Join）、右连接（Right Join）和全连接（Full Join），如图 3-10 所示。

图 3-10　数据连接方式

（一）内连接

内连接只返回两个表中联结字段相等的行，在表中存在至少一组匹配数据时返回行，若无匹配数据，则不返回，如图 3-11 所示。

ID	A	B	C
1	11	21	31
2	12	22	32
3	13	23	33

＋

ID	D	E	F
2	42	52	62
3	43	53	63
4	44	54	64

ID	A	B	C	D	E	F
2	12	22	32	42	52	62
3	13	23	33	43	53	63

图 3-11　内连接

（二）左连接

左连接是以左表为基础，根据两表的关联条件将两表连接起来，返回包括左表中的所有记录和右表中联结字段相等的记录，如图 3-12 所示。

ID	A	B	C
1	11	21	31
2	12	22	32
3	13	23	33

+

ID	D	E	F
2	42	52	62
3	43	53	63
4	44	54	64

ID	A	B	C	D	E	F
1	11	21	31			
2	12	22	32	42	52	62
3	13	23	33	43	53	63

图 3-12　左连接

（三）右连接

右连接是以右表为基础，根据两表的关联条件将两表连接起来，返回包括右表中的所有记录和左表中联结字段相等的记录，如图 3-13 所示。

ID	A	B	C
1	11	21	31
2	12	22	32
3	13	23	33

+

ID	D	E	F
2	42	52	62
3	43	53	63
4	44	54	64

ID	A	B	C	D	E	F
2	12	22	32	42	52	62
3	13	23	33	43	53	63
4				44	54	64

图 3-13　右连接

（四）全连接

全连接返回左表和右表中所有的记录。满足关联条件的左右表数据相连，不满足条件的各表数据均保留，无对应数据的表内容为空，如图 3-14 所示。

ID	A	B	C
1	11	21	31
2	12	22	32
3	13	23	33

+

ID	D	E	F
2	42	52	62
3	43	53	63
4	44	54	64

ID	A	B	C	D	E	F
1	11	21	31			
2	12	22	32	42	52	62
3	13	23	33	43	53	63
4				44	54	64

图 3-14　全连接

【任务实现】

一、利用Power BI创建本公司数据集

创建康佳医疗数据集操作步骤如下：

（1）任务 3.1 已完成对康佳医疗资产负债表、利润表和现金流量表的清洗，可以用于对资产负债表、利润表和现金流量表进行水平和垂直等分析，为了更好地对企业财务指标进行分析，需要将康佳医疗的资产负债表、利润表和现金流量表进行转置。以资产负债表为例，需要将左右排列的资产负债表转换为上下排列的资产负债表，在 Power BI 中，单击“转置”按钮，即可将资产负债表实现行列互换，如图 3-15 所示。利润表和现金流量表可采取类似方法实现行列互换。

数据分析平台创建本公司数据集

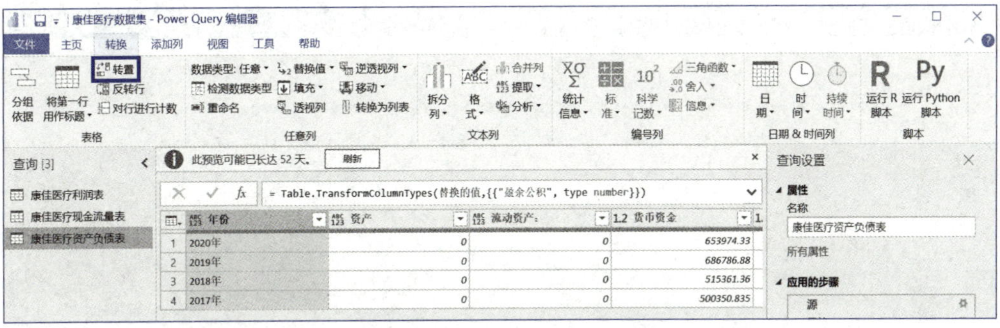

图 3-15 康佳医疗数据集

（2）单击左侧 按钮，进入建模面板，Power BI 会自动建立数据连接关系，可根据需求进行适当调整，创建的康佳医疗数据集如图 3-16 所示。

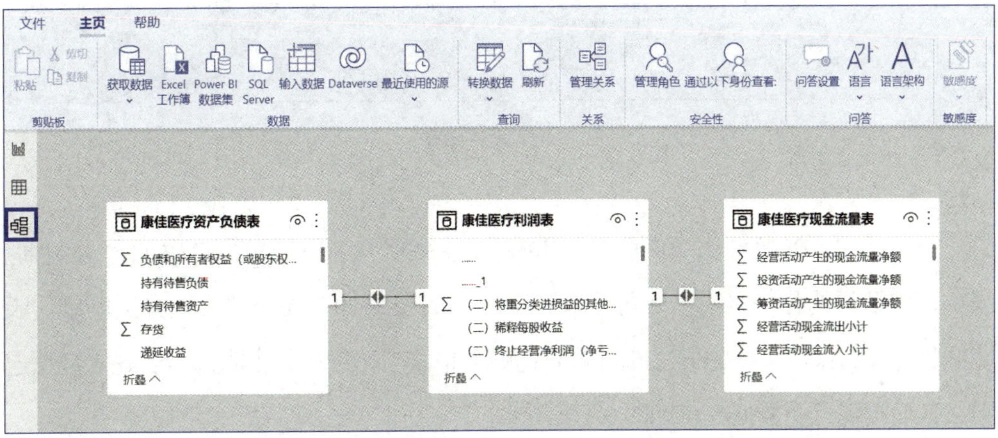

图 3-16 康佳医疗数据集

数据分析平台创建行业数据集

任务3.2测试

二、利用Power BI创建行业数据集

创建行业数据集操作步骤如下：

（1）为了更好地对行业财务指标进行分析，可在本地Excel中将获取的行业财务报表数据分年份合并至一个表格中，以合并后的2020年行业资产负债表数据为例，在合并后命名为“资产负债表2020”。利用清洗后的行业财务报表数据，单击左侧 按钮，进入建模面板，Power BI会自动建立数据连接关系，自动建立的关系可能会比较混乱，可先右键单击各连接线，单击“删除”按钮，逐个取消系统自动创建的连接关系，如图3–17所示。

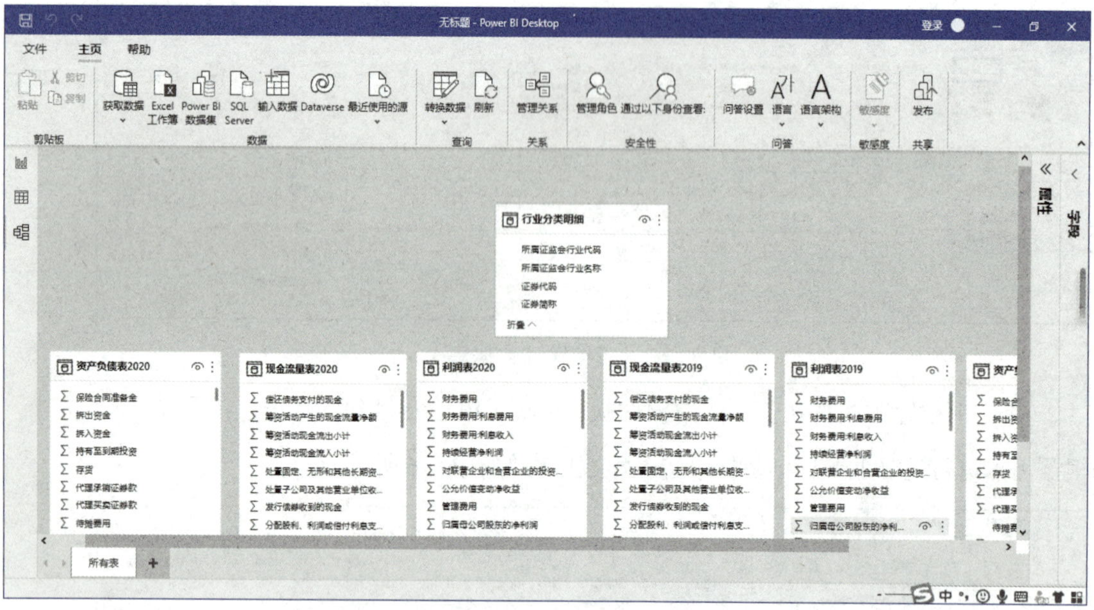

图3–17　建模设置面板

（2）将“资产负债表2020”表中的“证券简称”字段拖曳到“行业分类明细”表中的“证券简称”字段，即可建立“资产负债表2020”表与“行业分类明细”表之间的连接，采取同样的方法即可将其他财务报表与“行业分类明细”表建立数据连接，从而创建行业数据集，如图3–18所示。

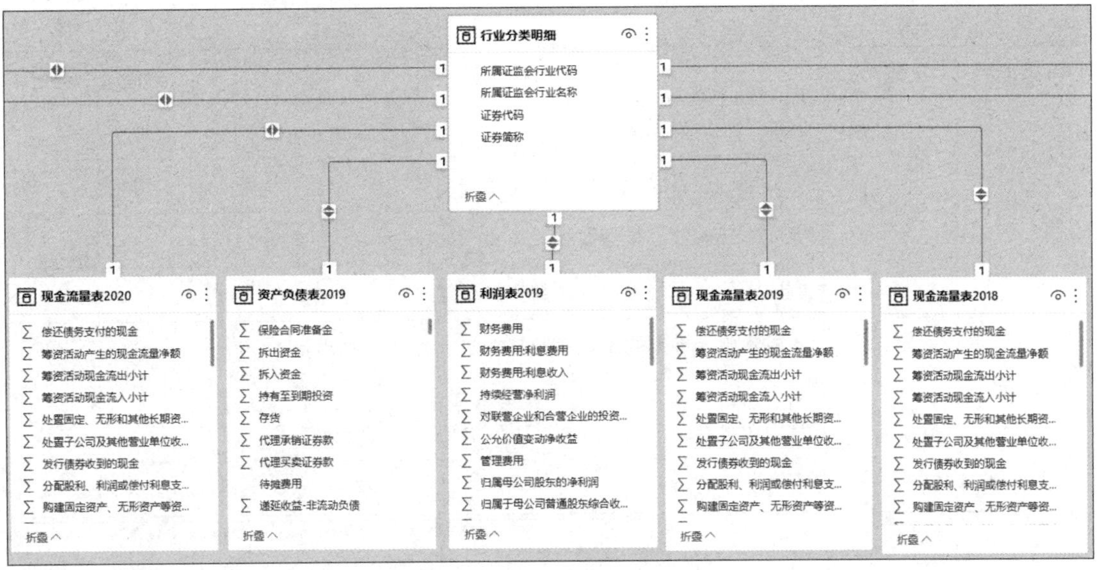

图 3-18 行业数据集

单元学习评价

按照表 3-1 财务数据预处理学习评价表的考核内容，分别评价各项内容的完成度并计算得分，按考核项目的权重计算本单元的总分。

表 3-1 财务数据预处理学习评价表

考核项目	权重 /%	考核内容	分值	得分
知识	40	按时完成数据清洗概述、常见数据问题、数据清洗方法、数据清洗步骤相关知识的阅读或听讲	30	
		按时完成数据集的概念、数据连接方式相关知识的阅读或听讲	20	
		积极参与本单元规定的数据清洗和创建数据集的讨论与交流活动	10	
		正确完成本单元规定的数据清洗和创建数据集的线上、线下测试与作业	40	

续表

考核项目	权重 /%	考核内容	分值	得分
技能	40	完成本公司数据清洗	30	
		完成同行业A股上市公司数据清洗	40	
		完成本公司数据集创建	15	
		完成同行业A股上市公司数据集创建	15	
素养	20	完成本单元规定的职业素养基本要求	50	
		结合本单元实例，完成培养秉承客观公正、发扬工匠精神等职业素养的讨论或撰写心得感悟短文	50	
总体评价			100	

单元4

企业经营数据分析

学习目标

知识目标

◆ 掌握采购分析的基本内容和主要方法；

◆ 掌握销售分析的基本内容和主要方法；

◆ 掌握应收账款质量分析的基本内容和主要方法；

◆ 掌握货币资金质量分析的基本内容和主要方法；

◆ 掌握现金流量质量分析的基本内容和主要方法。

技能目标

◆ 利用典型数据分析工具，能够对企业采购业务进行分析，并实现数据可视化呈现；

◆ 能够对企业销售业务进行分析，并实现数据可视化呈现；

◆ 能够对企业应收账款质量进行分析，并实现数据可视化呈现；

◆ 能够对企业货币资金质量进行分析，并实现数据可视化呈现；

◆ 能够对企业现金流量质量进行分析，并实现数据可视化呈现。

素养目标

◆ 通过本单元学习，了解企业采购、销售等经营过程，树立全局观念，把握好全局和局部、宏观和微观、特殊和一般的关系；

◆ 在协同分析业务数据时，培养团队协作精神和集体意识。

思维导图

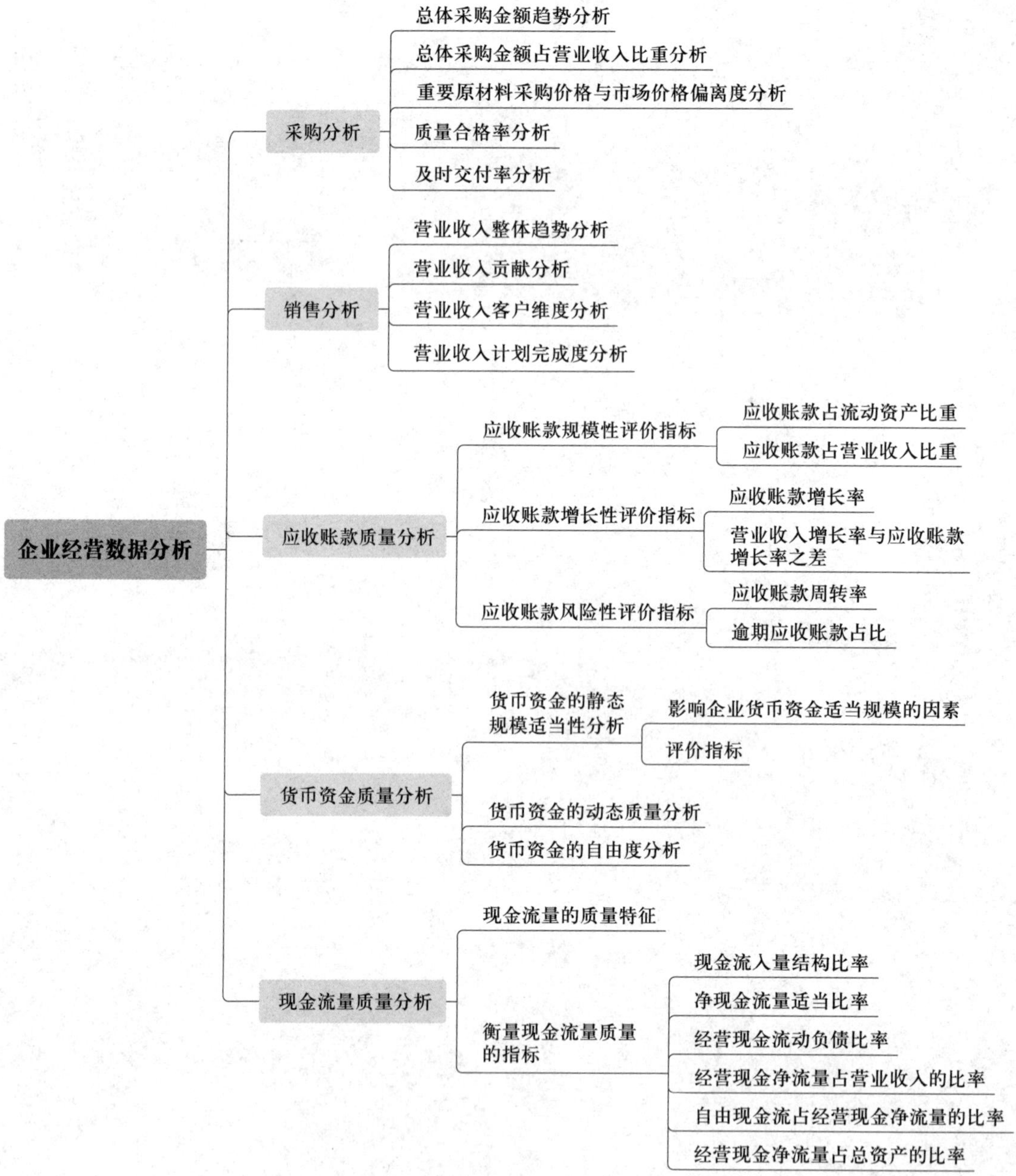
企业经营数据分析
采购分析
总体采购金额趋势分析
总体采购金额占营业收入比重分析
重要原材料采购价格与市场价格偏离度分析
质量合格率分析
及时交付率分析
销售分析
营业收入整体趋势分析
营业收入贡献分析
营业收入客户维度分析
营业收入计划完成度分析
应收账款质量分析
应收账款规模性评价指标
应收账款占流动资产比重
应收账款占营业收入比重
应收账款增长性评价指标
应收账款增长率
营业收入增长率与应收账款增长率之差
应收账款风险性评价指标
应收账款周转率
逾期应收账款占比
货币资金质量分析
货币资金的静态规模适当性分析
影响企业货币资金适当规模的因素
评价指标
货币资金的动态质量分析
货币资金的自由度分析
现金流量质量分析
现金流量的质量特征
衡量现金流量质量的指标
现金流入量结构比率
净现金流量适当比率
经营现金流动负债比率
经营现金净流量占营业收入的比率
自由现金流占经营现金净流量的比率
经营现金净流量占总资产的比率

职业素养提升

树立全局观念，注重团队协作

企业的经营数据不是孤立存在的，比如企业的货币资金存量是企业现金流量的最终成果，现金流量来源于企业的销售和采购等业务活动，应收账款与企业的销售活动又有着密不可分的关系。这就要求我们在对企业的经营数据进行分析时要树立全局观念，把握好全局和局部、前因与后果、特殊和一般的关系，分析数据之间的运作规律，掌握事物的本质和发展方向，深入分析各经营数据之间存在的关系。

团结是发展的动力，团结是胜利的保证，团结是社会和谐的源泉。作为财务工作者，在进行企业经营数据分析时要注重团队协作精神和集体意识，如企业采购分析、销售分析、应收账款质量分析等涉及企业多部门协同，要将每个人的工作融入公司整体，相互协同，相互支持，并能够对发现的问题提出建议，引导学生养成理性的公民意识和公民监督。

任务 4.1　采购分析

【任务描述】

2022 年 1 月，康佳医疗财务部正在准备公司年度工作会议材料，需要对公司的采购业务进行分析，从而更好地提升公司的采购环节管理质量，并最终提升企业的综合竞争力。

财务部已准备 2018—2020 年营业收入总额数据、2018—2020 年原材料采购金额数据、2020 年重要原材料采购明细数据。

任务布置：

1. 计算并分析公司原材料采购金额变动趋势、公司原材料采购金额占营业收入比重、重要原材料采购价格与市场价格偏离度、前 5 名供应商采购金额、重要原材料质量合格率及供应商质量合格率、重要原材料平均及时交付率及供应商及时交付率，并创建采购分析可视化综合大屏

2. 对康佳医疗采购业务进行总体分析

【相关知识】

采购是指采购人或者采购实体出于生产、转售、消费等目的购买商品或劳务的交易行为。采购同销售一样，都是市场上一种常见的交易行为。采购是企业经营正常开展的重要保障，对采购环节进行大数据分析，有助于企业发现供应链中存在的问题，从而进一步采取优化措施。

采购方式是指采购主体获取资源或物品、工程、服务的途径、形式与方法。当采购战略及计划确定以后，采购方式的选择决定了企业是否能够有效的组织、控制物品、资源，以保证其正常的生产经营以及较大利润空间的实现。依据采购方式的发展历程，采购方式可以划分为现货采购、远期合同采购和期货采购。

一、总体采购金额趋势分析

公司总体采购金额是指所有采购活动所发生的费用总和。具体来讲包括从外部供应商购买、包装、运输、验收、存储等各个采购环节中所投入的人力、物力、财力的总和。采购成本包括显性成本和隐性成本，显性成本主要是指采购管理中订单跟踪、生产计划落实、装运、验收、对供货商的管理等人力资本；隐性成本主要由质量成本、缺货成本等构成，包括不合格品处置、售后服务、停工、退货、员工培训、供应商评估以及其他各类与采购活动相关的费用。

通过分析公司总体采购金额变化趋势，可将主要指标数据和历史不同时期指标数据相比，从时间、供应商、区域、产品等不同维度分析不同时期采购金额存在的差距和原因等。从数据层面上帮助管理者强化对采购价格的管理，控制采购成本，挖掘出优质的供应商，从而与供应商建立良好的合作关系，最终提升公司的效益。

公司总体采购金额分析指标如表 4-1 所示。

表4-1　公司总体采购金额分析指标

<table>
<tr><th colspan="2">维度分类</th><th>指标说明</th></tr>
<tr><td rowspan="3">总量</td><td>总采购金额</td><td>采购的数额与增长速度是表明企业整体实力的重要标志</td></tr>
<tr><td>各原材料采购金额</td><td>按原材料维度细分，重点分析原材料价格发展趋势及替代品的市场表现情况</td></tr>
<tr><td>主要供应商采购金额</td><td>按供货商维度细分，重点分析主要供应商生产和供应产品的能力</td></tr>
<tr><td rowspan="2">增长性</td><td>同比</td><td>同比指的是历史同期数据进行比较，同比更加侧重反映长期的大趋势，规避季节性因素</td></tr>
<tr><td>环比</td><td>环比指的是相邻两月进行比较，环比会突出显示数据的短期趋势，会受到生产计划等因素的影响</td></tr>
<tr><td rowspan="3">纵向对比</td><td>按年份</td><td rowspan="3">纵向对比反映采购总额的增减变化趋势。通过纵向对比可以分析出采购总额的变化因素，采购价格变化趋势、幅度，降低管理成本。纵向对比可以结合行业未来发展及其他影响企业发展的潜在因素，对企业下一期采购进行前瞻性预测</td></tr>
<tr><td>按季度</td></tr>
<tr><td>按月份</td></tr>
<tr><td rowspan="2">横向对比</td><td>行业标杆</td><td rowspan="2">通过横向对比，可以了解企业在行业中的地位以及与标杆企业的差距，判断采购价格的合理性，增强对市场需求的应变能力</td></tr>
<tr><td>行业标准</td></tr>
</table>

二、总体采购金额占营业收入比重分析

营业收入也称销售收入，是企业通过产品销售或提供劳务所获得的货币收入，以及形成的应收销货款。按销售的类型，营业收入包括产品销售收入和其他销售收入两部分，其中产品销售收入是最主要的组成部分。

其计算公式为：

$$公司总体采购金额占营业收入比重=\frac{采购金额}{营业收入}\times 100\%$$

通过分析公司总体采购金额占营业收入比重，能够帮助公司有效降低仓储成本，提高存货周转率，加快资金周转，提高资金利用率和变现能力。

三、重要原材料采购价格与市场价格偏离度分析

市场价格是产品在市场上的价格。市场价格不是一个固定的价格，它会随着市

场的变化而出现波动，结合市场规律而进行调整，比如在同类产品的竞争时、在产品销售的旺季或者淡季时或者在自然环境和社会环境发生变化时，都会对市场价格的波动起到推动作用，这里也包括生产劳动所付出的成本发生变化时，也会影响到市场价格的稳定。

其计算公式为：

$$价格偏离度=\frac{采购价格-市场价格}{市场价格}\times 100\%$$

重要原材料采购价格与市场价格的对比结果体现了公司议价能力和竞争能力，通过分析重要原材料采购价格与市场价格的差异，能够督促采购人员不断努力去寻找性价比更高的商品，帮助公司采购的物料和产品能达到一个合理的水平；对采购人员的道德行为进行监督管理，防止采购人员在操作过程中营私舞弊。

四、质量合格率分析

对加工制造企业而言，材料是企业从事生产的物质基础和加工对象，是实现企业产品功能的直接或间接的物质载体。材料质量是指企业购入的原材料满足企业产品与工艺明确和隐含需要的能力的特性的总和。

显然，材料质量对企业产品质量有着直接的、重要的影响，对产品的性能、可信性、安全性、经济性、美学、环境等方面的质量特性均有着重要的影响，并最终影响着企业的总体竞争能力与经济效益。

由于材料是企业是从外部购入的，故材料质量管理的主要内容是采购供应过程中的管理，即原材料供应过程的管理。对材料质量管理来说，材料投入使用过程中的管理是其管理要求的主要输入源，而非其主要管理内容。这是因为材料一经投入使用，其质量状态与经济性基本上已经固定，对它的管理更多地应从使用前考虑。

质量合格率是指符合产品质量标准的产品数量在合格品、次品、废品总数中所占的百分比，它是反映产品生产质量的重要指标。

其计算公式为：

$$质量合格率=\frac{合格产品的数量}{全部交付的数量}\times 100\%$$

质量合格率越高越好。企业采购部门应当严格执行公司产品采购程序和管理办法，严把选商关，做好供应商年度考评工作，加强入库验收和产品库房管理，以保证公司采购材料的质量。

五、及时交付率分析

及时交付率考核的是供应商向客户交货时订单的履行情况，即是否在既定的时间，按照既定的数量，以既定的质量，携带既定的资料向客户交货。

其计算公式为：

$$及时交付率=\frac{按时交付订单的数量}{需要交付订单的数量}\times 100\%$$

一般情况，及时交付率在 20% 以下的企业，说明内部各部门之间没有进行有效沟通，周转资金存在严重问题；在 20%～50% 之间的企业，说明内部各部门有沟通协调，但是与外部追踪协调周转资金存在问题；在 50%～75% 之间的企业，说明内部各部门有沟通协调，但是效率较低，没有合理安排优先级；在 75% 以上的企业，说明可能存在影响及时交付率的个别问题。

【任务实现】

本任务实现具体采用 Power BI 数据分析工具或中联数据分析平台，为方便学生操作，中联数据分析平台基础数据已导入平台中。本单元其他任务相同。

一、采购分析可视化呈现

（一）选择数据源与数据连接

根据任务要求，首先需要将“2018—2020 年营业收入总额”“2018—2020 年原材料采购金额”“2020 年重要原材料采购明细”等相关数据源上传至 Power BI。具体操作步骤如下：

（1）启动 Power BI Desktop。

（2）单击“获取数据”。

（3）单击“Excel 工作簿”图标，选择需要上传的数据源类型。

（4）导航器页面左侧勾选需要添加的数据，右侧即会出现预览数据；单击“加载”按钮，完成添加数据。

（5）选中“2018—2020 年营业收入总额”中的“年份”字段，将其拖曳至“2018—2020 年原材料采购金额”中的“年份”字段，即可完成“2018—2020 年营业收入总额”与“2018—2020 原材料采购金额”的连接操作，如图 4-1 所示。

图 4-1　数据连接

（二）原材料采购金额分析

（1）单击左侧“报表”，进入报表设计区域。

（2）2018—2020 年原材料采购金额变动趋势可视化呈现。单击“可视化”下的“折线图”，在字段搜索框中输入“年份”，选择“2018—2020 年原材料采购金额”中的“年份”字段，将该字段拖曳至“X 轴”下方框中；之后继续在字段搜索框中输入“原材料采购金额”，将该字段拖曳至“Y 轴”下方框中，下拉选择“求和”。

单击“设置视觉对象格式”，在“视觉对象”下进行“X 轴”“Y 轴”“标题”等信息设置，即可生成“2018—2020 年原材料采购金额变动趋势”折线图，如图 4-2 所示。

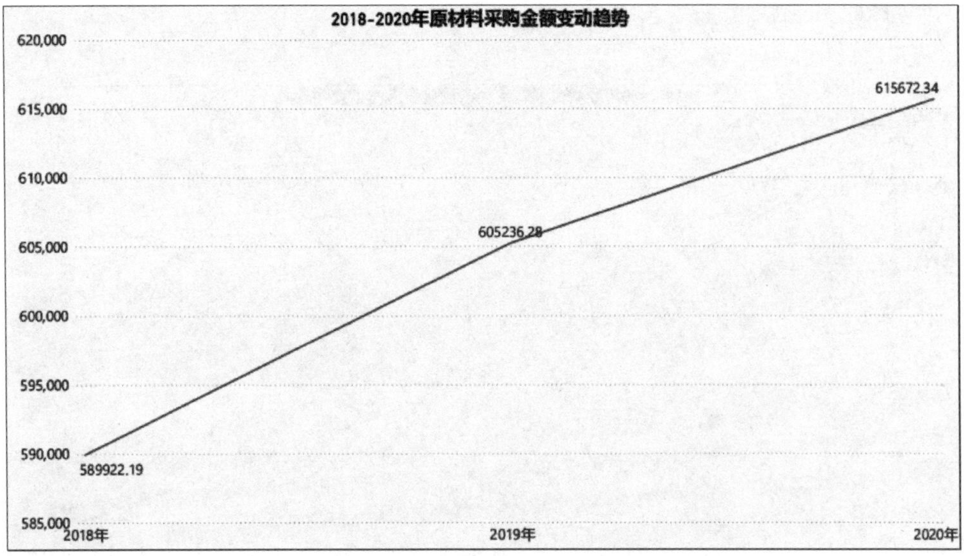

图 4-2　2018—2020 年原材料采购金额变动趋势

（3）2018—2020 年原材料采购金额占营业收入比重变动趋势可视化呈现。单击左侧“数据”，进入表工具工作区域。选择右侧“字段”下“2018—2020 年原材料采购金额”数据。单击“新建列”，添加“原材料采购金额占营业收入比重”计算字段，在格式框中，下拉选择“百分比”。如图 4-3 所示。

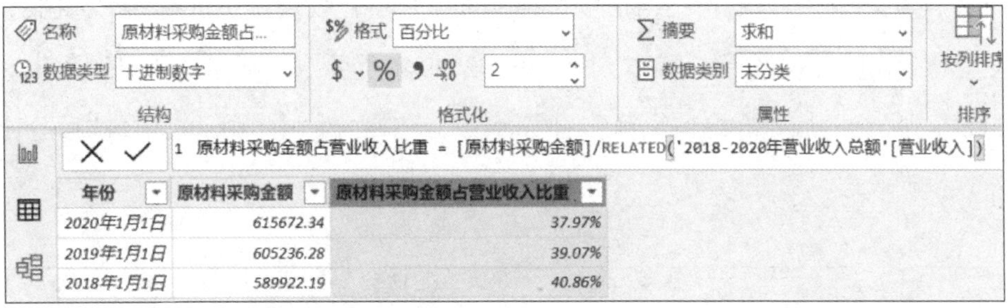

图 4-3　添加“原材料采购金额占营业收入比重”计算字段

单击“可视化”下的“折线图”，在字段搜索框中输入“年份”，选择“2018—2020 年原材料采购金额”中的“年份”字段，将该字段拖曳至“X 轴”下方框中；之后继续在字段搜索框中输入“原材料采购金额占营业收入比重”，将该字段拖曳至“Y 轴”下方框中，下拉选择“求和”。

单击“设置视觉对象格式”，在“视觉对象”下进行“X 轴”“Y 轴”“标题”等信息设置，即可生成“2018—2020 年原材料采购金额占营业收入比重变动趋势”折线图，如图 4-4 所示。

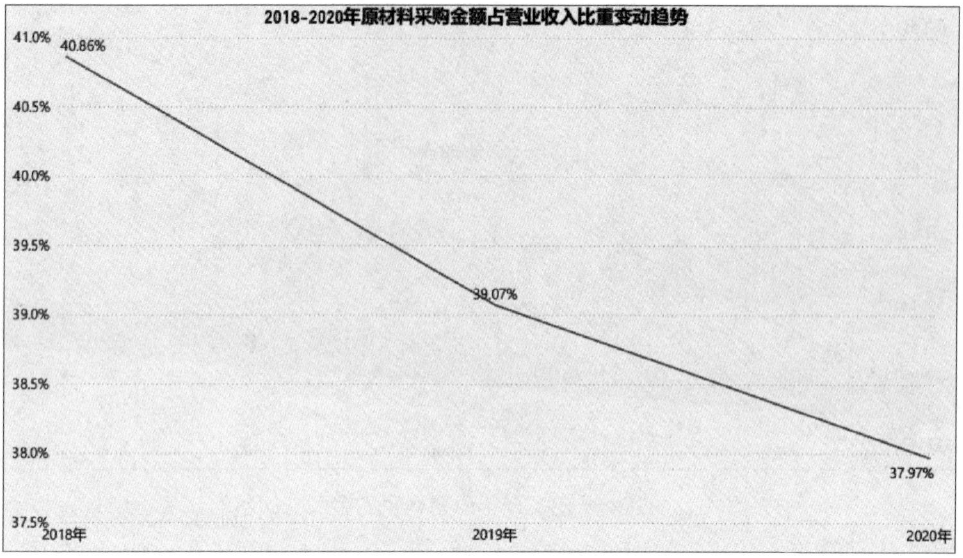

图 4-4　2018—2020 年原材料采购金额占营业收入比重变动趋势

（三）重要原材料采购价格与市场价格偏离度分析

（1）单击左侧“报表”，进入报表设计区域。

（2）重要原材料采购价格与市场价格偏离度可视化呈现。单击左侧“数据”，进入表工具工作区域。选择右侧“字段”下“2020 年重要原材料采购明细”数据。单击“新建列”，添加“价格偏离度”计算字段，在格式框中，下拉选择“百分比”。如图 4-5 所示。

单位	国家	省份	供应商名称	采购数量	按时交付数量	合格数量	采购单价	市场价格	采购金额	及时交付率	价格偏离度
个	中国	上海市	上海华枫有限公司	215000	200000	214950	0.03	0.03	6450	93.02%	0.00%
备	中国	上海市	上海华枫有限公司	40000	38500	39999	1.4	1.4	56000	96.25%	0.00%
个	中国	江西省	江西嘉华医疗有限责任公司	150000	148500	149939	0.1	0.12	15000	99.00%	-16.67%
台	中国	北京市	北京华顺医疗器械集团有限公司	20000	20000	20000	1.2	1.25	24000	100.00%	-4.00%
备	中国	北京市	北京天河医疗器械集团有限公司	23000	22850	22980	0.39	0.4	8970	99.35%	-2.50%

图 4-5　添加“价格偏离度”计算字段

单击“可视化”下的“矩阵”，在字段搜索框中输入“原材料名称”，将该字段拖曳至“行”下方框中；之后继续在字段搜索框中依次输入“采购单价”“市场价格”“价格偏离度”“采购数量”，并将相关字段依次拖曳至“值”下方框中，前 3 个字段下拉选择“平均值”。

单击“设置视觉对象格式”，在“视觉对象”下进行“标题”“效果”“值”等信息设置，即可生成“重要原材料采购价格与市场价格偏离度”矩阵，如图 4-6 所示。

重要原材料采购价格与市场价格偏离度

原材料名称	采购单价 的平均值	市场价格 的平均值	价格偏离度 的平均值	采购数量
高压连接管	0.10	0.12	-16.67%	150000
桡动脉止血阀	0.09	0.10	-10.00%	230000
抓捕器	0.15	0.16	-6.25%	115000
BMW导丝	1.05	1.10	-4.55%	23000
延长器	1.20	1.25	-4.00%	20000
房间隔穿刺针	0.39	0.40	-2.50%	23000
先锋球囊	0.55	0.56	-1.79%	23000
猪尾导管	0.64	0.65	-1.54%	55875
封堵器	1.48	1.50	-1.33%	25450
输送系统	1.50	1.52	-1.32%	23000
火鸟支架	1.07	1.08	-0.93%	28650
JR3.5 指引导管	1.40	1.40	0.00%	40000
Pilot 导丝	0.47	0.47	0.00%	140000
临时起搏电极	0.30	0.30	0.00%	80000
静脉穿刺针	0.03	0.03	0.00%	215000
乐普支架	1.28	1.25	2.40%	25600
起搏器	2.10	2.05	2.44%	25000
二尖瓣球囊扩张导管	1.40	1.35	3.70%	23000
总计	**0.84**	**0.85**	**-2.35%**	**1265575**

图 4-6　重要原材料采购价格与市场价格偏离度

（四）采购供应商分析

（1）单击左侧“报表”，进入报表设计区域。

（2）2020 年前 5 名供应商采购金额可视化呈现。单击“可视化”下的“簇状条形图”，在字段搜索框中输入“采购金额”，将该字段拖曳至“X 轴”下方框中；之后继续在字段搜索框中输入“供应商名称”，将该字段拖曳至“Y 轴”下方框中，下拉选择“求和”。

单击“设置视觉对象格式”，在“视觉对象”下对“X 轴”“Y 轴”“标题”等信息进行设置，即可生成“2020 年前 5 名供应商采购金额”簇状条形图，如图 4-7 所示。

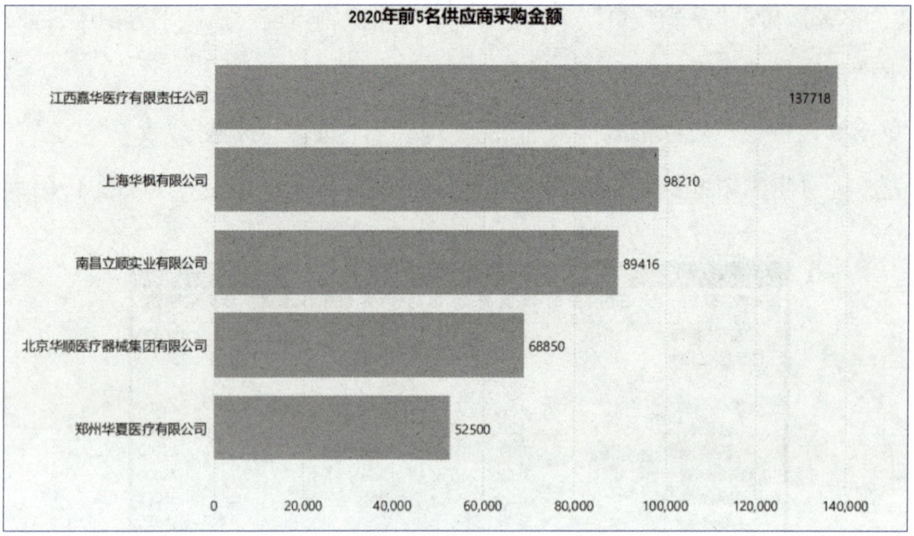

图 4-7　2020 年前 5 名供应商采购金额

（五）质量合格率分析

（1）单击左侧“报表”，进入报表设计区域。

（2）2020 年质量合格率排名后 5 位的重要原材料可视化呈现。单击左侧“数据”，进入表工具工作区域。选择右侧“字段”下的“2020 年重要原材料采购明细”数据。单击“新建列”，添加“质量合格率”计算字段，在格式框中，下拉选择“百分比”，如图 4-8 所示。

省份	供应商名称	采购数量	按时交付数量	合格数量	采购单价	市场价格	采购金额	及时交付率	价格偏离度	质量合格率
上海市	上海华枫有限公司	215000	200000	214950	0.03	0.03	6450	93.02%	0.00%	99.98%
上海市	上海华枫有限公司	40000	38500	39999	1.4	1.4	56000	96.25%	0.00%	100.00%
江西省	江西嘉华医疗有限责任公司	150000	148500	149939	0.1	0.12	15000	99.00%	-16.67%	99.96%
北京市	北京华顺医疗器械集团有限公司	20000	20000	20000	1.2	1.25	24000	100.00%	-4.00%	100.00%

图 4-8　添加“质量合格率”计算字段

单击“可视化”下的“簇状柱形图”，在字段搜索框中输入“原材料名称”，将该字段拖曳至“X 轴”下方框中；之后继续在字段搜索框中输入“质量合格率”，将该字段拖曳至“Y 轴”下方框中，下拉选择“求和”。

单击“设置视觉对象格式”，在“视觉对象”下对“X 轴”“Y 轴”及“标题”等信息进行设置，即可生成“2020 年质量合格率排名后 5 位的重要原材料”簇状柱形图，如图 4-9 所示。

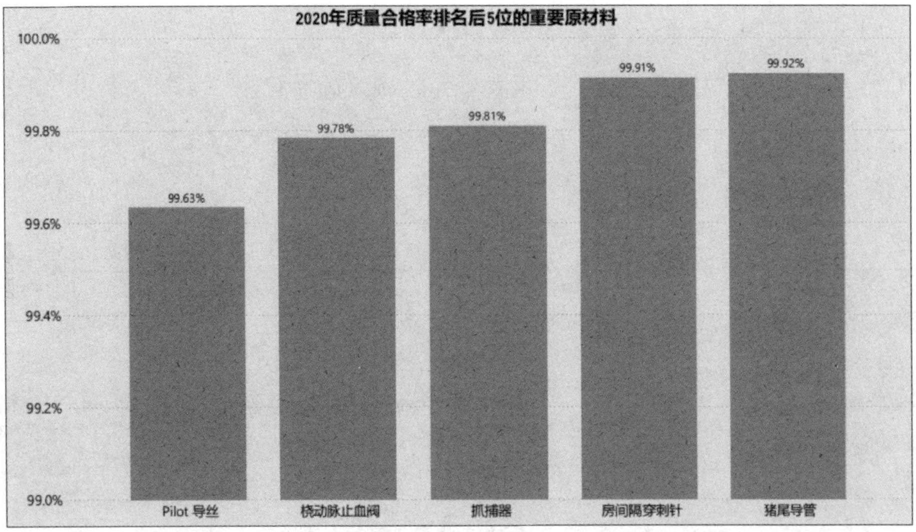

图 4-9　2020 年质量合格率排名后 5 位的重要原材料

（3）2020 年各供应商质量合格率可视化呈现。单击“可视化”下的“簇状柱形图”，在字段搜索框中输入“供应商名称”，将该字段拖曳至“X 轴”下方框中；之后继续在字段搜索框中输入“质量合格率”，将该字段拖曳至“Y 轴”下方框中，下拉选择“平均值”。

单击“设置视觉对象格式”，在“视觉对象”下对“X 轴”“Y 轴”“标题”等信息进行设置，即可生成“2020 年各供应商质量合格率”簇状柱形图，如图 4-10 所示。

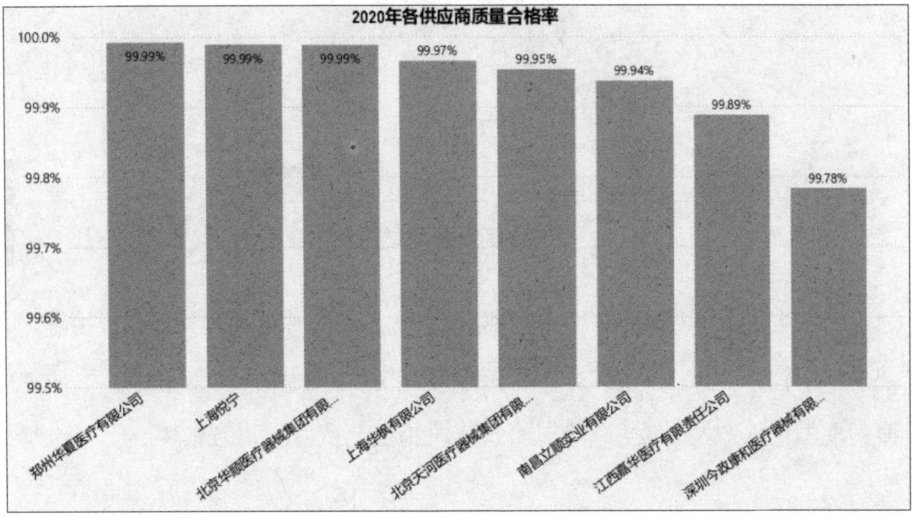

图 4-10　2020 年各供应商质量合格率

（六）原材料及时交付率分析

（1）单击左侧“报表”，进入报表设计区域。

（2）单击左侧“数据”，进入表工具工作区域。选择右侧“字段”下的“2020 年重要原材料采购明细”数据。单击“新建列”，添加“及时交付率”计算字段，在格式框中，下拉选择“百分比”，如图 4-11 所示。

图 4-11　添加“及时交付率”计算字段

（3）2020 年重要原材料及时交付率可视化呈现。单击“可视化”下的“仪表”，在字段搜索框中输入“及时交付率”，将该字段拖曳至“值”下方框中，下拉选择“平均值”。

单击“设置视觉对象格式”，在“视觉对象”下进行“标题”“效果”等信息设置，即可生成“2020 年重要原材料及时交付率”仪表图形，如图 4-12 所示。

图 4-12　2020 年重要原材料及时交付率

（4）2020 年供应商及时交付率可视化呈现。单击“可视化”下的“饼图”，在字段搜索框中输入“供应商名称”，将该字段拖曳至“图例”下方框中；之后继续在字段搜索框中输入“及时交付率”，将该字段拖曳至“值”下方框中，下拉选择“平均值”。

单击“设置视觉对象格式”，在“视觉对象”下进行“详细信息标签”“标题”等信息设置，即可生成“2020 年供应商及时交付率”饼图，如图 4-13 所示。

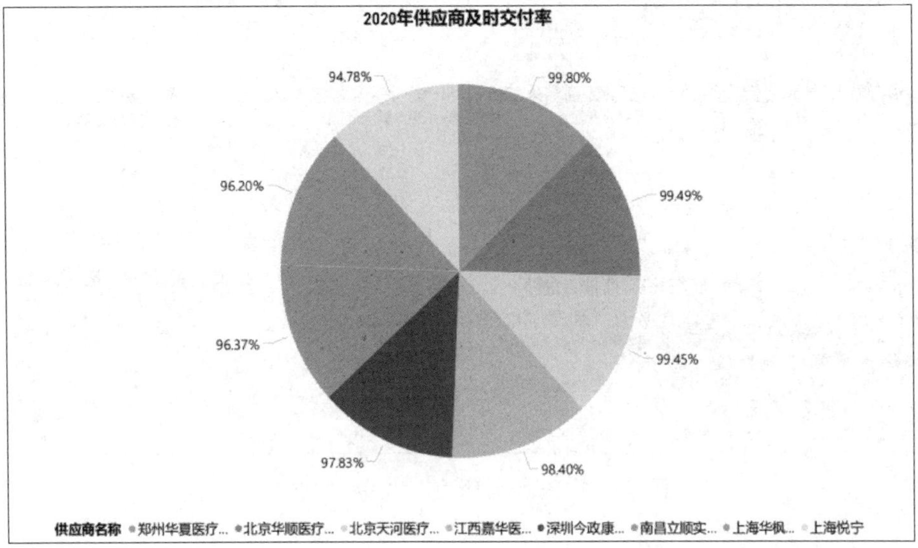

图 4-13　2020 年供应商及时交付率

（七）采购分析可视化综合大屏呈现

根据上述分析，可制作采购分析可视化综合大屏，因数据大屏显示所限，无法同时将所有内容在同一个大屏中进行呈现。接下来以 2020 年质量合格率排名后 5 位的重要原材料、2020 年各供应商质量合格率、2018—2020 年原材料采购金额变动趋势、重要原材料采购价格与市场价格偏离度、2018—2020 年原材料采购金额占营业收入比重变动趋势、2020 年前 5 名供应商采购金额、2020 年重要原材料及时交付率为例进行可视化综合大屏呈现。

将前述创建的相关可视化图形复制到同一个可视化图形设计区域，然后单击“文本框”，添加标题为“采购分析可视化综合大屏”，并对“标题”字体大小，“图形”效果等进行设计，即可生成“采购分析可视化综合大屏”，如图 4-14 所示。

数据分析平台采购分析可视化操作

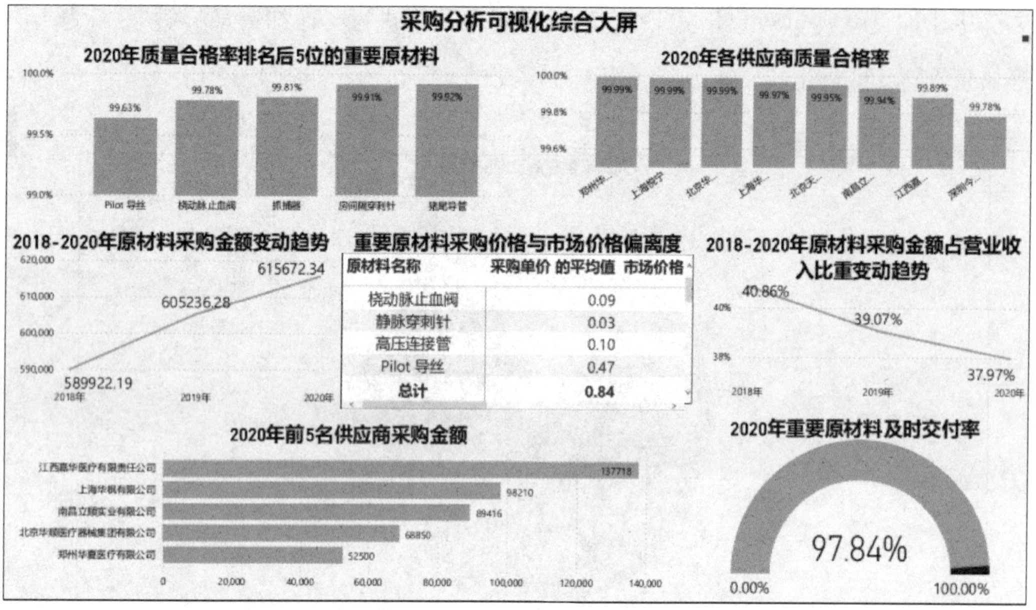

图 4-14　采购分析可视化综合大屏

二、康佳医疗采购总体分析

2018—2020 年公司总体采购金额呈逐年上升趋势，而原材料采购金额占营业收入比重呈现一定下降趋势，采购成本相对节约。

重要原材料供应商主要集中在北京市、河南省、江西省和上海市的几家企业，相对集中，可在一定程度上降低公司的物流成本，并且重要原材料采购价格与市场价格偏离度均值为 −2.35%，总体来说，采购价格略低于市场价格，在一定程度上说明供应商给予康佳医疗一定的价格优惠，进而降低了公司重要原材料的采购成本占营业收入的比重。

在质量合格率方面，各原材料质量合格率均在 99.60% 以上，并且各重要原材料供应商的质量合格率均在 99.75% 以上，合格率较高，供应商值得长期合作。

在原材料交付及时性方面，平均及时交付率为 97.84%，从供应商方面来看，上海悦宁表现较差，其及时交付率为 94.78%，成为几家重要原材料供应商中唯一一家订单及时交付率低于 95% 的供应商。

通过分析发现，有部分原材料采购价格略高于市场价格，主要是采购量少、单价高的产品，可能是由于采购量较少未能享受厂家的数量折扣，也有可能是由于生产技术难度大，准入门槛高等原因造成。企业管理层应当进一步提高采购业务环节的管理质量，促使供应商进一步提高订单及时交付率以及企业的谈判能力。

任务 4.1 测试

任务 4.2　销售分析

【任务描述】

2022 年 1 月，康佳医疗财务部正在准备公司年度工作会议材料，需要对公司的销售业务进行分析，从而更好地提升公司的销售环节管理质量，并最终提升企业的综合竞争力。

财务部已准备 2018—2020 年营业收入总额数据、2018—2020 年各产品行业营业收入数据、2018—2020 年各地区营业收入数据、2018—2020 年各产品营业收入数据、各产品营业收入预计数据、各产品营业收入数据、各省份营业收入预计数据和各省份营业收入数据。

任务布置：

1. 从公司总体营业收入、各地区营业收入、各产品所在行业营业收入方面对营业收入趋势进行分析，从各产品所在行业营业收入占比、各产品营业收入占比、各产品 2018—2020 年营业收入变动趋势、各省份营业收入占比对营业收入贡献进行分析，从销售区域对营业收入客户进行分析，从地区、省份、产品所在行业、产品类别方面对营业收入计划完成度进行分析，并创建销售分析可视化综合大屏。

2. 对康佳医疗销售业务进行总体分析。

【相关知识】

销售收入是指企业通过产品销售或提供服务所获得的经济利益的流入。销售收入也称作营业收入，营业收入按比重和业务的主次及经常性情况，一般可分为主营业务收入和其他业务收入。主营业务收入是指企业未完成其经营目标所从事的经常性活动所实现的收入，包括产成品，代制品，代修品，自制半成品和工业性劳务销售收入等。其他业务收入是指企业为完成其经营目标所从事的与经常性经营活动相关的活动实现的收入，包括材料销售收入、包装物出租收入以及运输等非工业性劳务收入。

分析公司的营业收入分析可以从营业收入整体趋势分析、营业收入贡献分析、营业收入客户维度分析和营业收入计划完成度分析等方面来进行。

一、营业收入整体趋势分析

营业收入是衡量企业经营状况和市场占有能力，预测企业经营业务拓展趋势的重要标志，不断增加营业收入是企业生存的基础和发展条件。营业收入整体分析指标如表 4-2 所示。

表4-2　营业收入整体分析指标

维度分类		指标说明
总量	总营业收入	营业收入的数额与增长速度是表明企业整体实力的重要标志。营业收入增长速度越快，企业抵消风险的能力越大
	各产品营业收入	按产品维度细分，重点分析产品发展趋势及新产品的市场表现
	各区域营业收入	按区域维度细分，重点分析潜在市场，提出下一阶段区域布局策略
增长性	同比	同比指的是历史同期数据进行比较，同比更加侧重反映长期的大趋势，规避季节性因素
	环比	环比指的是相邻两月进行比较，环比会突出显示数据的短期趋势，会受到季节等因素的影响
纵向对比	按年份	纵向对比反映收入的增减变化趋势。通过纵向对比可以分析出营业收入变化的季节因素，根据行业销售淡旺季规律与销售数据中的销售形成进行对比分析，淡旺季发展规律可以为客户提供渠道压货规则以及生产运作规划。纵向对比可以结合行业未来发展及其他影响企业发展的潜在因素，对企业下一期营业收入进行前瞻性预测
	按季度	
	按月份	
横向对比	行业标杆	通过横向对比，可以了解企业在行业中的地位以及与标杆企业的差距。行业企业指的是行业代表性高的企业，一般是知名度高、信誉好、有发展潜力、综合实力强的企业。行业标准是以一定时期、一定范围的同类企业作为样本，采用一定的方法对相关数据进行测算而得出的平均值
	行业标准	

续表

维度分类		指标说明
相关性	营业收入增长率与净利润增长率	分析利润增长率高于营业收入增长率的原因，短期内可能是由于产品销售结构的变化，如高毛利率产品的销售占比较高等；中期应该取决于公司对费用成本的控制；长期取决于公司是否能够保持持续的核心竞争力和行业景气度
	营业收入增长率与应收账款增长率	一般来说，应收账款与营业收入存在一定的正相关关系，在较好的经营状况下，应收账款的增长率往往小于营业收入的增长率。当应收账款增长率大于营业收入增长率时说明营业收入的大部分属于赊销，资金回笼慢，企业的资金利用效率有所降低，影响企业的资产质量，从而加大经营风险，应收账款的变现速度有待于提高
	营业收入增长率与预收账款增长率	预收账款是企业下游议价能力的体现，也是营业收入的先行指标，预收账款虽然看起来是一项账面负债，但本质上是企业将在未来实现的收入，通过它可以知晓企业的未来营收能力。一般来说，预收账款大幅增加的企业，未来营业收入大概率也会增加

二、营业收入贡献分析

营业收入贡献分析，可以从产品维度、销售区域维度等方面对于营业收入的贡献度进行分析。

从产品维度进行分析，可以帮助企业发现现金流产品，发现有发展潜力的明日之星产品以及找出不赚钱的产品。产品维度分析可以借助于波士顿矩阵将产品分成现金牛型产品、明星型产品、瘦狗型产品和问题型产品来进行分析。

现金牛型产品是指低增长、高市场份额的产品。处在这个领域中的产品会产生大量的现金，但未来的增长是有限的。其既是成熟市场的领导者，又是企业现金的来源。企业往往用现金牛型产品来支付账款并支持其他三种需要大量现金的产品。现金牛型产品适合采用战略框架中的稳定战略。

明星型产品是指高增长、高市场份额的产品。这个领域中的产品处于快速增长的市场中并且占有支配地位的市场份额，其可能会（也可能不会）产生正现金流。可将其视为高速成长市场中的领导者，将成为公司未来的现金牛型产品。

瘦狗型产品是指低增长、低市场份额的产品。处在这个领域中的产品不能产生大量现金，并且没有希望改进其绩效。瘦狗型产品通常占用很多资源，如资金、管理部门的时间等，通常是得不偿失的，它适合采用战略框架中的收缩战略，目的在于出售或清算，以便把资源转移到更有利的领域。

问题型产品是指高增长、低市场份额的产品。处在这个领域中的是一些投资性产品，有较大风险。产品利润可能很高，但是市场份额很小。

产品维度分析指标如表 4-3 所示。

表4-3 产品维度分析指标

维度（指标）	分析
产品销售排名	区分公司现金牛型产品、明星型产品、瘦狗型产品、问题型产品
产品毛利率排名	
产品收入增长率	
产品成本增长率	
产品市场占有率	
产品收入增长因素分析	分解为价格因素、销量因素

从销售区域维度方面分析，可以分析出公司的市场主要在哪里，使企业清晰掌握市场销售潜力，合理调配企业的人力、物力、财力等销售资源，更好地覆盖市场，为市场利益化奠定基础。

三、营业收入客户维度分析

企业经营的目的是盈利，它不会以一个标准对待所有客户。企业要将客户按照客户价值分为不同的等级和层次，这样企业就能将有限的时间、精力、财力放到高价值的客户群体上。

ABC 分类法又称帕雷托分析法，也叫主次因素分析法，是项目管理中常用的一种方法。它是根据事物在技术或经济方面的主要特征进行分类，分清重点和非重点，从而有区别地确定管理方式的一种分析方法。由于它把被分析的对象分为 A、B、C 三类，所以又称为 ABC 分析法。

ABC 分析法还可以应用在营销管理中，企业在对某一产品的客户进行分析和管理时，可以根据客户的购买数量将客户分为 A 类客户、B 类客户和 C 类客户。也可以分地区、分省份通过创建营销地图的方式对客户进行分析与评价。

四、营业收入计划完成度分析

计划完成度，是社会经济现象在某时期内实际完成数值与计划任务数值对比的结果，一般用百分数来表示。计划完成度是用来检查、监督计划执行情况的相对指标。

对产品营业收入的计划完成情况进行评价，要取决于企业履行产品供货凭单和合同义务的情况。在产品销售计划的完成数额中，不应当把违反国家标准和技术规范所生产出来的产品计算在内。

其计算公式为：

$$营业收入计划完成度=\frac{实际营业收入}{计划营业收入}\times 100\%$$

【任务实现】

一、营业收入可视化呈现

（一）选择数据源与数据连接

根据任务要求，首先需要将2018—2020年营业收入总额、2018—2020年各产品行业营业收入数据、2018—2020年各地区营业收入数据、2018—2020年各产品营业收入数据、各产品营业收入预计数据、各产品营业收入数据、各省份营业收入预计数据和各省份营业收入数据等相关数据源上传至数据分析平台。具体操作步骤如下：

（1）启动Power BI Desktop。

（2）单击“获取数据”。

（3）单击“Excel工作簿”图标，选择需要上传的数据源类型。

（4）导航器页面左侧勾选需要添加的数据，右侧即会出现预览数据；单击“加载”按钮，完成添加数据。

（5）选中“各产品营业收入数据”中的“产品名称”字段，将其拖拽至“各产品营业收入预计数据”中的“产品名称”字段，即可完成“各产品营业收入数据”与“各产品营业收入预计数据”的连接操作，采取同样的方式完成“各省份营业收入数据”与“各省份营业收入预计数据”的连接，如图 4-15 所示。

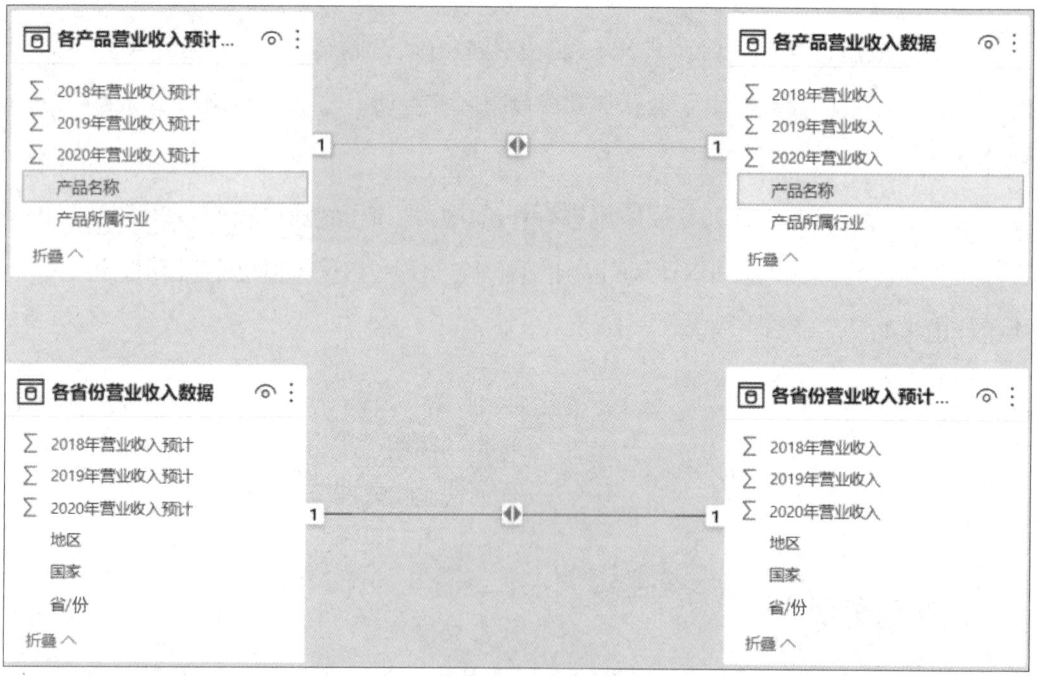

图 4-15　数据连接

（二）营业收入趋势分析

（1）单击左侧“报表”，进入报表设计区域。

（2）2018—2020 年营业收入总额变动趋势可视化呈现。单击“可视化”下的“折线图”，在字段搜索框中输入“年份”，选择“2018—2020 年营业收入总额数据”中的“年份”字段，将该字段拖拽至“X 轴”下方框中；之后继续在字段搜索框中输入“营业收入”，将该字段拖拽至“Y 轴”下方框中，下拉选择“求和”。

单击“设置视觉对象格式”，在“视觉对象”下进行“X 轴”“Y 轴”“标题”等信息设置，即可生成“2018—2020 年营业收入总额变动趋势”折线图，如图 4-16 所示。

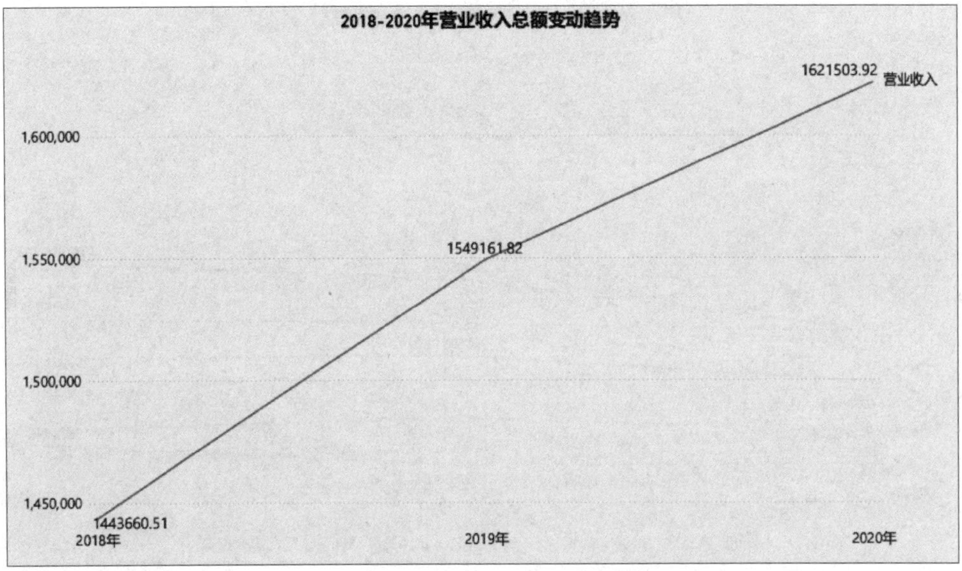

图 4-16 2018—2020 年营业收入总额变动趋势

（3）2018—2020 年各地区营业收入变动趋势可视化呈现。单击“可视化”下的“折线图”，在字段搜索框中输入“年份”，选择“2018—2020 年各地区营业收入数据”下的“年份”字段，将该字段拖拽至“X 轴”下方框中；之后依次将“2018—2020 年各地区营业收入数据”中的各地区名称拖拽至“Y 轴”下方框中，下拉选择“求和”。

单击“设置视觉对象格式”，在“视觉对象”下进行“X 轴”“Y 轴”“标题”等信息设置，即可生成“2018—2020 年各地区营业收入变动趋势”折线图，如图 4-17 所示。

（4）2018—2020 年各产品所在行业营业收入变动趋势可视化呈现。单击“可视化”下的“折线图”，在字段搜索框中输入“年份”，选择“2018—2020 年各产品行业营业收入数据”下的“年份”字段，将该字段拖拽至“X 轴”下方框中；之后依次将“2018—2020 年各产品行业营业收入数据”中的各产品行业名称拖拽至“Y 轴”下方框中，下拉选择“求和”。

单击“设置视觉对象格式”，在“视觉对象”下进行“X 轴”“Y 轴”“标题”等信息设置，即可生成“2018—2020 年各产品所在行业营业收入变动趋势”折线图，如图 4-18 所示。

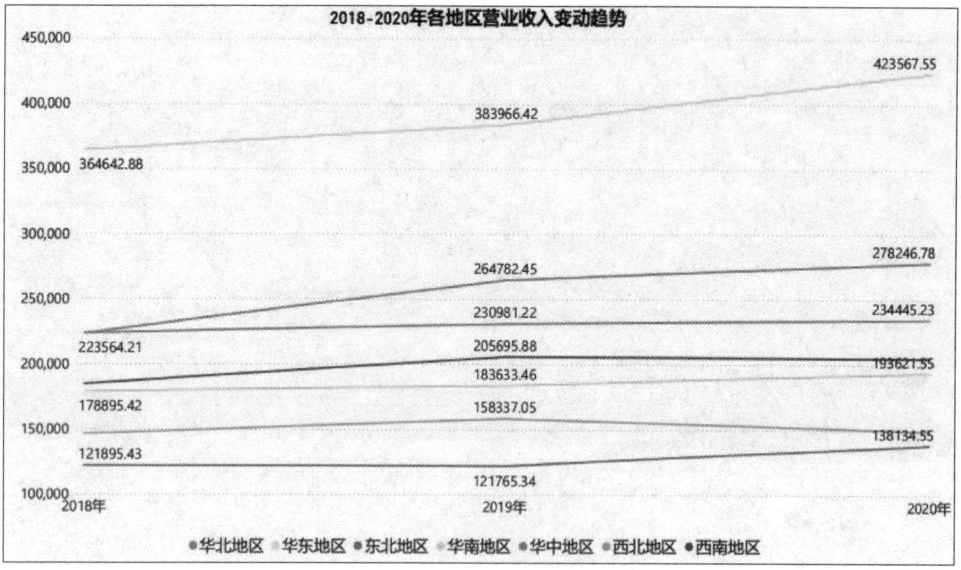

图 4-17　2018—2020 年各地区营业收入变动趋势

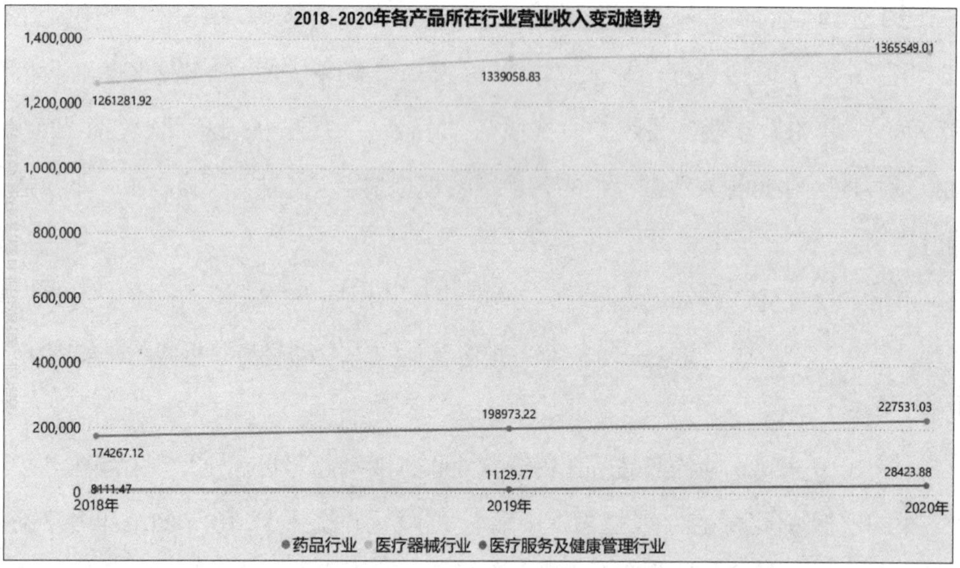

图 4-18　2018—2020 年各产品所在行业营业收入变动趋势

（三）营业收入贡献分析

（1）单击左侧“报表”，进入报表设计区域。

（2）各产品所在行业营业收入占比可视化呈现。单击“可视化”下的“饼图”，在字段搜索框中输入“产品所属行业”，选择“各产品营业收入数据”下的“产品所属行业”字段，将该字段拖拽至“图例”下方框中；之后继续在字段搜索框中输入“2020 年营业收入”，将该字段拖拽至“值”下方框中，下拉选择“求和”。

单击“设置视觉对象格式”，在“视觉对象”下进行“图例”等信息设置，即可生成“各产品所在行业 2020 年营业收入占比”饼图，如图 4-19 所示。

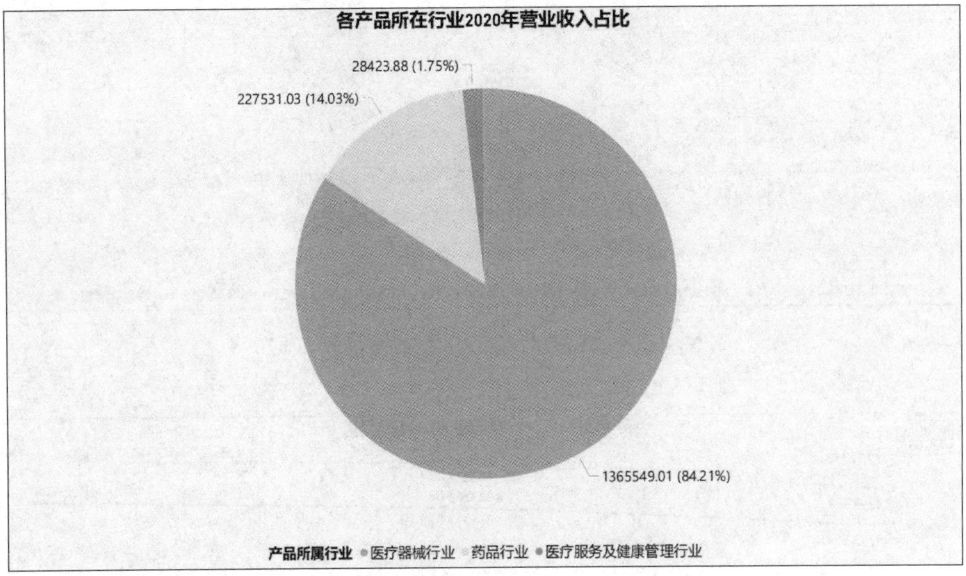

图 4-19　各产品所在行业 2020 年营业收入占比

（3）各产品营业收入占比可视化呈现。单击“可视化”下的“环形图”，在字段搜索框中输入“产品名称”，选择“各产品营业收入数据”下的“产品名称”字段，将该字段拖拽至“图例”下方框中；之后继续在字段搜索框中输入“2020 年营业收入”，将该字段拖拽至“值”下方框中，下拉选择“求和”。

单击“设置视觉对象格式”，在“视觉对象”下进行“图例”等信息设置，即可生成“各产品 2020 年营业收入占比”环形图，如图 4-20 所示。

（4）各产品 2018—2020 年营业收入变动趋势可视化呈现。单击“可视化”下的“折线图”，在字段搜索框中输入“年份”，将该字段拖拽至“X 轴”下方框中；之后依次将各产品名称拖拽至“Y 轴”下方框中，下拉选择“求和”。

单击“设置视觉对象格式”，在“视觉对象”下进行“X 轴”“Y 轴”“标题”等信息设置，即可生成“各产品 2018—2020 年营业收入变动趋势”折线图，如图 4-21 所示。

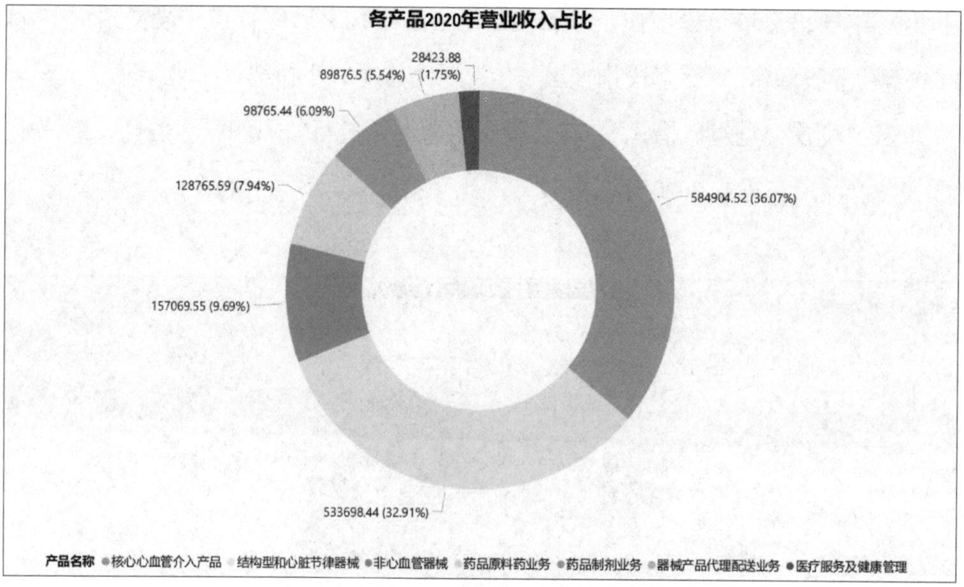

图 4-20 各产品 2020 年营业收入占比

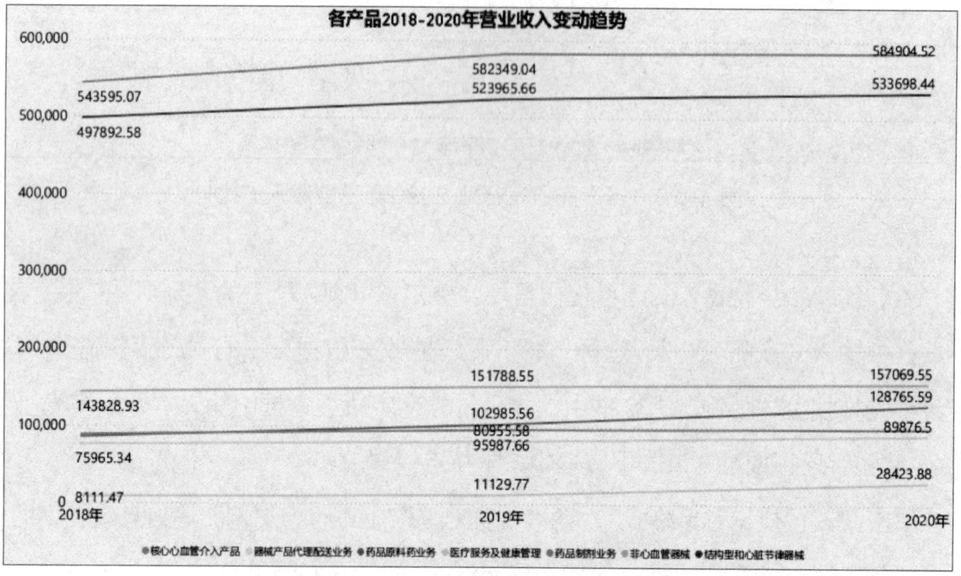

图 4-21 各产品 2018—2020 年营业收入变动趋势

（5）各省份营业收入占比可视化呈现。单击“可视化”下的“饼图”，在字段搜索框中输入“省份”，选择“各省份营业收入数据”下的“省份”字段，将该字段拖拽至“图例”下方框中；之后继续在字段搜索框中输入“2020 年营业收入”，将该字段拖拽至“值”下方框中，下拉选择“求和”。

单击“设置视觉对象格式”，在“视觉对象”下进行“详细信息标签”“标题”等信息设置，即可生成“各省份 2020 年营业收入占比”饼图，如图 4-22 所示。

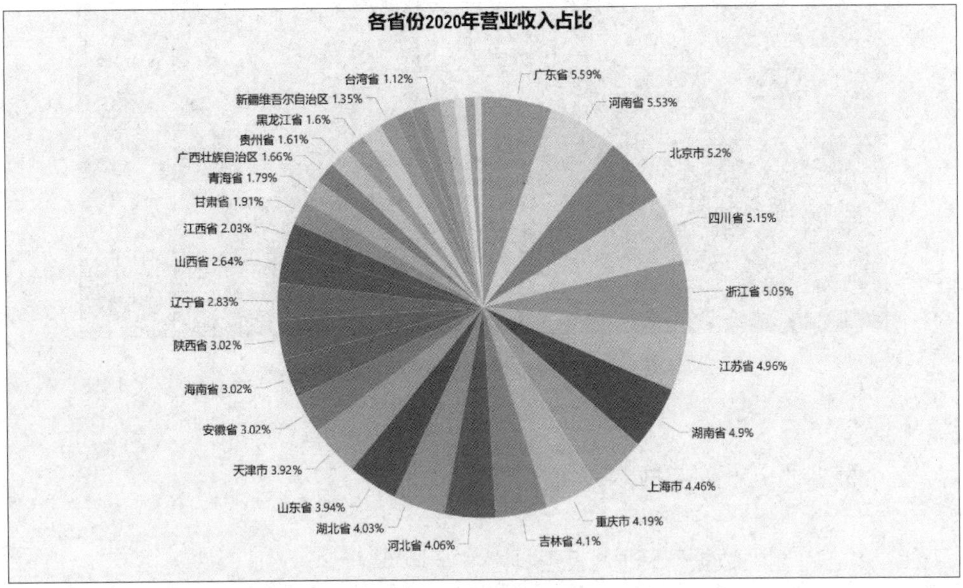

图 4-22　各省份 2020 年营业收入占比

（四）营业收入客户维度分析

（1）单击左侧“报表”，进入报表设计区域。

（2）销售区域分析。单击“可视化”下的“树状图”，在字段搜索框中输入“地区”，选择“各产品营业收入数据”下的“地区”字段，将该字段拖拽至“类别”下方框中；之后继续在字段搜索框中输入“2020 年营业收入”，选择“各省份营业收入数据”中的“2020 年营业收入”字段，将该字段拖拽至“值”下方框中，下拉选择“求和”。

单击“设置视觉对象格式”，在“视觉对象”下进行“图例”等信息设置，即可生成“各地区 2020 年营业收入”树状图，如图 4-23 所示。

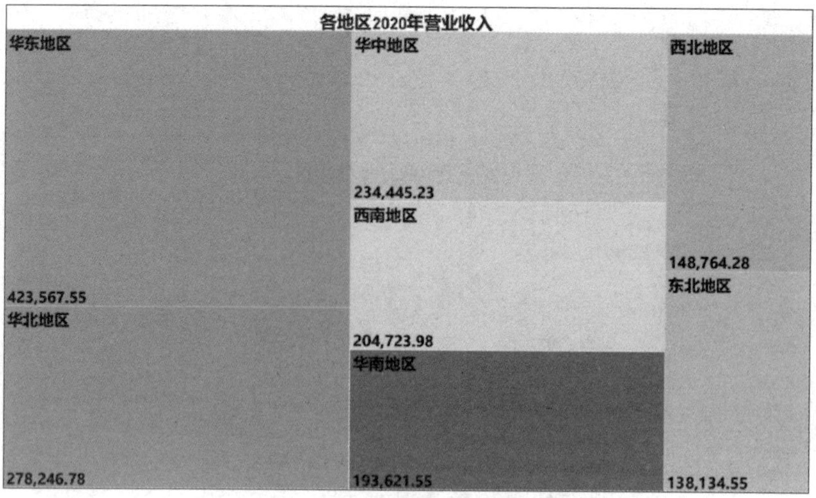

图 4-23　各地区 2020 年营业收入

（五）营业收入计划完成度分析

（1）单击左侧“数据”，进入表工具工作区域。

（2）选择右侧“字段”下“2020 年各省份营业收入数据”。单击“新建列”，添加“2020 年营业收入计划完成度”计算字段，在格式框中，下拉选择“百分比”。然后选择“2020 年各产品营业收入数据”，采取相同的方法添加“各产品 2020 年营业收入计划完成度”计算字段，如图 4-24 所示。

产品所属行业	产品名称	2020年营业收入	2019年营业收入	2018年营业收入	各产品2020年营业收入计划完成度
医疗器械行业	核心心血管介入产品	584904.52	582349.04	543595.07	97.48%
医疗器械行业	结构型和心脏节律器械	533698.44	523965.66	497892.58	98.11%
医疗器械行业	非心血管器械	157069.55	151788.55	143828.93	101.99%
医疗器械行业	器械产品代理配送业务	89876.5	80955.58	75965.34	105.74%
药品行业	药品原料药业务	128765.59	102985.56	85609.53	111.97%
药品行业	药品制剂业务	98765.44	95987.66	88657.59	98.77%
医疗服务及健康管理行业	医疗服务及健康管理	28423.88	11129.77	8111.47	142.12%

图 4-24　添加计算字段

（3）单击左侧“报表”，进入报表设计区域。

（4）各地区营业收入计划完成度可视化呈现。单击“可视化”下的“簇状柱形图”，在字段搜索框中输入“地区”，选择“各省份营业收入数据”下的“地区”字段，将该字段拖拽至“X 轴”下方框中；之后继续在字段搜索框中输入“2020 年营业收入计划完成度”，将该字段拖拽至“Y 轴”下方框中，下拉选择“平均值”。

单击“设置视觉对象格式”，在“视觉对象”下对“X 轴”“Y 轴”“标题”等信息进行设置，即可生成“2020 年各地区营业收入计划完成度”簇状柱形图，如图 4-25 所示。

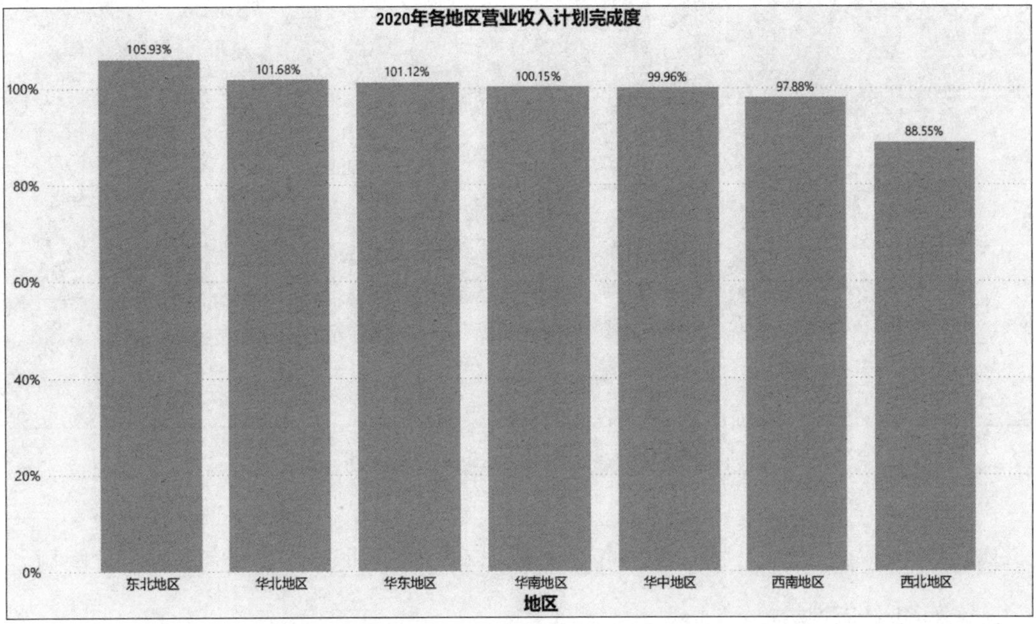

图 4-25　2020 年各地区营业收入计划完成度

（5）各省份营业收入计划完成度可视化呈现。单击“可视化”下的“簇状柱形图”，在字段搜索框中输入“省份”，选择“各省份营业收入数据”下的“省份”字段，将该字段拖拽至“X 轴”下方框中；之后继续在字段搜索框中输入“2020 年营业收入计划完成度”，将该字段拖拽至“Y 轴”下方框中，下拉选择“平均值”。

在筛选器中筛选“2020 年营业收入计划完成度大于或等于 100%”条件，然后单击“设置视觉对象格式”，在“视觉对象”下对“X 轴”“Y 轴”“标题”等信息进行设置，即可生成“2020 年各省份营业收入计划完成度”簇状柱形图，如图 4-26 所示。

（6）各产品所在行业营业收入计划完成度可视化呈现。单击“可视化”下的“分解树”，在字段搜索框中输入“各产品 2020 年营业收入计划完成度”，将该字段拖拽至“分析”下方框中，下拉选择“平均值”；之后继续依次在字段搜索框中输入“产品所属行业”和“产品名称”，选择“各产品营业收入数据”中的“产品所属行业”和“产品名称”字段，依次拖拽至“解释依据”下方框中。

单击“设置视觉对象格式”，在“视觉对象”下对“数”“数据标签”“标题”等

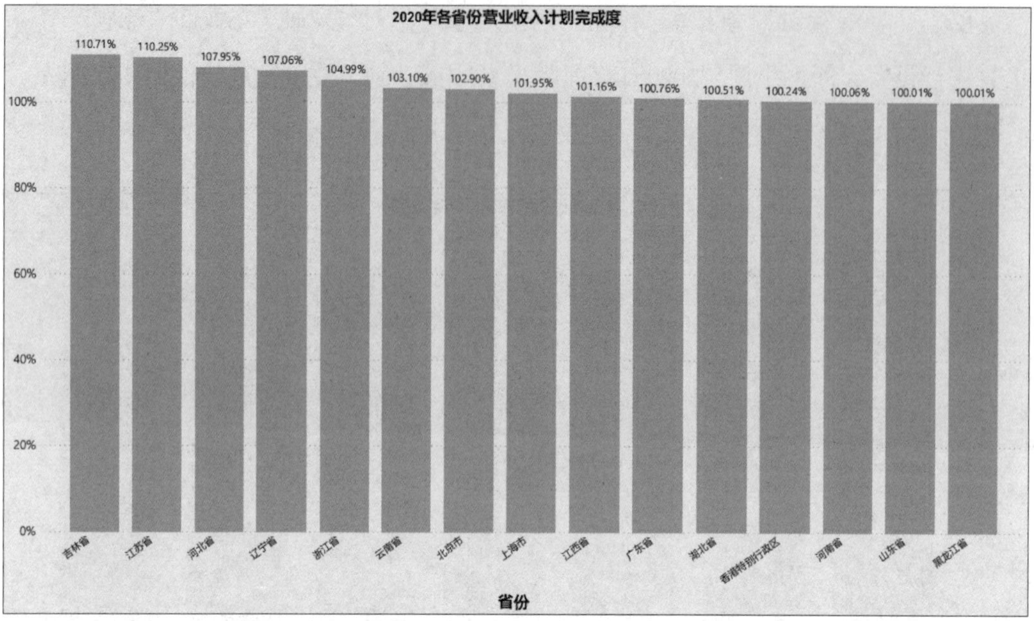

图 4-26　2020 年各省份营业收入计划完成度

信息进行设置，即可生成“2020 年各产品所在行业营业收入计划完成度”分解树形图，如图 4-27 所示。

（7）各产品营业收入计划完成度可视化呈现。在“2020 年各产品所在行业营业收入计划完成度”分解树形图的基础上，单击“各产品 2020 年营业收入计划完成度的平均值”图形，单击图表设计区域右上角↓↓按钮，即可生成“2020 年各产品营业收入计划完成度”分解树形图，如图 4-28 所示。

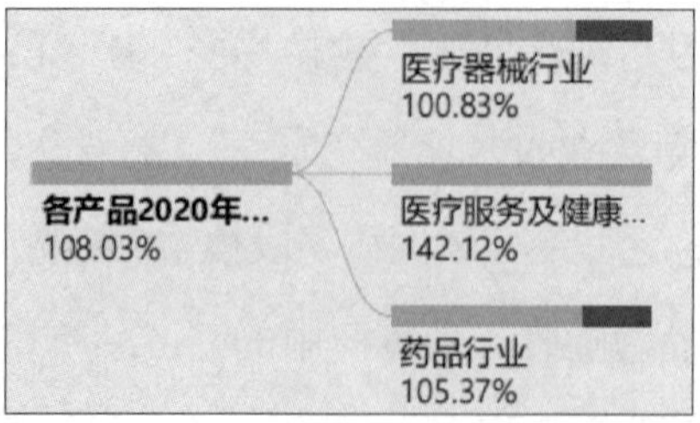

图 4-27　2020 年各产品所在行业营业收入计划完成度

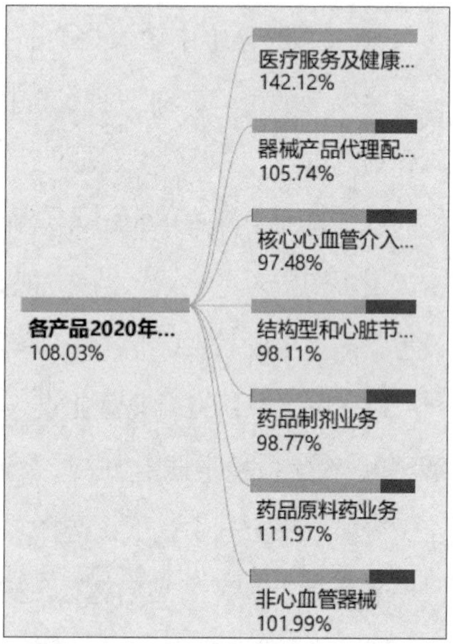

图 4-28　2020 年各产品营业收入计划完成度

（六）销售分析可视化综合大屏呈现

根据上述分析，可制作销售分析可视化综合大屏，因数据大屏显示所限，无法同时将所有内容在同一个大屏中进行呈现。接下来以 2018—2020 年营业收入总额变动趋势、2020 年各地区营业收入计划完成度、各产品 2018—2020 年营业收入变动趋势、各产品所在行业 2020 年营业收入占比、各地区 2020 年营业收入及各产品 2020 年营业收入占比为例进行可视化综合大屏呈现。

将前述创建的相关可视化图形复制到同一个可视化图形设计区域，然后单击“文本框”，添加标题为“销售分析可视化综合大屏”，并对“标题”字体大小，“图形”效果等进行设计，即可生成“销售分析可视化综合大屏”，如图 4-29 所示。

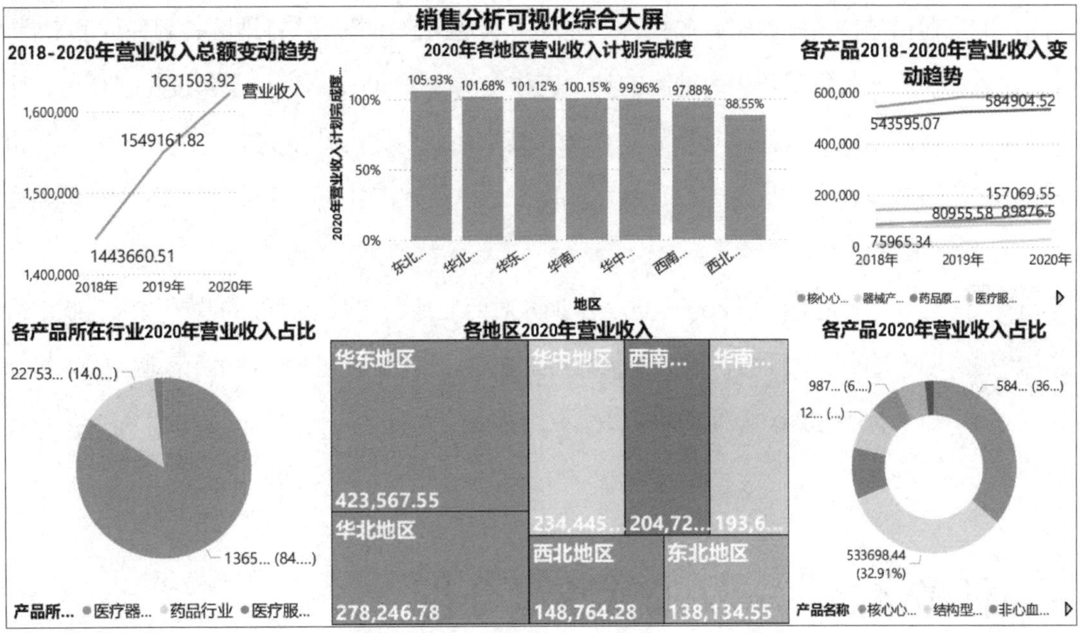

图 4-29　销售分析可视化综合大屏

二、康佳医疗销售业务总体分析

数据分析平台销售分析可视化操作

2020 年康佳医疗实现营业收入约 162.15 亿元，较上年增长 4.67%。2020 年营业收入覆盖全国 34 个省级行政区。其中，华东、华北地区营业收入占比较大，分别占到 2020 年营业收入总额的 26.12% 和 17.16%；华中、西南和华南地区占比达到 10% 以上；西北和东北地区占比均低于 10%。

2020 年各产品营业收入占比较高的依次为核心心血管介入产品、结构型和心脏节律器材、非心血管器械、药品原料药业务、药品制剂业务、器械产品代理配送业务和医疗服务及健康管理，占比分别约为 36.07%、32.91%、9.69%、7.94%、6.09%、5.54% 和 1.75%。核心心血管介入产品、结构型和心脏节律器材和非心血管器械业务贡献了近 78.67% 的营业收入；从产品所属行业来看，医疗器械行业贡献了 84.21% 的营业收入。

营业收入超过 5 亿元的省份共有 14 个，排名前 5 的依次为广东省、河南省、北京市、四川省和浙江省，其营业收入均突破 8 亿元，而广东省成为唯一一个营业收入突破 9 亿元的省份。

营业收入总体计划完成度为 100.22%，在新冠病毒感染疫情不断冲击之下，公司的应对措施恰当并得到有效执行，完成了年度销售任务。从各地区计划完成度来看，东北、华北、华东和华南地区的计划完成度均大于 100%，完成了年度销售任务，西南和西北地区均未完成年度销售任务，其中西北地区的计划完成度为 88.55%，与销售任务差距较大。从各省份计划完成度来看，共有吉林省、江苏省等 15 个省份完成了年度销售任务。

企业管理者应当进一步加强对西北地区和西南地区的营销投入，制定恰当的营销策略，形成更优的产品组合，以提高西北地区和西南地区的销售计划完成度，从而最终提高企业的营业收入。

任务 4.2测试

任务 4.3　应收账款质量分析

【任务描述】

2022 年 1 月，康佳医疗财务部正在准备公司年度工作会议材料，对公司的应收账款质量进行分析，并通过跟同行业均值和标杆企业对比，找出自身在行业中的位置以及与标杆企业的差距，从而更好地提升公司的应收账款质量，并最终提升企业的综合竞争力。

财务部已准备康佳医疗2018—2020年的财务报表，以及2018—2020年A股部分上市公司的财务报表数据。

任务布置：

1. 计算应收账款占流动资产比重、应收账款占营业收入比重、应收账款增长率、营业收入增长率与应收账款增长率之差、应收账款周转率五个指标，对康佳医疗2018—2020年的应收账款质量进行趋势分析

2. 将应收账款质量指标值与行业均值和标杆企业指标值进行对比分析，并进行可视化呈现

3. 根据计算结果，对康佳医疗的应收账款质量进行分析

【相关知识】

应收账款质量是衡量应收账款品质好坏程度的重要指标，它反映企业应收账款特性及其变现能力，还能在一定程度上反映企业利润的真实水平，为企业管理人员、股东、债权人等相关方掌握企业真实的营运状况，提供充足的决策支持信息。

应收账款质量评价应从其发展的静态、动态状况进行综合性评价，也就是从应收账款的规模性、增长性、风险性三个维度进行全方位的评价衡量。

应收账款的规模性评价指标能够反映企业应收账款总额及其对企业资产、利润的影响程度，应收账款规模越大，则其对企业经营成败的影响越大，这就要求企业强化对应收账款的管理控制力度。应收账款的增长性评价指标表明企业应收账款的变化趋势，有利于企业及时掌握应收账款的动态，及时制定并采取行之有效的管理措施。应收账款风险性评价指标是综合反映企业所面临的应收账款风险，是衡量企业应收账款质量的综合性指标。

一、应收账款规模性评价指标

（一）应收账款占流动资产比重

应收账款属于流动资产的重要组成部分，企业只有将销售收入的款项及时收回

才能顺利地投入企业的再生产过程中，企业流动资金才能“活”起来并实现真正的销售经营效益。应收账款占流动资产比重用以反映应收账款在流动资产中的份额，所占比重越大则说明应收账款对流动资产的影响越大，企业可运用的流动资金越少，资金周转越困难，短期应收账款质量降低。

其计算公式为：

$$应收账款占流动资产比重 = \frac{应收账款期末余额}{流动资产期末数} \times 100\%$$

应收账款占流动资产比重能够准确反映应收账款对形成企业流动资产的贡献力，贡献力大则提醒企业应该注重应收账款的管理，贡献力小则说明企业现销的力度较大，可以适当提高赊销比例。

（二）应收账款占营业收入比重

应收账款是企业因销售商品、产品、提供劳务等应向购买单位收取但尚未收到的各种款项，是构成营业收入的重要组成部分。应收账款占营业收入比重用以反映应收账款在营业收入中的份额，所占比重越大表示营业收入中应收却未回款的数额越大，坏账风险也越大。

其计算公式为：

$$应收账款占营业收入比重 = \frac{应收账款期末余额}{营业收入} \times 100\%$$

应收账款的增长也在一定程度上促进营业收入的增加，但存在使企业业绩缩水的可能。应收账款占营业收入比重能定量直观地展示应收账款对企业营业收入增减的贡献度，比重越大则说明企业回款风险越大，收入虚增可能性越高。

二、应收账款增长性评价指标

（一）应收账款增长率

应收账款增长率是反映企业应收账款增减幅度的指标，增长率越大表明应收账款在不同会计期间波动幅度越大。该指标侧重于从不同会计期间进行纵向动态地比较，有利于通过总结应收账款的变化趋势来考察企业销售策略，从而有效地比较不同销售策略的优缺点，趋利避害。

其计算公式为：

$$应收账款增长率=\frac{当期应收账款-上期应收账款}{上期应收账款}\times 100\%$$

通过应收账款增长率能了解企业销售及回款状况，且能准确根据整体情况帮助企业采用合理的应收账款管理制度。

（二）营业收入增长率与应收账款增长率之差

营业收入增长率与应收账款增长率之差反映同一会计期间营业收入增长与应收账款增长之间的关系与差距。营业收入的增长变动很大部分原因是销售货款实现收入，应收账款是组成营业收入的重要部分。因而，一方面将营业收入增长率与应收账款增长率相比较可以获知企业销售额的增长幅度，借以判断企业发展状况是否良好；另一方面，可以反映企业应收账款的增长速度是否快于营业收入的增长速度。

其计算公式为：

$$营业收入增长率与应收账款增长率之差=营业收入增长率-应收账款增长率$$

其中：

$$营业收入增长率=\frac{当期营业收入-上期营业收入}{上期营业收入}\times 100\%$$

营业收入增长率与应收账款增长率之差大于0时，表明营业收入增长的速度快于应收账款增长的速度，营业收入的回款比率高，资金回收风险小。营业收入增长率与应收账款增长率之差小于0时，表明应收账款的增长没有使营业收入得到较高的增长，表明应收账款质量较低。

三、应收账款风险性评价指标

（一）应收账款周转率

应收账款周转率是考察应收账款质量的综合性指标，它能直观地反映销售收入的回款效率，说明一定会计期间内企业应收账款转为现金的平均次数。应收账款周转率理论上应该使用赊销收入的净额除以应收账款平均余额，但是在实务中企业财务报表并不提供赊销收入的总额。因此，企业一般用营业收入除以平均应收账款总额进行计算。平均应收账款总额可以用应收账款期初额与应收账款期末额的平均值计算。

其计算公式为：

$$应收账款周转率（次数）=\frac{营业收入}{平均应收账款总额}$$

应收账款周转率在很大程度上影响着企业的营业周期，一般企业营业周期的计算是通过存货周转天数和应收账款周转天数加总构成，应收账款周转率低意味着企业不能及时地收回欠款款项，应收账款周期增长，企业营业周期也相应增长。为保证企业营业周期的正常性，企业应加强监测应收账款周转期的长短。

（二）逾期应收账款占比

逾期应收账款是指超过约定的账面收回日期到期之后仍未收回的应收账款。本任务将账龄超过一年的应收账款划分为逾期应收账款，逾期应收账款长时间没有形成企业账面的现金流量，存在较大的坏账风险，账龄越长则风险越大。对于超过一定时限的逾期应收账款，企业应该按照一定比例计提坏账准备，作为应收账款的备抵账户。

其计算公式为：

$$逾期应收账款占比=\frac{账龄超过一年的应收账款总额}{应收账款}\times 100\%$$

逾期应收账款占比越大表明企业营业收入被拖欠的金额越大，转化为货币资金的任务越艰巨。逾期应收账款被客户拖欠的时间越长，企业收回欠款款项的可能性就越小，变现能力就越弱。

【任务实现】

根据任务要求，需要对医药制造业和康佳医疗分别进行仪表板数据集的创建，本任务以医药制造业仪表板数据集创建为例进行介绍，康佳医疗仪表板数据集创建方法同医药制造业。

一、应收账款质量分析的可视化呈现

（一）选择数据源与数据连接

根据任务要求，首先需要将“行业分类明细”“资产负债表2020”“利润表2020”“资产负债表2019”“利润表2019”数据源上传至Power BI。具体操作步骤如下：

（1）启动Power BI Desktop。

（2）单击“获取数据”。

（3）单击“Excel工作簿”图标，选择需要上传的数据源类型。

（4）导航器页面左侧勾选需要添加的数据，右侧即会出现预览数据；单击“加载”按钮，完成添加数据。

（5）选中“行业分类明细”中的“证券简称”字段，将其拖拽至“资产负债表2020”中的“证券简称”字段，即可完成“资产负债表2020”与“行业分类明细”的数据连接操作，采取同样的方式完成“利润表2020”“资产负债表2019”“利润表2019”与“行业分类明细”的数据连接，如图4–30所示。

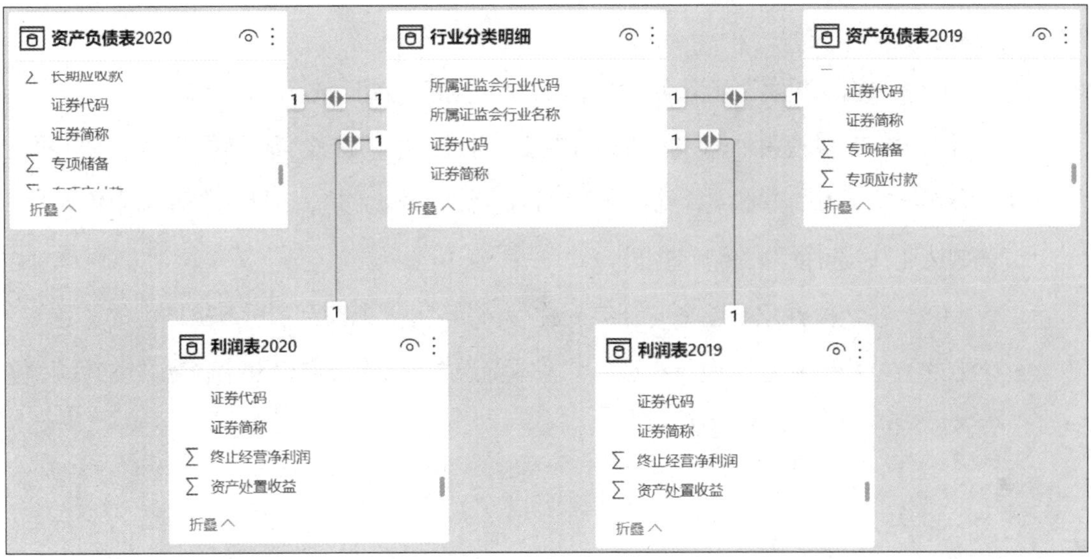

图4–30 数据连接

（二）添加财务指标计算字段与过滤规则

（1）单击左侧“数据”，进入表工具工作区域。

（2）单击“新建列”，添加“应收账款占流动资产比重”计算字段，在格式框中，下拉选择“百分比”。采取相同的方法添加“应收账款占营业收入比重”“应收账款增长率”“营业收入增长率与应收账款增长率之差”“应收账款周转率”计算字段，如图 4-31 所示。

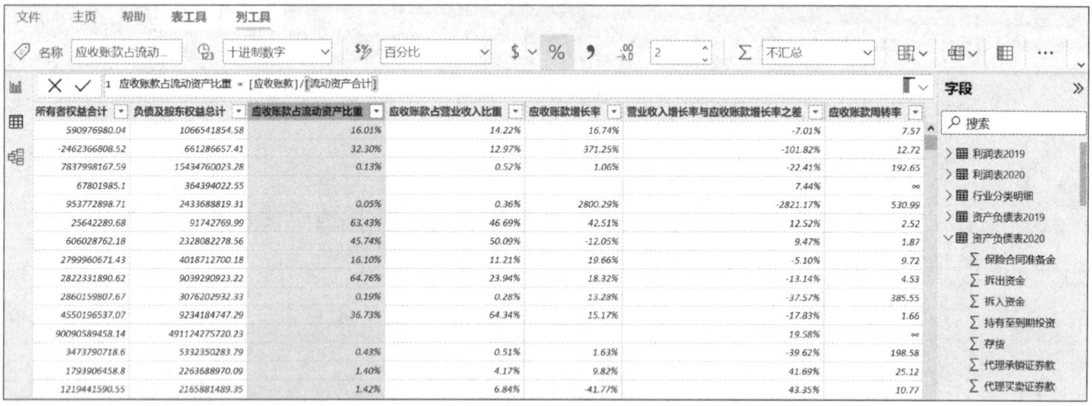

图 4-31　添加计算字段

（3）单击“报表”进入主页，单击“筛选器”按钮，展开筛选器窗口。

（4）在字段搜索框输入“所属证监会行业名称”，将该字段拖拽至“所有页面上的筛选器”下方的方框中，筛选类型下拉选择“基本筛选”，在下方搜索框中输入“医药制造业”，选择“医药制造业”。

（5）在字段搜索框输入“证券简称”，将该字段拖拽至“所有页面上的筛选器”下方的方框中，筛选类型下拉选择“基本筛选”，剔除证券简称中包含“*ST”和包含“U”的公司，如图 4-32 所示。

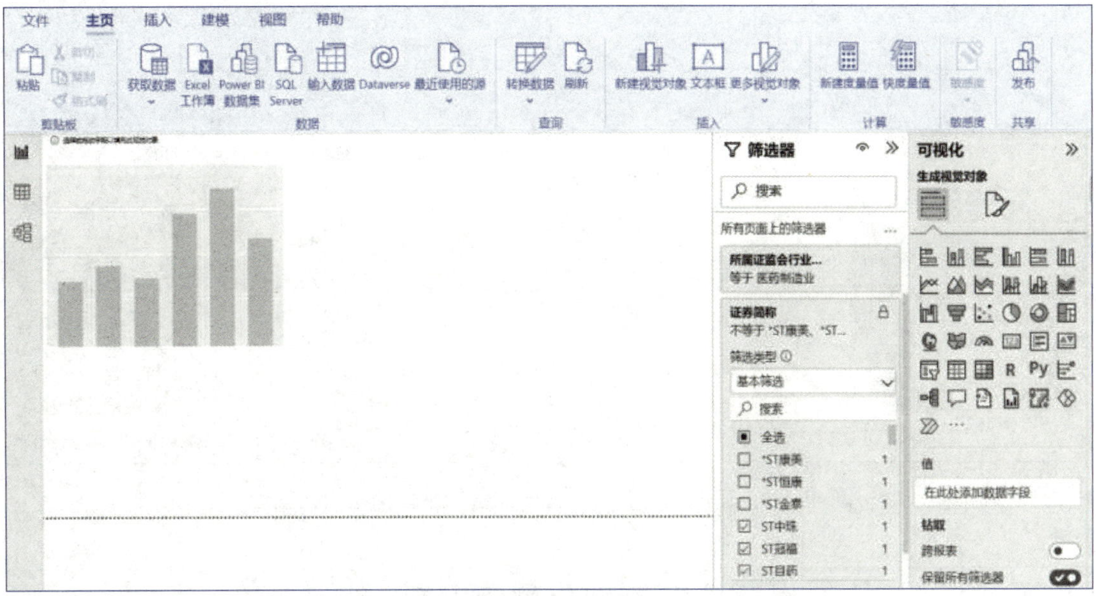

图 4-32　添加筛选规则

（三）应收账款质量分析可视化呈现

（1）标题设置。单击“文本框”，在文本框中输入“康佳医疗应收账款质量分析可视化综合展示大屏”标题，字体大小设置为“32 号”，字体“加粗”，字体颜色设置为“主体颜色 1”，“居中”对齐。

（2）财务指标可视化图形设计。由于医药制造业行业均值、标杆企业财务指标和康佳医疗财务指标可视化图形设计方法类似，因此本任务接下来以医药制造业应收账款占流动资产比重的平均值为例进行可视化图形设计。

（3）单击“堆积柱状图”，在字段搜索框中输入“所属证监会行业名称”，将该字段拖拽至 X 轴下方框，之后继续在字段搜索框中输入“应收账款占流动资产比重”，并将该字段拖拽至 Y 轴下方框中，下拉选择“平均值”。

（4）单击“设置视觉对象格式”，在“视觉对象”下打开“数据标签”按钮，如图 4-33 所示。

（5）采取同样的方法对医药制造业其他应收账款质量指标平均值、标杆企业应收账款质量指标值和康佳医疗应收账款质量指标值进行可视化图形设计，如图 4-34 所示。

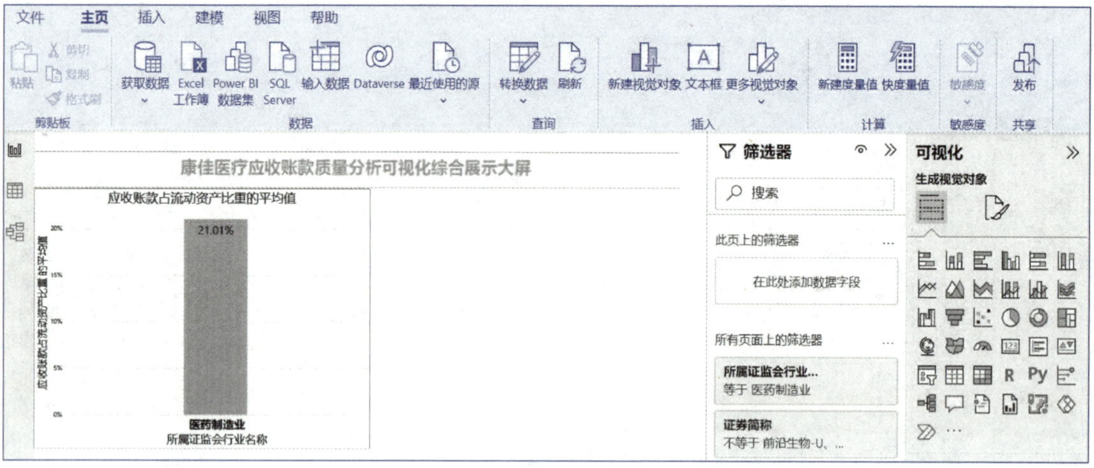

图 4-33　应收账款占流动资产比重的平均值可视化呈现

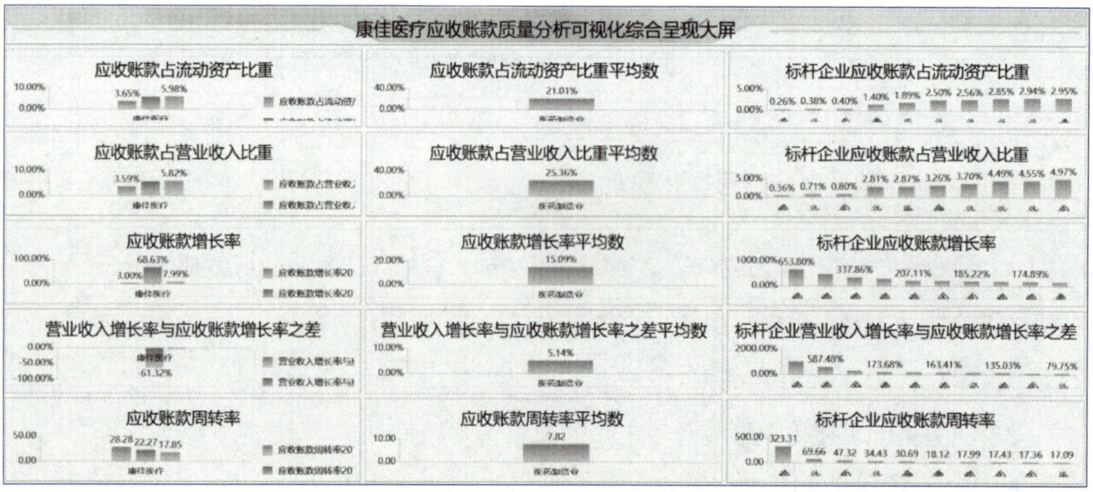

图 4-34　应收账款质量分析可视化综合呈现大屏

中联数据分析平台应收账款质量分析可视化操作

二、应收账款质量分析

（一）康佳医疗应收账款质量分析

从上述指标分析可知，康佳医疗应收账款占流动资产比重以及应收账款占营业收入比重均呈现一定幅度的增长趋势，2019 年和 2020 年应收账款增长率均高于营业收入增长率，表明企业需要通过扩大应收账款来增加营业收入，从而进一步表明企业的产品竞争力呈现一定的下降趋势，并且应收账款周转率呈现逐年降低趋势，表明企业的回款速度有所降低，应收账款质量不高。

（二）本企业与行业对比分析

通过与同行业均值和标杆企业对比分析，康佳医疗2020年的相关财务指标除应收账款周转率外均低于同行业均值，表明康佳医疗的应收账款质量在同行业处于相对落后位置，应收账款周转率虽高于同行业均值，但近三年呈现一定幅度的降低趋势，应收账款回款速度逐步降低。企业管理当局应当进一步采取措施，以期提高应收账款质量。

任务4.3测试

任务4.4　货币资金质量分析

【任务描述】

2022年1月，康佳医疗财务部正在准备公司年度工作会议材料，需要对公司的货币资金质量进行分析，并通过跟同行业均值和标杆企业对比，找出自身在行业中的位置，以及与标杆企业的差距，从而更好地提升公司的货币资金质量，并最终提升企业的综合竞争力。

财务部已准备康佳医疗2018—2020年的财务报表，以及2018—2020年A股部分上市公司的财务报表数据。

任务布置：

1. 计算货币资金占流动资产比率、现金比率和现金到期债务比率，对康佳医疗2018—2020年的货币资金进行趋势分析

2. 将货币资金质量指标值与行业均值和标杆企业指标值进行对比分析，并进行可视化呈现

3. 根据计算结果，对康佳医疗的货币资金质量进行分析

【相关知识】

货币资金是指企业生产经营过程中停留于货币形态的那部分资金，它具有可立即作为支付手段并被普遍接受等特性。资产负债表中反映的货币资金包括库存现金、银行结算户存款、外埠存款、银行汇票存款、银行本票存款、信用证存款、信用卡存款和在途资金等。由于货币资金形态的特殊性，在会计上一般不存在估价问题，其价值等于各时点上的货币一般购买力。

货币资金本身并不能为企业带来直接收益。企业持有现金的动机主要有三个：

一是交易性需要，是指满足日常业务的现金支付需要。

二是预防性需要，是指持有现金以防发生意外的支付。

三是投机性需要，是指持有现金用于不寻常的购买机会。比如遇到有廉价原材料或其他资产供应的机会，便可用手头现金大量购入；再比如在适当时机购入价格有利的股票和其他有价证券等。

分析货币资金的质量，主要分析企业对货币资金的运用质量以及企业货币资金的构成质量，可以从货币资金的静态规模适当性、动态质量、自由度三个方面进行分析。

一、货币资金的静态规模适当性分析

从财务管理的角度看，过低的货币资金保有量，将严重影响企业的正常经营，制约企业发展，并进而影响企业信誉；过高的货币资金保有量，则在浪费投资机会的同时，还会增加企业的筹资成本。因此，企业应该有一个货币资金最佳持有量。

（一）影响企业货币资金适当规模的因素

货币资金的适当规模主要由下列因素决定：

（1）企业的资产规模；

（2）企业的业务收支规模；

（3）企业的行业特点；

（4）企业对货币资金的运用能力；

（5）企业近期偿债的资金需求；

（6）企业的利润状况和相应的现金后果；

（7）企业所处的融资环境等。

一个企业的最佳的现金持有量到底是多少，外界分析师难以做出准确判断，但可以通过与同类企业比较进行分析。

当然，企业货币资金的质量也取决于特定企业对货币资金的运用能力。货币资金如果仅停留在货币形态，则只能用于支付，其对企业资产增值的直接贡献将会很小；如果能善用货币资金，从事其他的经营或投资活动，则企业的获利水平有可能提高；过高的货币资金规模，可能意味着企业会丧失潜在的投资机会，也可能表明企业生财无道。

（二）评价指标

衡量货币资金的静态规模的适当性可以通过以下指标。

1. 货币资金占流动资产比率

货币资金占流动资产比率是指货币资金占流动资产的比重，反映企业流动资产中货币资金所占份额的大小。

其计算公式如下：

$$货币资金占流动资产比率 = \frac{货币资金}{流动资产} \times 100\%$$

货币资金占流动资产比率越高，表明流动资产中货币资金所占比重越大，企业流动资产的流动性越好，货币资金质量越好。但如果该比率过高，很有可能表明企业未有效利用资金，造成一定的资金浪费。

2. 现金比率

现金比率是指现金类资产与流动负债之间的比率，反映企业现金类资产的直接支付能力，是从最保守的角度对企业短期偿债能力进行的分析。这里的现金类资产主要是指货币资金、交易性金融资产等。它是流动性最强、可直接用于偿还债务的资产。

其计算公式如下：

$$现金比率 = \frac{现金资产}{流动负债} \times 100\%$$

现金比率越高，说明企业的短期偿债能力越强，企业的货币资金质量越高。反之，如果现金比率过低，说明企业不能马上支付应付款项，货币资金的质量也就越差。

3. 现金到期债务比

现金到期债务比是企业经营现金净流量与本期到期的当期债务和应付票据的比率，反映了企业可用现金流量偿付到期债务的能力。

其计算公式如下：

$$现金到期债务比=\frac{经营活动产生的现金净流量}{本期到期的当期债务+应付票据}\times 100\%$$

通常情况下，该比率越高，说明企业经营活动产生的现金净流量可用于偿还本期到期债务的金额越多，资金流动性越好。

二、货币资金的动态质量分析

由于物价波动、技术发展等方面的原因，相同数量金额的货币资金在不同时点的购买力会有所波动。在企业的经济业务涉及多种货币或企业的货币资金有多种货币的情况下，由于不同货币币值有不同的未来走向，不同货币币值的走向将决定相应货币的质量。

对企业持有的各种货币进行汇率趋势分析，可以确定企业持有的货币资金的未来质量。

三、货币资金的自由度分析

有些货币资金项目出于某些原因被指定了特殊用途。例如，其他货币资金中所包含的保证金存款、已质押的定期存款、上市公司中规定了具体投向的募集资金等。这些货币资金因不能随意支用而不能充当企业“真正”的支付手段。在分析中，可通过计算这些使用受限的货币资金占该项目总额的比例来考察货币资金的“自由度”，这样将有助于揭示企业实际的支付能力。

【任务实现】

根据任务要求，需要对医药制造业行业均值、标杆企业和康佳医疗的货币资金质量指标进行可视化呈现，由于可视化呈现方法类似，因此，本任务以医药制造业行业指标均值为例进行可视化呈现介绍。

一、货币资金质量分析的可视化呈现

（一）选择数据源与数据连接

根据任务要求，行业指标均值计算运用到的数据源主要包括“行业分类明细”“资产负债表 2020”“资产负债表 2019”“利润表 2020”“现金流量表 2020”，因此需要将相关数据源上传至 Power BI 并进行数据连接。

具体操作步骤如下：

（1）启动 Power BI Desktop。

（2）单击“获取数据”。

（3）单击“Excel 工作簿”图标，选择需要上传的数据源类型。

（4）导航器页面左侧勾选需要添加的数据，单击“加载”按钮，完成添加数据。

（5）选中“行业分类明细”中的“证券简称”字段，将其拖拽至“资产负债表 2020”中的“证券简称”字段，即可完成“资产负债表 2020”与“行业分类明细”的数据连接操作，采取同样的方式完成“资产负债表 2019”“利润表 2020”“现金流量表 2020”与“行业分类明细”的数据连接，如图 4–35 所示。

（二）添加财务指标计算字段与过滤规则

（1）单击左侧“数据”，进入表工具工作区域。

（2）单击“新建列”，添加“货币资金占流动资产比率”计算字段，在格式框中，下拉选择“百分比”。采取相同的方法添加“现金比率”“现金到期债务比”计算字段，如图 4–36 所示。

（3）单击“报表”进入主页，单击“筛选器”按钮，展开筛选器窗口。

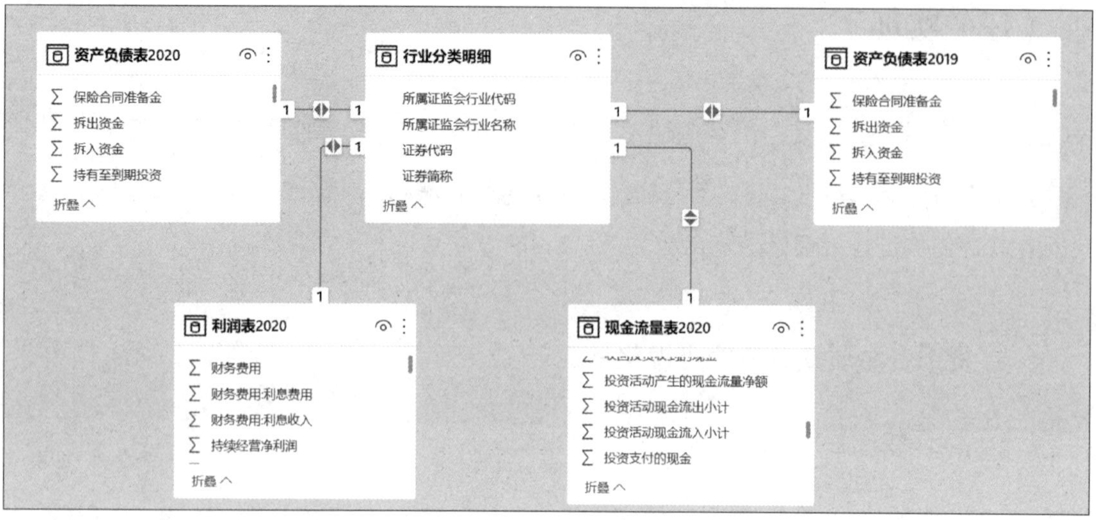

图 4-35　数据连接

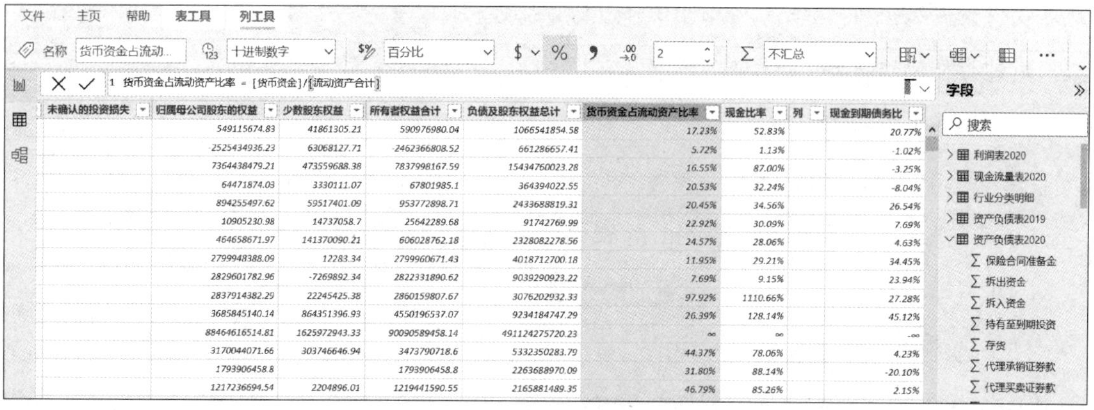

图 4-36　添加计算字段

（4）在字段搜索框输入“所属证监会行业名称”，将该字段拖拽至“所有页面上的筛选器”下方的方框中，筛选类型下拉选择“基本筛选”，在下方搜索框中输入“医药制造业”，单击选择“医药制造业”。

（5）在字段搜索框输入“证券简称”，将该字段拖拽至“所有页面上的筛选器”下方的方框中，筛选类型下拉选择“基本筛选”，剔除证券简称中包含“*ST”和包含“U”的公司，如图 4-37 所示。

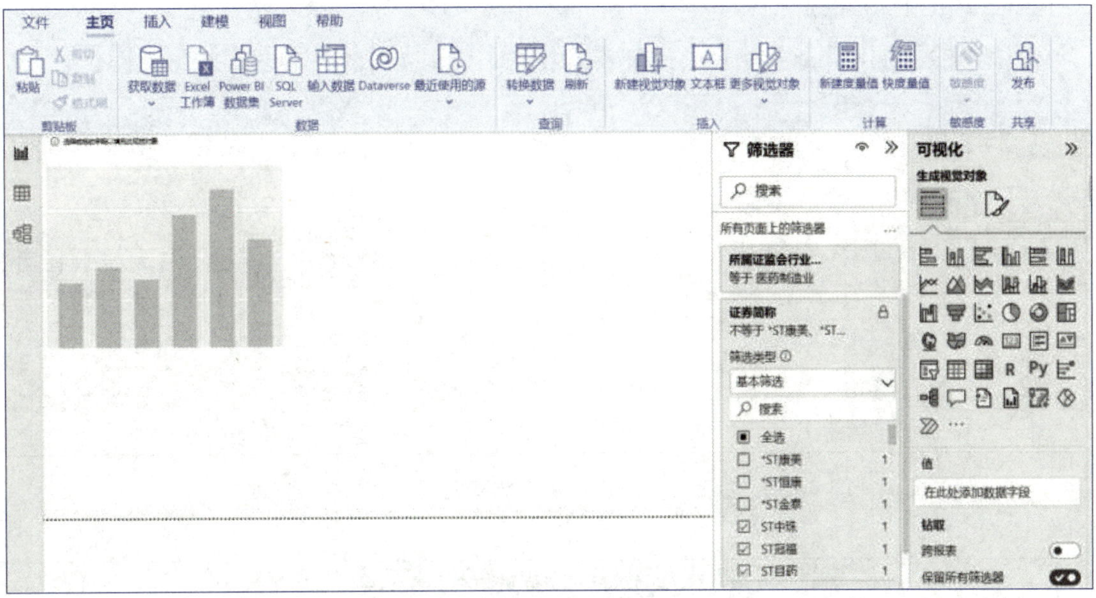

图 4-37　添加筛选规则

（三）货币资金质量分析可视化呈现

（1）标题设置。单击“文本框”，在文本框中输入“康佳医疗货币资金质量分析可视化综合展示大屏”标题，字体大小设置为“32 号”，字体“加粗”，字体颜色设置为“主体颜色 1”，“居中”对齐。

（2）财务指标可视化图形设计。由于医药制造业行业指标均值、标杆企业财务指标和康佳医疗财务指标可视化图形设计方法类似，因此本任务接下来以医药制造业货币资金占流动资产比率的平均值为例进行可视化图形设计。

（3）单击“堆积柱状图”，在字段搜索框中输入“所属证监会行业名称”，将该字段拖拽至 X 轴下方框，之后继续在字段搜索框中输入“货币资金占流动资产比率”，并将该字段拖拽至 Y 轴下方框中，下拉选择“平均值”。

（4）单击“设置视觉对象格式”，在“视觉对象”下打开“数据标签”按钮，如图 4-38 所示。

（5）采取同样的方法对医药制造业其他货币资金质量指标平均值、标杆企业货币资金质量指标值和康佳医疗货币资金质量指标值进行可视化图形设计，如图 4-39 所示。

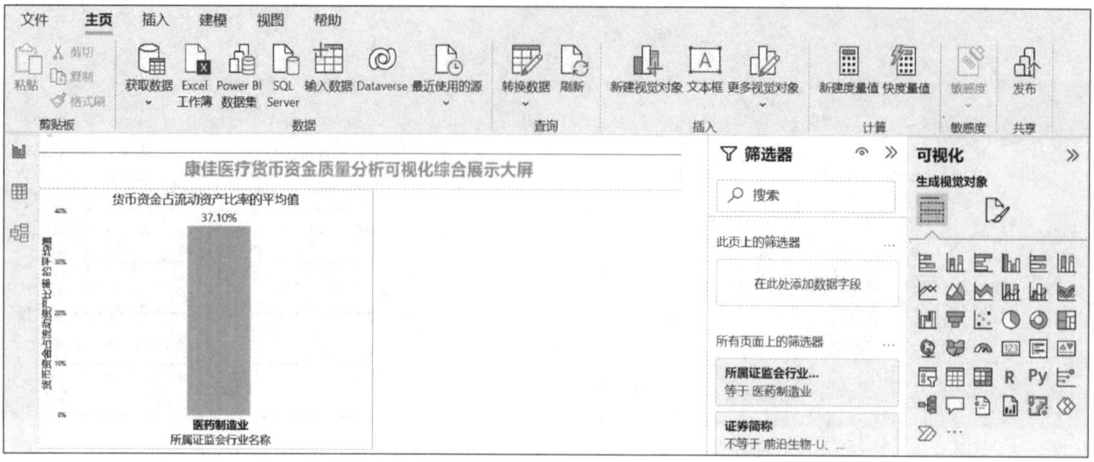

图 4-38　货币资金占流动资产比率的平均值可视化呈现

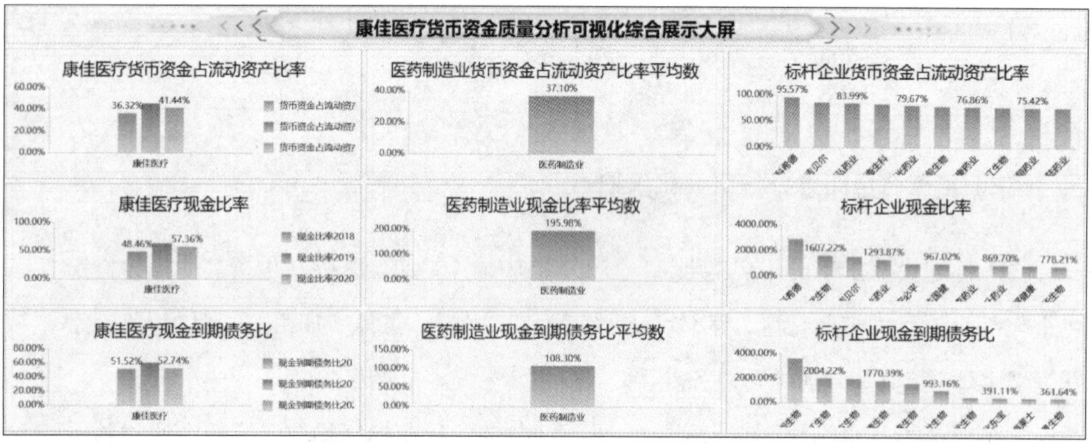

图 4-39　货币资金质量分析可视化综合展示大屏

数据分析平台货币资金质量分析可视化操作

二、货币资金质量分析

（一）康佳医疗货币资金质量分析

从上述指标分析可知，康佳医疗近三年的货币资金占流动资产比率、现金比率和现金到期债务比均呈现先增长后降低的变化趋势，但 2020 年相比于 2018 年，总体呈增长趋势，表明公司的偿债能力有所增强，货币资金质量也有所增强。

（二）本企业与行业对比分析

通过与同行业均值和标杆企业对比分析可知，康佳医疗 2020 年相关财务指标中，除货币资金占流动资产比率略高于行业均值外，现金比率和现金到期债务比均与行业均值存在较大差距，与标杆企业的差距更大，表明在同行业中，康佳医疗的货币资金质量整体处于落后位置，公司管理层应当进一步找出差距，提高货币资金在流动资产当中的占比等，以期提高货币资金的质量。

任务4.4测试

任务 4.5　现金流量质量分析

【任务描述】

2022 年 1 月，康佳医疗财务部正在准备公司年度工作会议材料，需要对公司的现金流量质量进行分析，并通过跟同行业均值和标杆企业对比，找出自身在行业中的位置，以及与标杆企业的差距，从而更好地提升公司的现金流量质量，并最终提升企业的综合竞争力。

财务部已准备康佳医疗 2018—2020 年的财务报表，2018—2020 年 A 股部分上市公司的财务报表数据。

任务布置：

1. 计算现金流入量结构比率、经营现金流动负债比率、经营现金净流量占营业收入的比率和经营现金净流量占总资产的比率，对康佳医疗 2018—2020 年的现金流量进行趋势分析

2. 将现金流量质量分析指标值与行业均值和标杆企业指标值进行对比分析，并进行可视化呈现

3. 根据计算结果，对康佳医疗的现金流量质量分析进行分析

【相关知识】

一、现金流量的质量特征

现金流量的质量对企业利润的稳定性影响很大。只有能够收回现金的利润才是高质量的利润。如果现金流量的质量存在问题，企业未来利润也就无法保证。现金流量质量，是指企业的现金流量能够按照企业的预期目标进行运转的质量。

现金流量质量较高的表现为：

第一，企业现金流量的总体结构与状态体现了企业发展战略的要求。

第二，良性发展的企业经营活动现金流量应该远大于零。

第三，投资活动的现金流出能够体现企业长期发展的战略要求，投资活动带来的现金流入具有盈利性。

第四，筹资活动的现金流量适应企业经营活动现金流量、投资活动现金流量周转的状况，为实现企业发展战略服务，且无不当融资行为。

二、衡量现金流量质量的指标

衡量现金流量质量的指标主要有现金流入量结构比率、净现金流量适当比率、经营现金流动负债比率、经营现金净流量占营业收入的比率、自由现金流占经营现金净流量的比率、经营现金净流量与总资产的比率等。

（一）现金流入量结构比率

现金流入总量包括经营活动产生的现金流入量、投资活动产生的现金流入量以及筹资活动产生的现金流入量。该指标可评价企业自身经营创造现金的能力。

其计算公式为：

$$\text{现金流入量结构比率}=\frac{\text{经营活动产生的现金流入量}}{\text{现金流入总量}}\times 100\%$$

该指标值较高，说明企业通过自身经营实现现金能力较强，财务基础稳固，经营及获利的持续稳定性程度较高，利润质量较好；反之，说明企业通过经营活动实现现金能力较差，企业的现金获得在很大程度上依赖投资和筹资活动，财务基础和获利能力的持续稳定性程度较低，利润质量较差。

（二）净现金流量适当比率

净现金流量适当比率是用于确定企业从经营活动中产生的现金能否充分用于支付各项资本支出、存货净投资及发放现金股利。

其计算公式为：

$$净现金流量适当比率=\frac{经营活动现金净流量}{资本支出+存货增加额+现金股利}\times 100\%$$

如果该指标大于1，表明企业从经营活动中得到的资金足以应付各项资本性支出、存货净投资、现金股利等，不用再对外融资；反之，则表明企业来自经营活动的资金不足以满足目前营运规模和支付现金股利的需要。此外，该指标还可以反映出通货膨胀对企业现金需要的影响。

（三）经营现金流动负债比率

经营现金流动负债比率是用来反映企业的现金是否能够偿还到期债务（以期初流动负债余额作为当期到期债务）的能力。

其计算公式为：

$$经营现金流动负债比率=\frac{经营活动现金净流量}{流动负债期初余额}\times 100\%$$

经营现金流动负债比率越高，表明企业短期偿债能力越好；反之，该比率越低，则表明企业短期偿债能力越差，财务风险较高。一般认为该比率在40%以上比较理想。

（四）经营现金净流量占营业收入的比率

经营现金净流量占营业收入的比率是反映企业经营活动所得的现金占其营业收入的比重。

其计算公式为：

$$经营现金净流量占营业收入的比率=\frac{经营活动现金净流量}{营业收入}\times 100\%$$

经营现金净流量占营业收入的比率越高，企业营业收入面临的风险越小，企业营业收入的质量越高。如果经营现金净流量占营业收入的比率较低，则表明企业获利能力低，或有可能是通过增加应收账款为代价来实现获利的。

（五）自由现金流占经营现金净流量的比率

通常认为，自由现金流是指经营现金流量净额扣除资本支出后的余额，即在不危及企业生存与发展的前提下可供分配给股东和债权人的最大现金额。

其计算公式为：

$$自由现金流占经营现金流量的比率=\frac{自由现金流}{经营活动现金净流量}\times 100\%$$

资本支出，即维持企业竞争力和效率的必要资金支出。扣除资本支出后剩余的现金流量被视为自由现金流，公司可用于扩张、收购或保持财务稳定。所以，企业经营活动现金净流量中，自由现金流的比例越高，企业的财务实力就越强大。

（六）经营现金净流量占总资产的比率

经营现金净流量占总资产的比率反映企业营业所得现金占其资产总额的比重，反映以现金流量为基础的资产报酬率。

其计算公式为：

$$经营现金净流量占总资产的比率=\frac{经营活动现金净流量}{总资产}\times 100\%$$

经营现金净流量与总资产的比率反映企业总资产的运营效率。该指标越高，说明企业的资产运营效率越高。该指标应该与总资产报酬率指标结合运用，对总资产报酬率较高的企业，如果该指标较低，说明企业的营业收入中的现金流量成分较低，企业的收益质量就会下降。

【任务实现】

根据任务要求，需要对医药制造业行业均值、标杆企业和康佳医疗的现金流量质量指标进行可视化呈现，由于可视化呈现方法类似，因此，本任务以医药制造业行业指标均值为例进行可视化呈现介绍。

一、现金流量质量分析的可视化呈现

（一）选择数据源与数据连接

根据任务要求，行业指标均值计算运用到的数据源主要包括“行业分类明细”“资产负债表 2020”“资产负债表 2019”“利润表 2020”“现金流量表 2020”，因此需要将相关数据源上传至 Power BI 并进行数据连接。

具体操作步骤如下：

（1）启动 Power BI Desktop。

（2）单击“获取数据”。

（3）单击“Excel 工作簿”图标，选择需要上传的数据源类型。

（4）导航器页面左侧勾选需要添加的数据，单击“加载”按钮，完成添加数据。

（5）选中“行业分类明细”中的“证券简称”字段，将其拖拽至“资产负债表 2020”中的“证券简称”字段，即可完成“资产负债表 2020”与“行业分类明细”的数据连接操作，采取同样的方式完成“资产负债表 2019”“利润表 2020”“现金流量表 2020”与“行业分类明细”的数据连接，如图 4-40 所示。

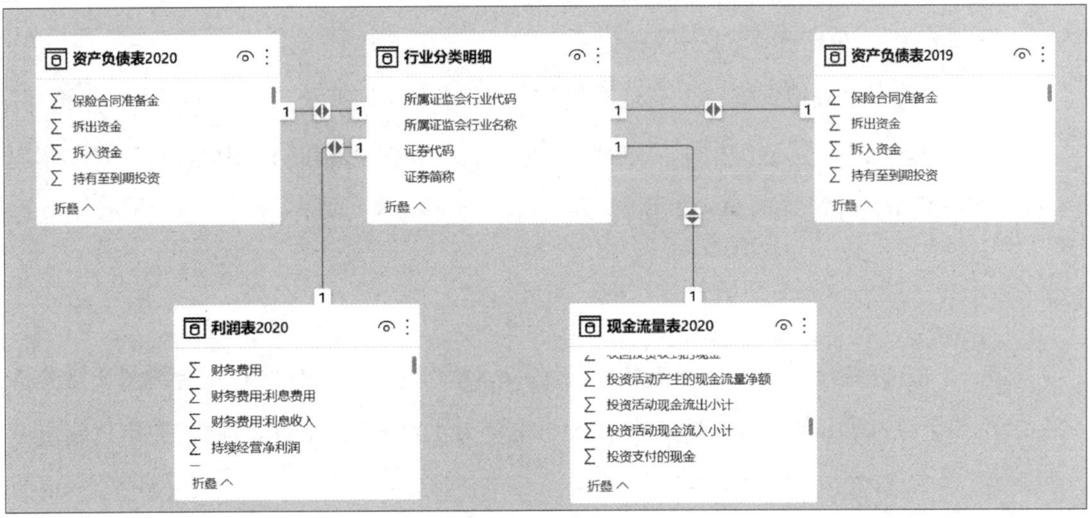

图 4-40　数据连接

（二）添加财务指标计算字段与过滤规则

（1）单击左侧“数据”，进入表工具工作区域。

（2）单击“新建列”，添加“现金流入量结构比率”计算字段，在格式框中，下拉选择“百分比”。采取相同的方法添加“经营现金流动负债比率”“经营现金净流量占营业收入的比率”“经营现金净流量占总资产的比率”计算字段，如图 4-41 所示。

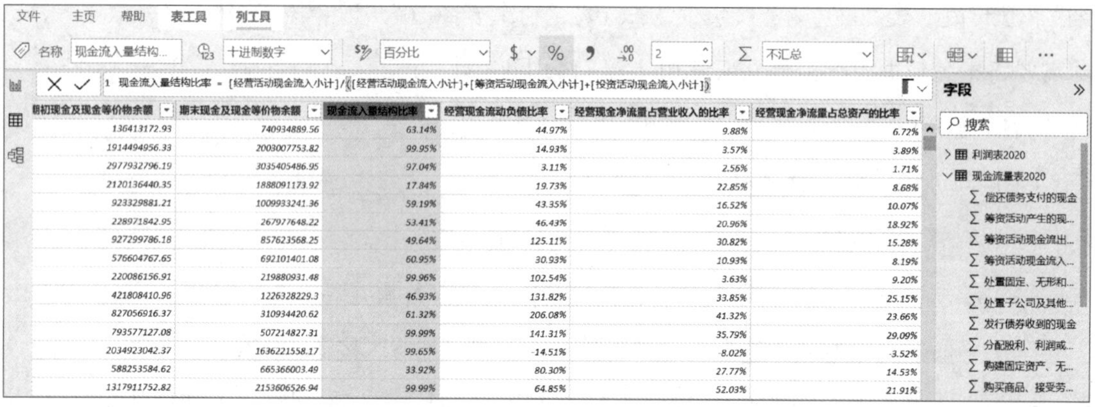

图 4-41　添加计算字段

（3）单击“报表”进入主页，单击“筛选器”按钮，展开筛选器窗口。

（4）在字段搜索框输入“所属证监会行业名称”，将该字段拖拽至“所有页面上的筛选器”下方的方框中，筛选类型下拉选择“基本筛选”，在下方搜索框中输入“医药制造业”，单击选择“医药制造业”。

（5）在字段搜索框输入“证券简称”，将该字段拖拽至“所有页面上的筛选器”下方的方框中，筛选类型下拉选择“基本筛选”，剔除证券简称中包含“*ST”和包含“U”的公司，如图 4-42 所示。

（三）现金流量质量分析可视化呈现

（1）标题设置。单击“文本框”，在文本框中输入“康佳医疗现金流量质量分析可视化综合展示大屏”标题，字体大小设置为“32 号”，字体“加粗”，字体颜色设置为“主体颜色 1”，“居中”对齐。

（2）财务指标可视化图形设计。由于医药制造业行业指标均值、标杆企业财务指标和康佳医疗财务指标可视化图形设计方法类似，因此本任务接下来以医药制造业

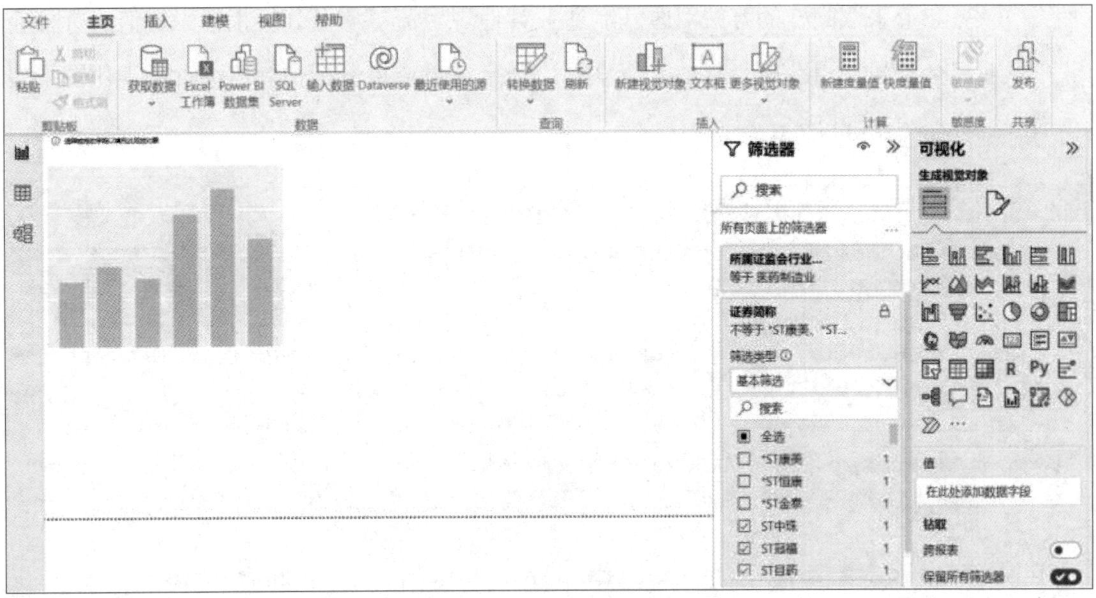

图 4-42　添加筛选规则

现金流入量结构比率的平均值为例进行可视化图形设计。

（3）单击“堆积柱状图”，在字段搜索框中输入“所属证监会行业名称”，将该字段拖拽至 X 轴下方框，之后继续在字段搜索框中输入“现金流入量结构比率”，并将该字段拖拽至 Y 轴下方框中，下拉选择“平均值”。

（4）单击“设置视觉对象格式”，在“视觉对象”下打开“数据标签”按钮，如图 4-43 所示。

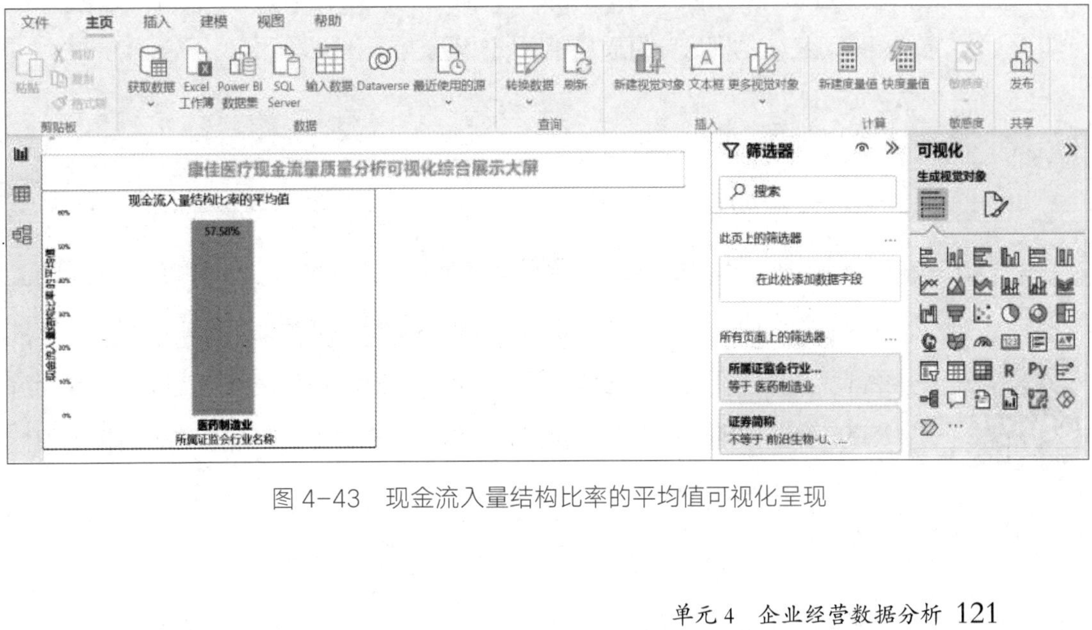

图 4-43　现金流入量结构比率的平均值可视化呈现

（5）采取同样的方法对医药制造业其他现金流量质量分析指标平均值、标杆企业现金流量质量分析指标值和康佳医疗现金流量质量分析指标值进行可视化图形设计，如图 4-44 所示。

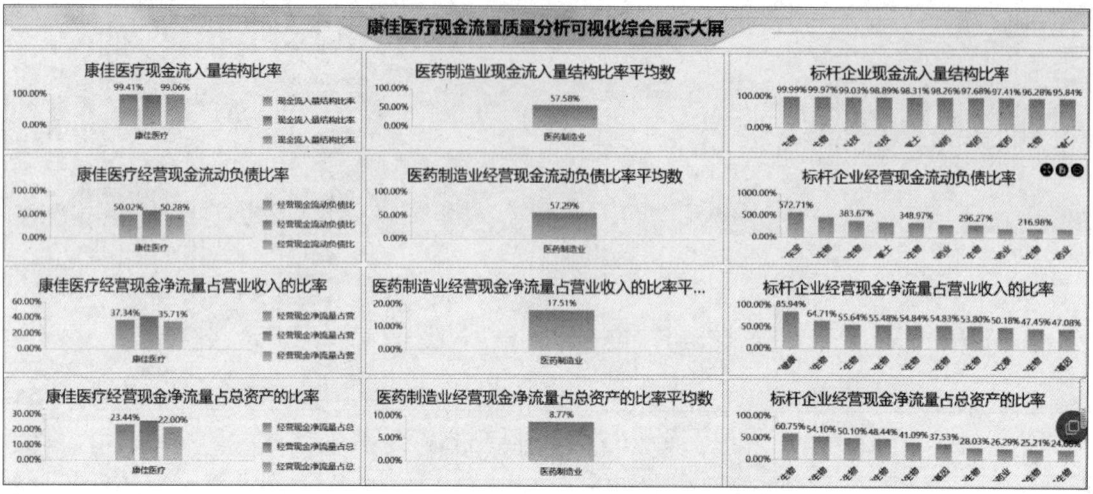

图 4-44　现金流量质量分析可视化综合展示大屏

数据分析平台现金流量质量分析可视化操作

二、现金流量分析

（一）康佳医疗现金流量质量分析

从上述指标分析可知，康佳医疗近三年的现金流入量结构比率均在 97% 以上，表明公司的现金流入几乎全部来自经营活动，而经营现金流动负债比率、经营现金净流量占营业收入的比率和经营现金净流量占总资产的比率近三年波动较小。因此，康佳医疗近三年的现金流量质量相对比较稳定。

（二）本企业与行业对比分析

通过与同行业均值和标杆企业对比分析可知，康佳医疗 2020 年的现金流入量结构比率在同行业中处于领先地位，经营现金净流量占营业收入的比率和经营现金净流量占总资产的比率均高于行业均值，但与标杆企业相比仍有不小差距，并且经营现金流动负债比率略低于行业均值。因此，康佳医疗应当在保持现金流入量结构比率处于领先地位的同时，努力提高其他反映现金流量质量的指标值，进一步缩小与标杆企业的差距。

任务 4.5 测试

单元学习评价

按照表 4-4 企业经营数据分析学习评价表的考核内容，分别评价各项内容的完成度并计算得分，按考核项目的权重计算本单元的总分。

表 4-4　企业经营数据分析学习评价表

考核项目	权重 /%	考核内容	分值	得分
知识	30	按时完成总体采购金额趋势分析、总体采购金额占营业收入比重分析、重要原材料采购价格与市场价格偏离度分析、质量合格率分析、及时交付率分析相关知识的阅读或听讲	10	
		按时完成营业收入整体趋势分析、营业收入贡献分析、营业收入客户维度分析、营业收入计划完成度分析相关知识的阅读或听讲	10	
		按时完成应收账款规模性评价指标、应收账款增长性评价指标、应收账款风险性评价指标相关知识的阅读或听讲	10	
		按时完成货币资金的静态规模适当性分析、货币资金的动态质量分析、货币资金的自由度分析相关知识的阅读或听讲	10	
		按时完成现金流量的质量特征、衡量现金流量质量的指标相关知识的阅读或听讲	10	
		积极参与本单元规定的采购分析、销售分析、应收账款质量分析、货币资金质量分析和现金流量质量分析的讨论与交流活动	10	
		正确完成本单元规定的采购分析、销售分析、应收账款质量分析、货币资金质量分析和现金流量质量分析的线上、线下测试与作业	40	
技能	50	完成采购分析指标计算、可视化呈现及分析	20	
		完成销售分析指标计算、可视化呈现及分析	20	
		完成应收账款质量分析指标计算、可视化呈现及分析	20	
		完成货币资金质量分析指标计算、可视化呈现及分析	20	
		完成现金流量质量分析指标计算、可视化呈现及分析	20	
素养	20	完成本单元规定的职业素养基本要求	50	
		结合本单元实例，完成培养树立全局观念、注重团队协作等职业素养的讨论或撰写心得感悟短文	50	
总体评价			100	

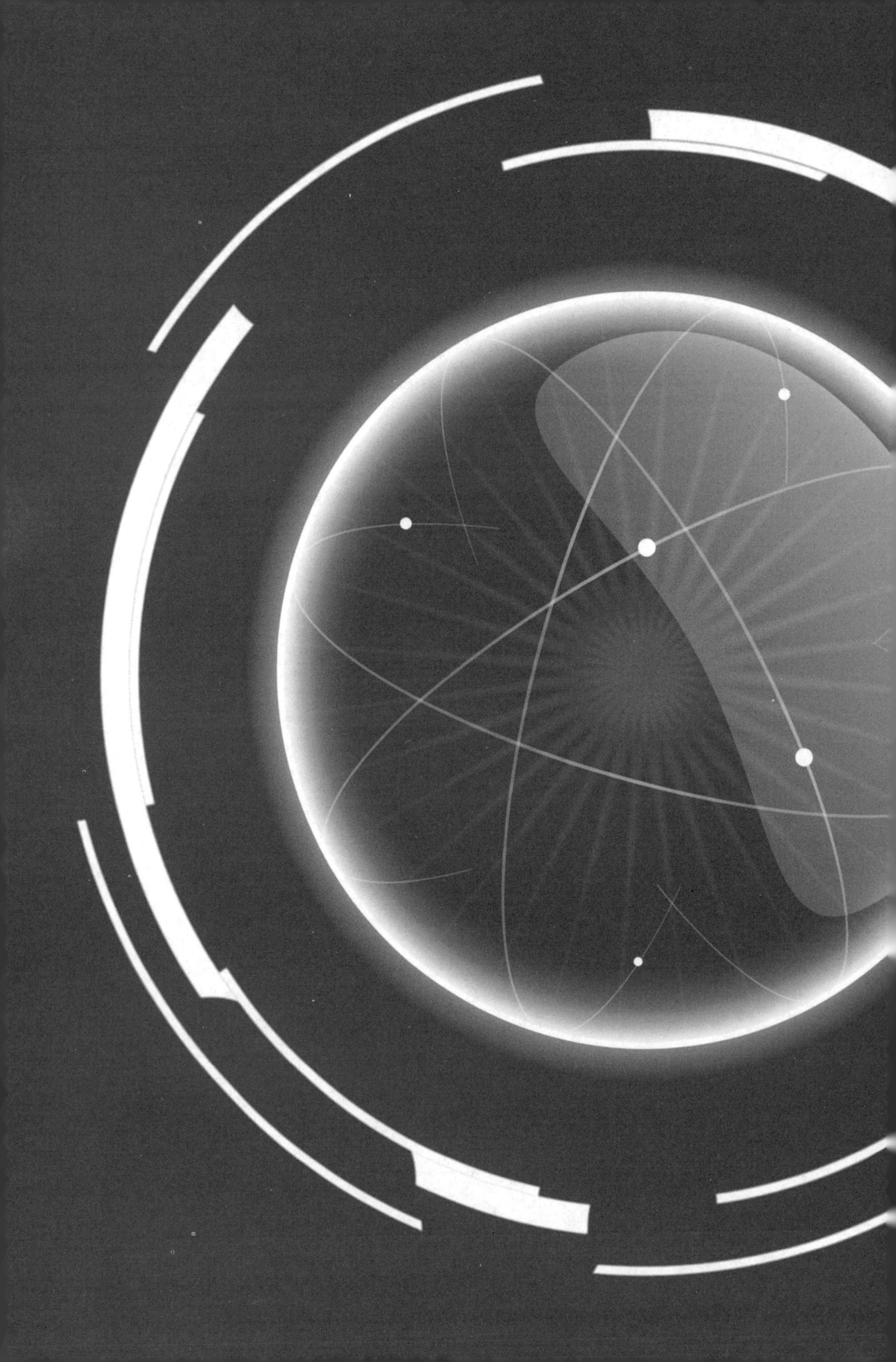

单元5

企业财务报表分析

学习目标

知识目标

◆ 理解编制资产负债表、利润表与现金流量表的目的；

◆ 掌握资产负债表、利润表与现金流量表的内容；

◆ 掌握企业财务报表分析的基本方法。

技能目标

◆ 能够熟练对资产负债表进行水平分析、垂直分析和趋势分析；

◆ 能够熟练对利润表进行水平分析、垂直分析和趋势分析；

◆ 能够熟练对现金流量表进行水平分析、垂直分析和趋势分析。

素养目标

◆ 通过本单元学习，领悟财务报表分析重要性，树立系统观念，会用前瞻性思考、全局性谋划、整体性推进的科学思想方法；

◆ 在进行财务报表分析时，培养爱岗敬业、忠于职守的责任意识。

思维导图

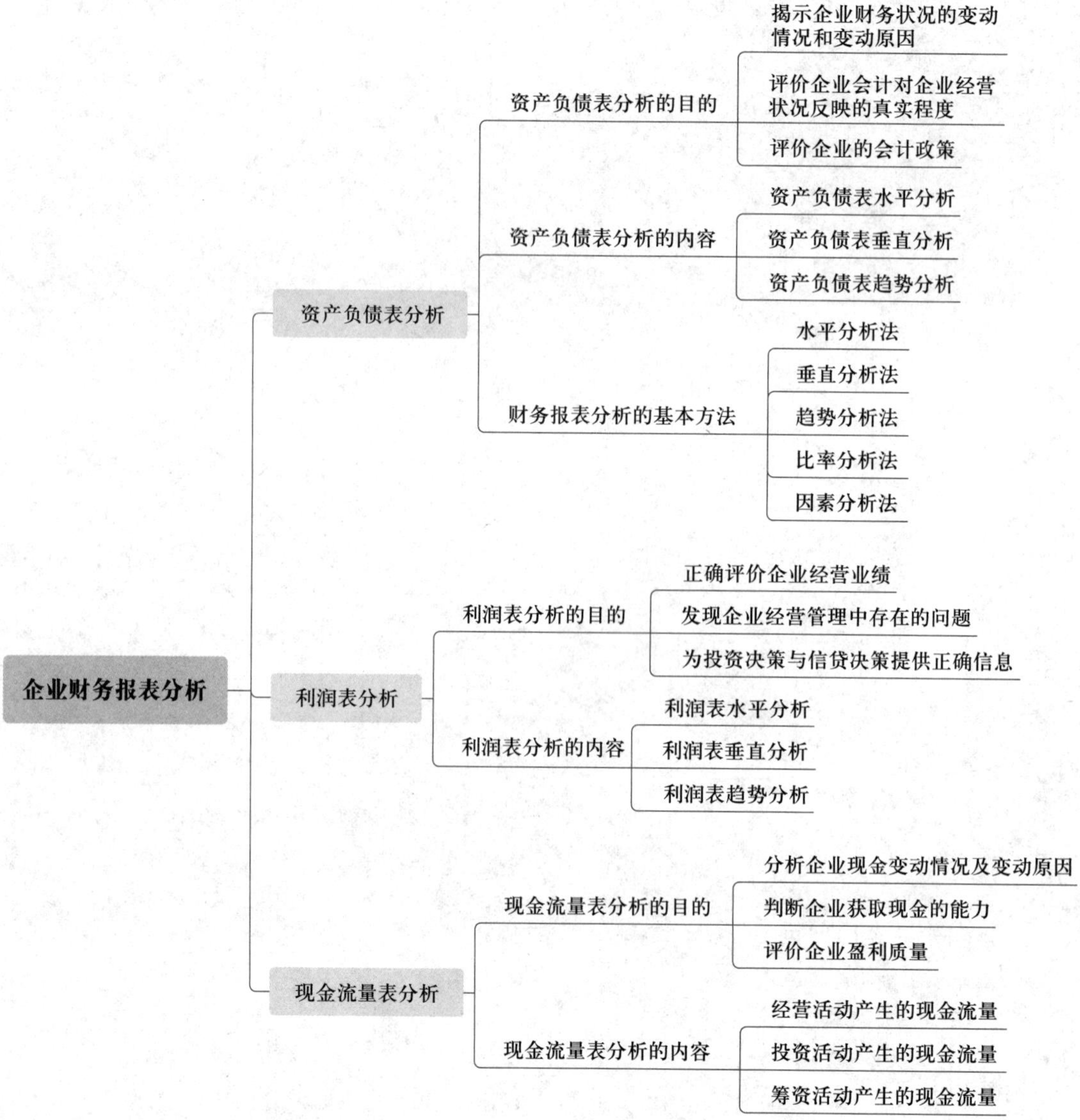
企业财务报表分析
资产负债表分析
资产负债表分析的目的
揭示企业财务状况的变动情况和变动原因
评价企业会计对企业经营状况反映的真实程度
评价企业的会计政策
资产负债表分析的内容
资产负债表水平分析
资产负债表垂直分析
资产负债表趋势分析
财务报表分析的基本方法
水平分析法
垂直分析法
趋势分析法
比率分析法
因素分析法
利润表分析
利润表分析的目的
正确评价企业经营业绩
发现企业经营管理中存在的问题
为投资决策与信贷决策提供正确信息
利润表分析的内容
利润表水平分析
利润表垂直分析
利润表趋势分析
现金流量表分析
现金流量表分析的目的
分析企业现金变动情况及变动原因
判断企业获取现金的能力
评价企业盈利质量
现金流量表分析的内容
经营活动产生的现金流量
投资活动产生的现金流量
筹资活动产生的现金流量

职业素养提升

坚持系统观念，强化责任意识

经济社会发展是一个高度耦合、系统集成的统一体，各个部分、各个环节紧密联系、相互作用，只有用全面系统的、普遍联系的、发展变化的观点观察事物，才能把握事物发展规律。财务报表分析时也应坚持系统观念。财务报表是企业财务状况和经营成果的综合反映，我们在进行财务报表分析时，不能只看某项指标本身，要从它的来源、与其他指标及整体报表的关系等多个视角进行考量，只有这样才能做好财务分析工作。

作为财务工作者，要尽职尽责，尽量不出差错。尽职，是负责任的表现，是责任落实的基础，只有尽职才能扎实做好本职工作。我们的每一项工作，都是所在单位事业的组成部分，而尽职是实现目标的落脚点，要严格履行岗位职责，要有一颗责任心，心里有责任才能去履行职责，去承担责任。在进行财务报表分析时，强化自身责任意识，以负责的态度对企业的资产负债表、利润表与现金流量表等进行财务分析，从而帮助信息使用者判断企业是否存在财务造假等行为，形成正确的价值观。

任务 5.1　资产负债表分析

【任务描述】

康佳医疗财务部为做好 2020 年公司财务报表分析工作，首先需要对公司的资产负债表进行分析，财务部已准备 2018—2020 年资产负债表。康佳医疗 2018—2020 年的资产负债表如表 5-1 所示。

表5-1　资产负债表

编制单位：北京康佳医疗股份有限公司　　　　单位：万元

资产	2020年期末余额	2019年期末余额	2018年期末余额	负债和所有者权益（或股东权益）	2020年期末余额	2019年期末余额	2018年期末余额
流动资产：				流动负债：			
货币资金	653 974.33	686 786.88	515 361.36	短期借款	13 565.66	12 897.84	18 000.00
交易性金融资产	6 522.09	5 991.55	6 785.05	交易性金融负债			
衍生金融资产				衍生金融负债			
应收票据	3 851.18	4 510.82	8 624.32	应付票据	20 523.35	38 764.72	29 498.49
应收账款	94 322.09	87 344.50	51 797.67	应付账款	329 640.77	384 343.06	350 073.11
应收款项融资				预收款项	652 385.73	523 505.44	531 192.73
预付款项	41 080.19	57 953.62	95 718.04	合同负债			
其他应收款	108 936.14	94 787.33	120 170.21	应付职工薪酬	74 141.88	74 815.43	75 391.35
存货	664 510.48	574 787.47	616 113.74	应交税费	16 085.39	18 302.14	16 684.83
合同资产				其他应付款	14 832.04	15 535.01	19 992.70
持有待售资产				持有待售负债			
一年内到期的非流动资产	1 345.08	1 016.23	998.56	一年内到期的非流动负债	27 913.45	27 253.34	33 517.06
其他流动资产	3 556.54	2 670.01	3 487.51	其他流动负债	2 494.12	2 511.71	3 196.05
流动资产合计	1 578 098.12	1 515 848.41	1 419 056.46	流动负债合计	1 151 582.39	1 097 928.69	1 077 546.32
非流动资产：				非流动负债：			
债权投资	4 889.00	3 144.02	2 896.47	长期借款	17 372.41	14 275.45	7 980.00
其他债权投资				应付债券			
长期应收款	246.38	299.16	305.66	其中：优先股			
长期股权投资	5 346.99	5 712.63	6 161.07	永续债			
其他权益工具投资	782.13	684.25	666.47	租赁负债			

续表

资产	2020年期末余额	2019年期末余额	2018年期末余额	负债和所有者权益（或股东权益）	2020年期末余额	2019年期末余额	2018年期末余额
其他非流动金融资产				长期应付款	16 745.00	19 746.00	9 946.00
投资性房地产	18 371.84	12 604.80	12 814.69	预计负债			
固定资产	896 255.35	870 180.75	771 495.31	递延收益			
在建工程	6 561.77	7 883.86	5 917.87	递延所得税负债	4 964.73	3 963.52	2 511.49
生产性生物资产				其他非流动负债	7 294.93	6 261.38	2 632.89
油气资产				非流动负债合计	46 377.07	44 246.35	23 070.38
使用权资产				负债合计	1 197 959.46	1 142 175.04	1 100 616.70
无形资产	39 109.56	26 860.64	21 071.06	所有者权益（或股东权益）：			
开发支出	61 853.38	48 952.12	40 110.22	实收资本（或股本）	692 726.97	692 726.97	555 314.22
商誉				其他权益工具			
长期待摊费用	12 572.88	13 267.82	9 406.69	其中：优先股			
递延所得税资产	7 653.32	8 100.86	9 639.55	永续债			
其他非流动资产				资本公积	62 123.18	62 123.18	52 123.18
非流动资产合计	1 053 642.60	997 690.91	880 485.06	减：库存股			
				其他综合收益			
				专项储备			
				盈余公积	92 894.67	70 624.41	75 750.25
				未分配利润	586 036.44	545 889.72	515 737.17
				所有者权益（或股东权益）合计	1 433 781.26	1 371 364.28	1 198 924.82
资产总计	2 631 740.72	2 513 539.32	2 299 541.52	负债和所有者权益（或股东权益）总计	2 631 740.72	2 513 539.32	2 299 541.52

注：为了口径一致，已经根据《财政部关于修订印发2019年度一般企业财务报表格式的通知》对康佳医疗2018—2020年资产负债表列示项目进行了调整。

任务布置：

1. 运用数据分析平台，计算资产负债表各项目绝对数变动的差额、变动率及差额对总额的影响，深入分析资产规模变动情况和权益变动情况

2. 根据历史数据，通过对企业各项资产、负债和所有者权益的对比分析，测算资产负债表重点项目的发展趋势

3. 运用数据分析平台，计算本企业资产结构、资本结构及其变动情况，分析本企业结构变动幅度较大的重点类别和重点项目；针对重点项目计算同行业结构变动均值，进行本企业与行业平均水平的比较分析

【相关知识】

资产负债表是反映企业在某一特定日期全部资产、负债和所有者权益情况的会计报表，是企业经营活动的静态体现。它是对企业资本运用成果全面、系统和综合的反映。通过阅读资产负债表，报表使用者能够了解企业在某一特定日期所拥有或者控制的资产所承担的经济义务以及所有者对净资产要求权的情况。

一、资产负债表分析的目的

资产负债表分析的目的，在于了解企业会计对企业财务状况的反映程度以及所提供的会计信息的质量，据此对企业资产和权益变动情况以及企业的财务状况做出恰当的评价。具体来说，通过资产负债表分析，可以达到以下目的。

（一）揭示企业财务状况的变动情况和变动原因

资产负债表是反映企业在某一时点财务状况的静态报表，在经营过程中，企业的资产、负债以及所有者权益时刻都在发生变化，资产负债表的各个项目反映的只是变动后的结果。企业的资产、负债及所有者权益在企业经过一段时间经营后，发生了什么样的变化，变动的原因是什么，只有通过对资产负债表进行分析才能知道，并在此基础上，对企业财务状况的变动及其原因做出合理的解释和评价。

（二）评价企业会计对企业经营状况反映的真实程度

资产负债表是进行财务分析的重要基础资料，企业经营者出于某种需要，既可能客观地、全面地通过资产负债表反映企业的财务状况，也可能通过粉饰报表隐瞒企业经营中的某些重大事项。即使企业不是出于某种目的进行报表项目调整，资产负债表数据也不能够完全反映企业经营成果，企业会计政策变更、会计估计变更等经营以外的因素对资产负债表也有很大的影响。财务分析者通过资产质量分析、会计政策分析、会计估计分析，可评价企业会计信息的质量，揭示资产负债表数据所反映的财务状况与真实财务状况的差异。

（三）评价企业的会计政策

企业的会计核算必须在统一的企业会计准则指导下进行，但是企业会计在会计政策和会计处理方法的选择上也具有相对的灵活性。不同的会计政策和会计处理方法体现在资产负债表上的结果往往不同，某种会计处理的背后，总是代表着企业的会计政策和会计目的。深入分析企业所选择的会计政策和会计处理方法是否合适，企业是否利用会计政策选择达到某种会计目的，可以揭示出企业的选择动机，解释和消除财务报表外部使用者对企业会计信息的疑惑。

二、资产负债表分析的内容

（一）资产负债表水平分析

资产负债表水平分析，是通过对企业各项资产、负债和所有者权益的对比分析，揭示企业筹资与投资过程中的差异，从而分析企业生产经营活动、经营管理水平等对筹资与投资的影响。

（二）资产负债表垂直分析

资产负债表垂直分析，是通过对资产负债表中各项目与总资产或总权益进行对比，分析企业的资产构成、负债构成和所有者权益构成，揭示企业资产结构和资本结构的合理程度，探索企业资产结构优化、资本结构优化及资产结构与资本结构适应程度优化的思路。

（三）资产负债表趋势分析

资产负债表趋势分析，是根据连续几年或几个时期的资产负债表数据，在运用指数或完成率等计算方法，对资产负债表中资产、负债和所有者权益的主要项目的变动情况和趋势进行分析。

三、财务报表分析的基本方法

根据财务报表分析的目的，可采用多种分析方法，常用的基本方法有水平分析法、垂直分析法、趋势分析法、比率分析法、因素分析法等。

（一）水平分析法

水平分析法，又称横向分析法，是财务报表分析最常用的方法。水平分析法是通过对被评价企业某一财务报表项目与其比较对象进行比较、寻找差异、发现问题，以分析和判断企业财务状况及经营成果的一种分析方法。

水平分析法可比较绝对数，也可比较相对数。比较对象可以是该项目的基期实际数、历史先进指标、同行业其他企业同期指标、计划指标等。一般步骤如下：

1. 计算绝对数变动的差额

计算绝对数变动的差额是将财务报表各有关项目的数额与比较对象进行比较，通常将两期或两期以上的财务报表项目予以并列，编制比较财务报表，用于直接观察报表中每一项目增减变化的绝对数。

其计算公式为：

绝对数变动的差额 = 分析期某项指标实际数 − 基期同项指标实际数

利用上述公式分别计算出各个项目在不同年度之间的变动差额，以便财务报表使用者获得更为明确的财务状况与经营成果的增减变动情况。

2. 计算变动率

变动率是在绝对数变动的差额的基础上计算出增减变动百分比，以便显示不同年度各项目的增减变动幅度，使财务报表使用者更加清楚每个项目的具体增减变化程度。这种分析也是通过比较财务报表的形式进行的。

其计算公式为：

$$变动率=\frac{绝对数变动的差额}{基期实际数量}\times 100\%$$

3. 计算变动比率值

变动比率值是将分析期某项指标的实际数量与基期某项指标实际数量进行对比，这种比较可以直观反映出分析项目的变动趋势。这种分析也是通过比较财务报表的形式进行的。

其计算公式为：

$$变动比率值=\frac{分析期某项指标实际数量}{基期实际数量}$$

使用水平分析法时，要注意对比指标之间的可比性，这是用好水平分析法的必要条件，否则就不能正确地说明问题，甚至得出错误的结论。所谓指标之间的可比性，是指相互比较的指标必须在指标内容、计价基础、计算口径、时间长度等方面保持高度的一致性。如果是企业之间进行同类指标比较，还要注意企业之间的可比性。

（二）垂直分析法

垂直分析法，又称纵向分析法、结构分析法等，是在一张财务报表中列示出各具体项目占总体（综合项目）的百分比，以反映某一财务报表中各具体项目间的相对重要性，以及各具体项目与总体之间的关系。

垂直分析法是与水平分析法相对应的。水平分析法注重的是关键项目不同年份的比较，垂直分析法更注重于报表内部各项目的内在结构分析。在应用垂直分析法时，需要注意总体的唯一性、分析角度的多维性和项目数据的可比性。

垂直分析法的一般步骤如下：

1. 确定比重

确定相关财务报表中各项目金额占总金额的比重或百分比，其计算公式为：

$$某项目的比重=\frac{该项目金额}{总金额}\times 100\%$$

在同比资产负债表分析中，总体一般指的是资产总额；在同比利润表分析中，总体一般使用营业收入项目金额。

2. 分析重要性

通过计算各项目的比重，分析各项目在企业经营中的重要性。一般项目所占比重越大，说明其重要程度越高，对总体的影响越大。

3. 对比分析

与水平分析法相结合，将分析期各项目的比重与前期同项目比重对比，研究各项目的比重变动情况，为进一步的“优化组合”提供思路。也可将本企业报告期项目比重与同类企业相同报告期的可比项目比重进行对比，研究本企业与同类企业相比存在哪些优势或差距，据以考察其在同行业中的工作水平和市场地位的高低。

（三）趋势分析法

趋势分析法是利用连续几年或几期财务报表数据资料，确定其增减变动的方向、数额和幅度，以说明企业财务状况和经营成果变化趋势的一种分析方法。通常采用定比分析和环比分析等方法。

1. 定比（定基百分比）分析

在计算趋势百分比时将某一期间的数额或将一定期间的平均数额作为固定基期数额，即为100%，再将同一项目其他各期的数额分别与固定基期的数额相比较，计算出趋势百分比，称为定基百分比。

其计算公式为：

$$定基百分比=\frac{分析期数额}{固定基期数额}\times 100\%$$

2. 环比分析

在计算趋势百分比时所运用的基期不固定，将各期数额均与前一期的数额进行比较，计算出趋势百分比，称为环比百分比。

其计算公式为：

$$环比百分比=\frac{分析期数额}{上期数额}\times 100\%$$

趋势分析法不但能够为财务信息使用者提供财务报表中某些项目或指标的明显变动趋势，而且还可以通过对过去财务报表中某些项目或指标的发展变动规律的研究，揭示未来财务状况与经营成果的发展趋势。

（四）比率分析法

比率分析法是指在同一报表的不同项目之间，或在不同报表的有关项目之间进行对比，从而计算出各种不同经济含义的比率，据以评价企业财务状况和经营成果的一种分析方法。比率分析的基本形式有三种：百分率，如企业流动比率为 200%；比率（比值），如企业速动比率为 1∶1；分数，如负债为总资产的 1/2。根据分析的内容和要求不同，比率分析法主要有结构比率分析、效率比率分析和相关比率分析等。

1. 结构比率分析

结构比率，又称为构成比率，是指某项财务指标的数值占总体数值的百分比。

其计算公式为：

$$结构比率=\frac{某项财务指标数值}{总体数值}\times 100\%$$

2. 效率比率分析

效率比率反映的是投入与产出的关系。

一般而言，涉及利润的有关比率指标基本上均为效率比率。比如，将利润项目与销售成本、销售收入、净资产等项目加以对比，可以计算出成本利润率、销售利润率和净资产收益率等，从而可以从不同角度观察比较企业盈利能力的高低及其增减变化情况。

3. 相关比率分析

相关比率分析是根据经济活动客观存在的相互依存、相互联系的关系，将两个性质不同但又相关的指标加以对比所得的比率，以便从经济活动的客观联系中分析企业生产经营情况。比如，企业的营业利润与营业收入对比，得出营业利润率等。

（五）因素分析法

因素分析法是通过分析影响财务指标的各项因素并计算其对指标的影响程度，来说明本期实际与计划或基期相比财务指标变动或差异的主要原因的一种分析方法。运用这一方法的出发点在于，当有若干因素对综合指标产生作用时，假定其他各个因素都无变化，按照顺序确定每一个因素单独变化所产生的影响。实际应用此法时，又有连环替代法和差额计算法两种具体方法。

1. 连环替代法

连环替代法是将一项综合性的指标分解为各项构成因素，按照顺序用各项因素的实际数替换基数，分析各项因素影响综合指标程度的一种方法。

连环替代法的分析程序如下：

（1）分解某项综合指标的各项构成因素。

（2）确定各个因素与某项综合指标的关系，如加减关系、乘除关系等。

（3）确定各项因素的排列顺序，按一定的顺序将各个因素加以替代，来具体测算各个因素对指标变动的影响方向和程度。

（4）计算各个因素影响数值的代数和，检查是否与分析对象相符。

如果各因素之间属于加减关系，则各因素对财务指标差异的影响方向和程度很容易确定。如果各因素之间是乘除关系，则各因素对财务指标差异的影响方向和程度相对而言较为复杂。

下面以乘积关系为例介绍连环替代法在因素分析法中的应用。

（1）确定财务指标差异。

确定财务指标差异即财务指标实际值与比较标准（以下简称标准值）之间的差异，该差异是因素分析的对象。假设财务指标 N 的实际值为 N_1，标准值为 N_0，则指标差异为：$\Delta N=N_1-N_0$。

（2）确定影响财务指标的因素。

假设影响财务指标 N 的因素有 a、b、c 三个，则 $N_1=a_1\times b_1\times c_1$；$N_0=a_0\times b_0\times c_0$。

（3）计算每个影响因素带来的差异。

从财务指标标准值的公式开始，依次用每个影响因素的实际值替代标准值，有几个因素就替换几次。每次替换后得到的财务指标值与替换前的财务指标值之间的差异就是由所替换的因素带来的差异。

连环替代过程示例如下：

实际指标：$N_1=a_1\times b_1\times c_1$

计划指标：$N_0=a_0\times b_0\times c_0$

实际 − 计划 $=N_1-N_0$

a 因素影响：$N_a=(a_1-a_0)\times b_0\times c_0$

b 因素影响：$N_b = a_1 \times (b_1 - b_0) \times c_0$

c 因素影响：$N_c = a_1 \times b_1 \times (c_1 - c_0)$

影响合计：$N_1 - N_0 = N_a + N_b + N_c$

2. 差额计算法

差额计算法就是确定各因素实际数与基期数之间的差额，并在此基础上乘以排列在该因素前面各因素的实际数和排列在该因素后面各因素的基期数，所得出的结果就是该因素变动对分析指标的影响。

差额计算法有很大的局限性，它无法解释计算出的数值大或小到什么程度，也无法说明数值以多大或多小为宜。而许多指标如营运资金和流动资产等的数值，并不是越大越好，所以，差额计算法要结合其他分析方法，才能达到财务报表分析的目的。

【任务实现】

本任务实现具体采用中联数据分析平台，也可使用 Excel，在使用 Excel 时需使用 ROUND 函数，以确保小数位数相同。本单元其他任务相同。

一、资产负债表水平分析

（一）计算绝对数变动的差额、变动率及差额对总额的影响

计算绝对数变动的差额、变动率及差额对总额的影响的具体操作步骤如下：

（1）将康佳医疗 2018—2020 年的资产负债表导入数据分析平台中，根据 2019 年和 2020 年资产负债表数据，转化成如图 5-1 所示的资产负债表水平分析表。

（2）计算 2020 年各资产负债表项目变动的差额，计算公式为“差额 = 期末余额 - 上年年末余额”。

（3）计算 2020 年各资产负债表项目的变动率，计算公式为“变动率 = 差额 / 上年年末余额”，如图 5-2 所示。

图 5-1　计算各资产负债表项目变动的差额

图 5-2　计算各资产负债表项目的变动率

（4）计算 2020 年各资产负债表项目变动的差额相对上年年末资产总额的影响，计算公式为“差额对资产总额的影响 = 差额 / 上年年末资产总额”，如图 5-3 所示。

图 5-3　计算各资产负债表项目变动的差额对资产总额的影响

（二）资产负债表资产和权益规模变动情况分析

1. 资产规模变动情况分析

从资产角度进行分析评价主要是对企业总资产规模变动状况、各项资产变动情况及各项资产对总资产规模的影响程度进行分析，发现变动幅度较大的重点类别和重点项目，并在此基础上分析各项资产规模变动的原因。通过资产负债表水平分析比较，将 2020 年变动率按绝对值排名前 5 的资产项目以及差额对资产总额的影响按绝对值排名前 5 的资产项目分别列示于表 5-2 和表 5-3 中。

表 5-2　2020 年变动率按绝对值排名前 5 的资产项目

单位：万元

序号	资产项目	期末余额	上年年末余额	差额	变动率
1	债权投资	4 889.00	3 144.02	1 744.98	55.50%
2	投资性房地产	18 371.84	12 604.80	5 767.04	45.75%
3	无形资产	39 109.56	26 860.64	12 248.92	45.60%
4	其他流动资产	3 556.54	2 670.01	886.53	33.20%
5	一年内到期的非流动资产	1 345.08	1 016.23	328.85	32.36%

表5-3　2020年差额对资产总额的影响按绝对值排名前5的资产项目

单位：万元

序号	资产项目	期末余额	上年年末余额	差额	差额对资产总额的影响
1	存货	664 510.48	574 787.47	89 723.01	3.57%
2	货币资金	653 974.33	686 786.88	−32 812.55	−1.31%
3	固定资产	896 255.35	870 180.75	26 074.60	1.04%
4	预付款项	41 080.19	57 953.62	−16 873.43	−0.67%
5	其他应收款	108 936.14	94 787.33	14 148.81	0.56%

存货2020年较2019年增加了89 723.01万元，增长幅度为15.61%，差额对资产总额的影响为3.57%，是提高资产总额增长幅度排名第一的项目；货币资金2020年较上一年降低了32 812.55万元，差额对资产总额的影响为−1.31%，是降低资产总额增长幅度排名第一的项目。

2. 权益规模变动情况分析

从权益角度进行评价主要是对企业各权益项目变动情况以及各权益项目差额对上年年末权益总额的影响程度进行分析，发现变动幅度较大的重点类别和重点项目，在此基础上分析各项权益项目变动的原因。通过资产负债表水平分析比较，将2020年各权益项目中变动的差额对上年年末权益总额影响最大（按绝对值排名）的前5名填入表5-4中。

表5-4　2020年差额对权益总额的影响排名前5的权益项目

单位：万元

序号	权益项目	期末余额	上年年末余额	差额	差额对权益总额的影响
1	预收款项	652 385.73	523 505.44	128 880.29	5.13%
2	应付账款	329 640.77	384 343.06	−54 702.29	−2.18%
3	未分配利润	586 036.44	545 889.72	40 146.72	1.60%
4	盈余公积	92 894.67	70 624.41	22 270.26	0.89%
5	应付票据	20 523.35	38 764.72	−18 241.37	−0.73%

从表 5-4 中可以看到，2020 年对权益总额影响排名第一的项目为预收款项，变动的差额为 128 880.29 万元，差额对权益总额的影响为 5.13%；而应付账款变动的差额对权益总额的影响为 −2.18%，是降低权益总额增长幅度排名第一的项目。

二、资产负债表垂直分析

对资产负债表进行垂直分析，可以观察企业资产结构、资本结构关系以及资产结构与资本结构是否相适应的情况，从而评价企业资产结构、资本结构的合理性以及资产结构与资本结构相适应的优化性。

（一）计算资产结构及结构变动

（1）根据 2019 年和 2020 年资产负债表数据，将其转化成如图 5-4 所示的资产负债表垂直分析表。

（2）计算 2020 年各资产项目的期末结构和上年年末结构。计算公式（以期末结构为例）为“期末结构 = 期末余额 / 期末资产总额”，如图 5-4 所示。

图 5-4　各资产项目期末结构和上年年末结构

（3）计算 2020 年各资产项目结构变动的差异。计算公式为：“差异 = 期末结构 − 上年年末结构”，如图 5-5 所示。

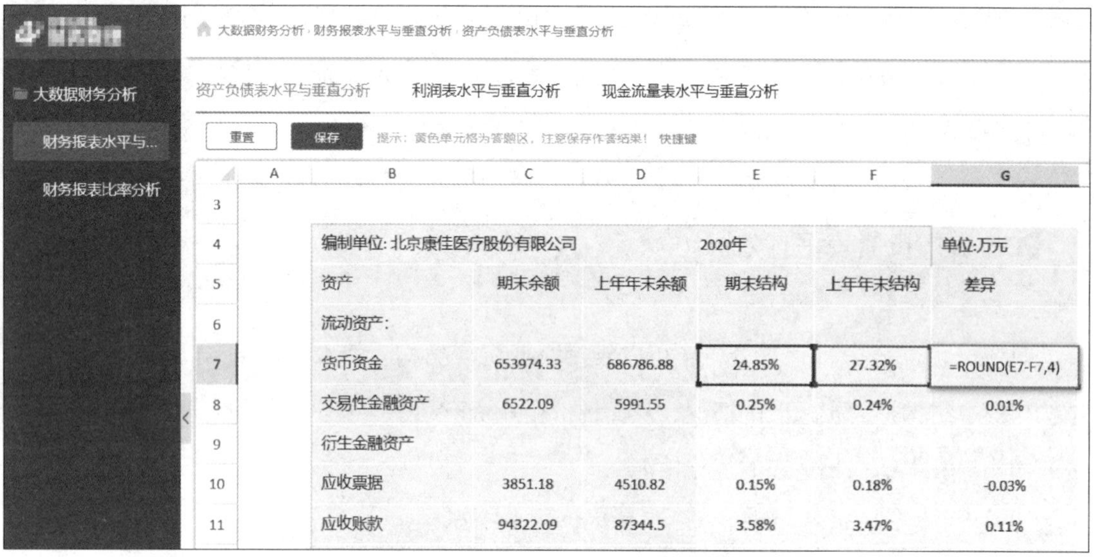

图 5-5　各资产项目结构变动的差异

（二）资产负债表结构变动情况分析

1. 资产结构变动情况分析

从资产结构优化角度进行分析评价，发现资产结构变动幅度较大的重点类别和重点项目，并在此基础上分析各项资产项目结构变动的主要原因。通过资产负债表垂直分析比较，将 2020 年各资产项目结构变动的差异按绝对值排名前 5 的项目列示于表 5-5 中。

表 5-5　2020 年结构变动的差异按绝对值排名前 5 的资产项目

序号	资产项目	期末结构	上年年末结构	差异
1	货币资金	24.85%	27.32%	−2.47%
2	存货	25.25%	22.87%	2.38%
3	预付款项	1.56%	2.31%	−0.75%
4	固定资产	34.06%	34.62%	−0.56%
5	无形资产	1.49%	1.07%	0.42%

通过表 5-5 的分析结果可知，2020 年各资产项目结构变动的差异按绝对值排名前 5 的项目中，货币资金、预付款项和固定资产项目均呈现降低状态，且货币资金较

上年降低了 2.47%，在结构变动差异中排名第一；而存货与无形资产项目结构变动的差异呈现增加状态，并且存货的期末结构比上年增加了 2.38%，在结构变动差异中排名位列第二。

2. 权益结构变动情况分析

权益结构也称为资本结构，主要指负债与所有者权益结构。从权益结构优化角度进行分析，调整负债与所有者权益结构，对权益结构中变动较大的项目分析原因，使企业风险与经营收益达到合理的目标。通过资产负债表垂直分析比较，将 2020 年占权益总额比重较大的排名前 5 的权益项目列示于表 5–6 中。

表5–6　2020年占权益总额比重排名前5的权益项目

单位：万元

序号	权益项目	期末余额	占权益总额的比重
1	实收资本（或股本）	692 726.97	26.32%
2	预收款项	652 385.73	24.79%
3	未分配利润	586 036.44	22.27%
4	应付账款	329 640.77	12.53%
5	盈余公积	92 894.67	3.53%

（三）资产负债表内部结构分析

1. 流动资产结构分析

一般情况下，我们可以编制流动资产结构分析表来具体分析，编制分析表时，一般可选择以流动资产合计数为基数。具体操作步骤如下：

（1）在数据分析平台中使用 ROUND 函数计算 2020 年各流动资产项目占流动资产合计的比重。计算公式（以货币资金为例）为“货币资金项目的期末内部结构 = 货币资金的期末余额 / 流动资产合计的期末余额”，如图 5–6 所示。

（2）在数据分析平台中采取同样的方法计算上年年末流动资产的内部结构，并使用 ROUND 函数计算内部结构变动。结构变动计算公式为“内部结构变动 = 期末内部结构 – 上年年末内部结构”，如图 5–7 所示。

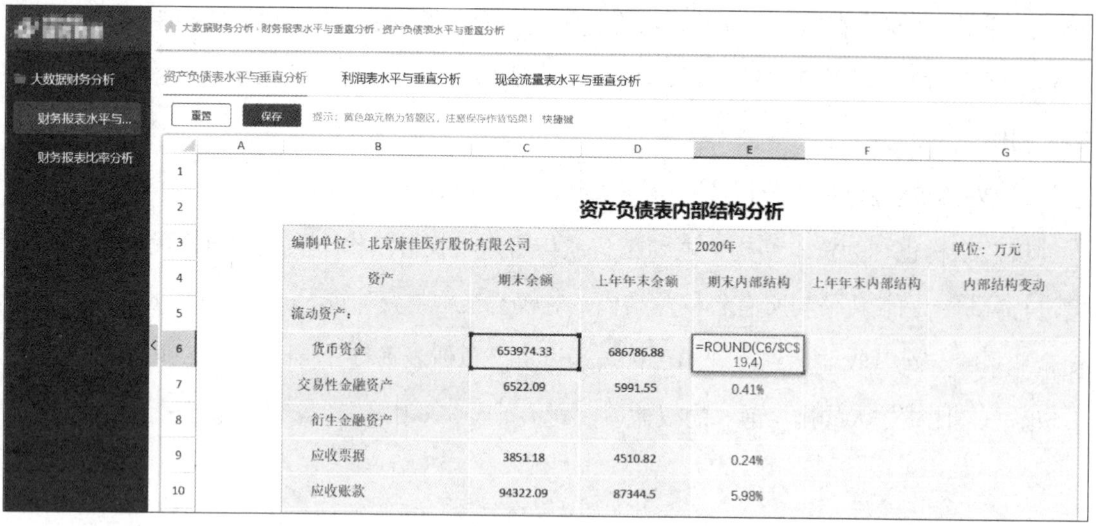

图 5-6 流动资产期末内部结构

图 5-7 流动资产内部结构变动

（3）将 2020 年各流动资产内部结构及其变动填入表 5-7 中。

表 5-7 2020 年流动资产内部结构及其变动

单位：万元

流动资产项目	期末余额	上年年末余额	期末内部结构	上年年末内部结构	内部结构变动
货币资金	653 974.33	686 786.88	41.44%	45.31%	−3.87%

续表

流动资产项目	期末余额	上年年末余额	期末内部结构	上年年末内部结构	内部结构变动
交易性金融资产	6 522.09	5 991.55	0.41%	0.40%	0.01%
应收票据	3 851.18	4 510.82	0.24%	0.30%	-0.06%
应收账款	94 322.09	87 344.5	5.98%	5.76%	0.22%
预付款项	41 080.19	57 953.62	2.60%	3.82%	-1.22%
其他应收款	108 936.14	94 787.33	6.90%	6.25%	0.65%
存货	664 510.48	574 787.47	42.11%	37.92%	4.19%
一年内到期的非流动资产	1 345.08	1 016.23	0.09%	0.07%	0.02%
其他流动资产	3 556.54	2 670.01	0.23%	0.18%	0.05%
流动资产合计	1 578 098.12	1 515 848.41	100.00%	100.00%	0.00%

通过表 5-7 的分析结果可知，康佳医疗 2020 年和 2019 年流动资产中以货币资金和存货为主，近两年二者合计占流动资产的比重均在 83% 以上，但流动资产的结构稍有变化，2020 年货币资金占流动资产的比重比上一年降低了 3.87%，而存货占流动资产的比重比上一年增长了 4.19%，其他流动资产项目占流动资产的比重变化幅度均较小，企业经营状况正常。

2. 非流动资产结构分析

非流动资产，主要包括固定资产、在建工程、无形资产、长期股权投资、长期应收款等。一般情况下，我们可以编制非流动资产结构分析表来具体分析，编制分析表时，一般可选择以非流动资产合计数为基数。操作方法与流动资产结构分析类似，不再赘述。2020 年非流动资产内部结构及其变动情况如表 5-8 所示。

表5-8　2020年非流动资产内部结构及其变动

单位：万元

非流动资产项目	期末余额	上年年末余额	期末内部结构	上年年末内部结构	内部结构变动
债权投资	4 889.00	3 144.02	0.46%	0.32%	0.14%

续表

非流动资产项目	期末余额	上年年末余额	期末内部结构	上年年末内部结构	内部结构变动
长期应收款	246.38	299.16	0.02%	0.03%	−0.01%
长期股权投资	5 346.99	5 712.63	0.51%	0.57%	−0.06%
其他权益工具投资	782.13	684.25	0.07%	0.07%	0.00%
投资性房地产	18 371.84	12 604.80	1.74%	1.26%	0.48%
固定资产	896 255.35	870 180.75	85.06%	87.22%	−2.16%
在建工程	6 561.77	7 883.86	0.62%	0.79%	−0.17%
无形资产	39 109.56	26 860.64	3.71%	2.69%	1.02%
开发支出	61 853.38	48 952.12	5.87%	4.91%	0.96%
长期待摊费用	12 572.88	13 267.82	1.19%	1.33%	−0.14%
递延所得税资产	7 653.32	8 100.86	0.73%	0.81%	−0.08%
非流动资产合计	1 053 642.60	997 690.91	100.00%	100.00%	0.00%

通过表 5−8 的分析结果可知，康佳医疗 2020 年和 2019 年非流动资产中占比较大的是固定资产，两年占比均在 85% 以上，固定资产占比相比于上一年虽有所降低，但降低幅度不大，其他非流动资产项目占比也相对比较稳定，说明公司近两年没有大规模的新投资。投资性房地产等非生产性资产占比较小，说明公司经营致力于主业，以生产主营产品为主。

3. 流动负债结构分析

流动负债结构分析反映企业流动负债各项目的结构变动情况，分析流动负债构成及其变动是否合理，对企业的生产经营活动有何影响。流动负债中，一般借入的款项有明确的偿还期，到期必须偿还，具有法律上的强制性，而所欠供应商的款项大多没有明确的支付期，何时支付、支付多少并不具有强制性。分析时，应根据负债的性质及前述流动资产结构分析确定企业的支付能力，判断企业的财务状况。通常以流动负债合计作为基数编制流动负债内部结构及其变动情况表，如表 5−9 所示。

表5-9　2020年流动负债内部结构及其变动

单位：万元

流动负债项目	期末余额	上年年末余额	期末内部结构	上年年末内部结构	内部结构变动
短期借款	13 565.66	12 897.84	1.18%	1.17%	0.01%
应付票据	20 523.35	38 764.72	1.78%	3.53%	-1.75%
应付账款	329 640.77	384 343.06	28.63%	35.01%	-6.38%
预收款项	652 385.73	523 505.44	56.65%	47.68%	8.97%
应付职工薪酬	74 141.88	74 815.43	6.44%	6.81%	-0.37%
应交税费	16 085.39	18 302.14	1.40%	1.67%	-0.27%
其他应付款	14 832.04	15 535.01	1.29%	1.41%	-0.12%
一年内到期的非流动负债	27 913.45	27 253.34	2.42%	2.48%	-0.06%
其他流动负债	2 494.12	2 511.71	0.22%	0.23%	-0.01%
流动负债合计	1 151 582.39	1 097 928.69	100.00%	100.00%	0.00%

从表5-9所示，康佳医疗2020年流动负债中，占比最大的为预收款项，其占流动负债合计的56.65%，占比排名第二的为应付账款，其占流动负债合计的28.63%，两者合计占流动负债合计的85.28%。公司的短期借款仅占流动负债合计的1%左右，占比较小，总的来说，短期偿债压力不大。

4. 非流动负债结构分析

非流动负债的利率高，期限长，一般用于购建固定资产、进行长期投资等，不适用于流转经营中的资金需要。因为固定资产等周转时期长，变现速度慢，因而需要可以长期使用的资金。流转经营中的资金只能用来购置流动资产、支付工资等，其周转速度快，而且资金占用的波动比较大，有时资金紧张，需要通过举债来筹集，有时资金又会闲置，企业可以通过交易性金融资产的投资来加以充分运用。利用非流动负债来充作短期流转资金使用，会使资金成本上升，得不偿失。利用非流动负债来购置固定资产，可以扩大企业的生产能力，提高产品质量，降低产品成本，提高企业的市场竞争力，从而为企业带来更多的利润。

非流动负债的内部结构及其变动情况分析如表5-10所示。

表5-10　2020年非流动负债内部结构及其变动

单位：万元

非流动负债项目	期末余额	上年年末余额	期末内部结构	上年年末内部结构	内部结构变动
长期借款	17 372.41	14 275.45	37.46%	32.26%	5.20%
长期应付款	16 745.00	19 746.00	36.11%	44.63%	−8.52%
递延所得税负债	4 964.73	3 963.52	10.71%	8.96%	1.75%
其他非流动负债	7 294.93	6 261.38	15.73%	14.15%	1.58%
非流动负债合计	46 377.07	44 246.35	100.00%	100.00%	0.00%

从表5-10分析结果可知，康佳医疗2020年的非流动负债以长期借款和长期应付款为主，且长期借款相比于上一年增长了5.20%，而长期应付款减少了8.52%，说明康佳医疗主要通过长期借款的方式来筹集资金，会为企业带来长期债务偿还压力。

5. 股东权益结构分析

股东权益包括企业投资人对企业的投入资本以及形成的资本公积、盈余公积和未分配利润等。引起股东权益变动的主要原因有增加（或减少）注册资本，资本公积发生增减变化、留存收益的增减变动等。通过对股东权益内部构成及变动分析，可进一步了解企业对负债偿还的保障程度和企业自身积累资金和融通资金的能力与潜力。

股东权益内部结构及其变动情况如表5-11所示。

表5-11　2020年股东权益内部结构及其变动

单位：万元

所有者权益（或股东权益）项目	期末余额	上年年末余额	期末内部结构	上年年末内部结构	内部结构变动
实收资本（或股本）	692 726.97	692 726.97	48.31%	50.51%	−2.20%
资本公积	62 123.18	62 123.18	4.33%	4.53%	−0.20%
盈余公积	92 894.67	70 624.41	6.48%	5.15%	1.33%
未分配利润	586 036.44	545 889.72	40.87%	39.81%	1.06%
所有者权益（或股东权益）合计	1 433 781.26	1 371 364.28	100.00%	100.00%	0.00%

从表5-11可以看出，康佳医疗2020年股东权益结构基本稳定，盈余公积和未分配利润占所有者权益（或股东权益）合计的比重略有增加，实收资本（或股本）及资本公积占所有者权益（或股东权益）合计的比重略有降低，且企业的未分配利润占所有者权益（或股东权益）合计近两年维持在40%左右，股东权益结构显示了企业的资本实力。

（四）资产与权益相适应综合分析

筹资和投资是企业两大重要财务活动，筹资的目的在于投资。由于筹资方式与筹资渠道不同所产生的不同资金来源的特点与差异，以及不同资金使用或占用产生的资产的特点与差异，筹资与投资之间形成了四种类型的匹配结构：

（1）保守型结构，即企业资产的资金来源全部为长期资本。

（2）稳健型结构，即长期资产的资金来源需要由长期资本支持，短期资产的资金则需要由长期资本和短期资金共同提供。

（3）平衡型结构，即流动负债取得的资金用于流动资产，长期负债及所有者权益取得的资金满足长期资产的需要。

（4）风险型结构，即流动负债不仅满足流动资产的资金需要，而且还用于满足部分长期资产的资金使用。

这四种类型的匹配结构需要我们结合企业资产结构与资本结构情况，对企业的资产结构与资本结构适应情况进行综合分析和评价，一方面要分析评价资产规模变动受权益规模及构成的影响；另一方面要分析评价资产规模与结构变动对筹资风险的影响。

根据资产负债表垂直分析表，针对公司非流动资产与长期资本数据、流动资产与流动负债数据，利用数据分析平台计算并填写康佳医疗2020年非流动资产与长期资本的适应情况分析表（见表5-12）和流动资产与流动负债的适应情况分析表（见表5-13）。

表5-12　2020年非流动资产与长期资本的适应情况分析表

非流动资产项目	期末结构	上年年末结构	差异	长期资本项目	期末结构	上年年末结构	差异
固定资产	34.06%	34.62%	−0.56%	所有者权益	54.48%	54.56%	−0.08%

续表

非流动资产项目	期末结构	上年年末结构	差异	长期资本项目	期末结构	上年年末结构	差异
长期股权投资	0.20%	0.23%	−0.03%	长期负债	1.76%	1.76%	0.00%
无形资产	1.49%	1.07%	0.42%				
在建工程	0.25%	0.31%	−0.06%				
开发支出	2.35%	1.95%	0.40%				
其他	1.69%	1.51%	0.18%				
合计	40.04%	39.69%	0.35%	合计	56.24%	56.32%	−0.08%

表5-13 2020年流动资产与流动负债的适应情况分析表

流动资产项目	期末结构	上年年末结构	差异	流动负债项目	期末结构	上年年末结构	差异
货币资金	24.85%	27.32%	−2.47%	短期借款	0.52%	0.51%	0.01%
交易性金融资产	0.25%	0.24%	0.01%	应付职工薪酬	2.82%	2.98%	−0.16%
应收账款及预付款项	9.43%	9.73%	−0.30%	应付账款及预收款项	38.66%	38.28%	0.38%
存货	25.25%	22.87%	2.38%	应交税费	0.61%	0.73%	−0.12%
其他	0.18%	0.15%	0.03%	其他	1.15%	1.18%	−0.03%
流动资产合计	59.96%	60.31%	−0.35%	流动负债合计	43.76%	43.68%	0.08%

从非流动资产与长期资本的适应情况分析表和流动资产与流动负债的适应情况分析表中分析发现，康佳医疗2020年短期资产的资金需要由长期资本和短期资金共同提供，属于稳健型结构。

（五）本企业权益结构与同行业平均水平比较分析

在对资产负债表进行分析时，除了分析本企业相关的资产、负债及所有者权益的结构变动情况外，还需与本行业平均水平进行对比分析，其目的是对本企业在行业中的位置、状态进行比较和判断。

1. 计算医药制造业行业均值

康佳医疗所属行业（医药制造业）的行业均值计算步骤如下。

（1）进入 Power BI，连接“行业分类明细”和“资产负债表 2020”“利润表 2020”“现金流量表 2020”，按“证券代码”字段进行数据关联，如图 5-8 所示。

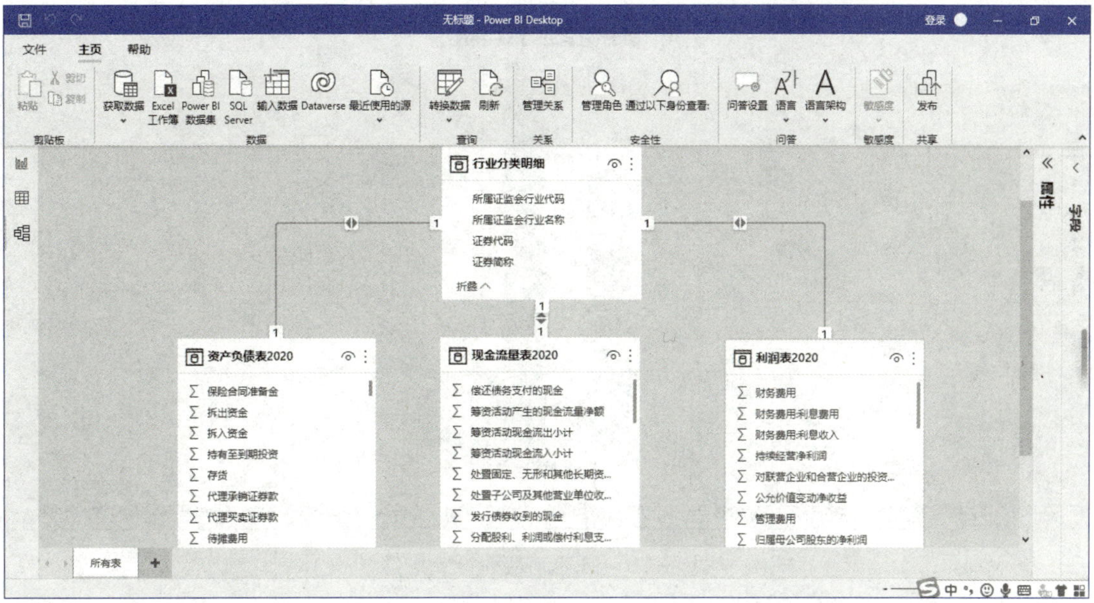

图 5-8　数据连接

（2）依次单击，“数据”|“资产负债表 2020”|“新建列”，添加计算字段，可按占权益总额比重排名前 5 的“实收资本或股本权益比重”“预收款项权益比重”“未分配利润权益比重”“应付账款权益比重”“盈余公积权益比重”等设置字段名，字段类型为“数字型”，并定义计算公式，如图 5-9 所示。

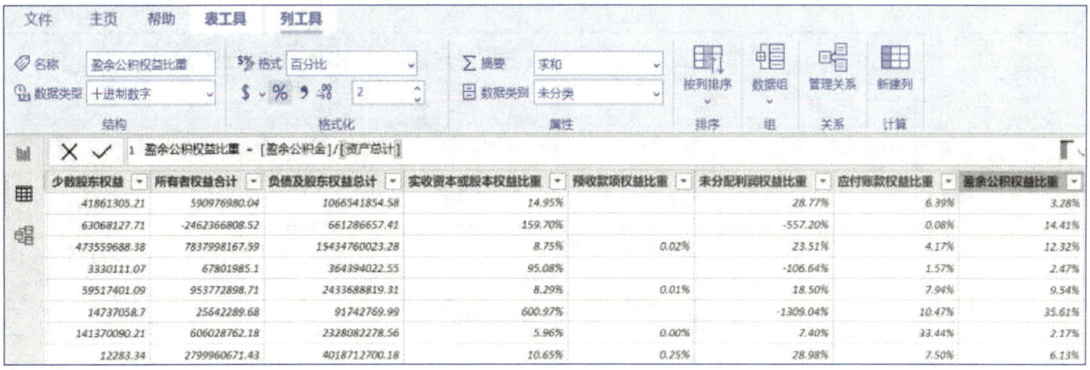

图 5-9　添加计算字段

（3）依次选择“报表”中的“可视化”，单击“表”图标，添加已经创建的数据集，将数据集中“所属证券行业名称”拖拽到表设置中的行分组，将“实收资本或股本权益比重”“预收款项权益比重”“未分配利润权益比重”“应付账款权益比重”“盈余公积权益比重”等字段拖拽到数值区，最终医药制造业行业均值如图 5-10 所示。

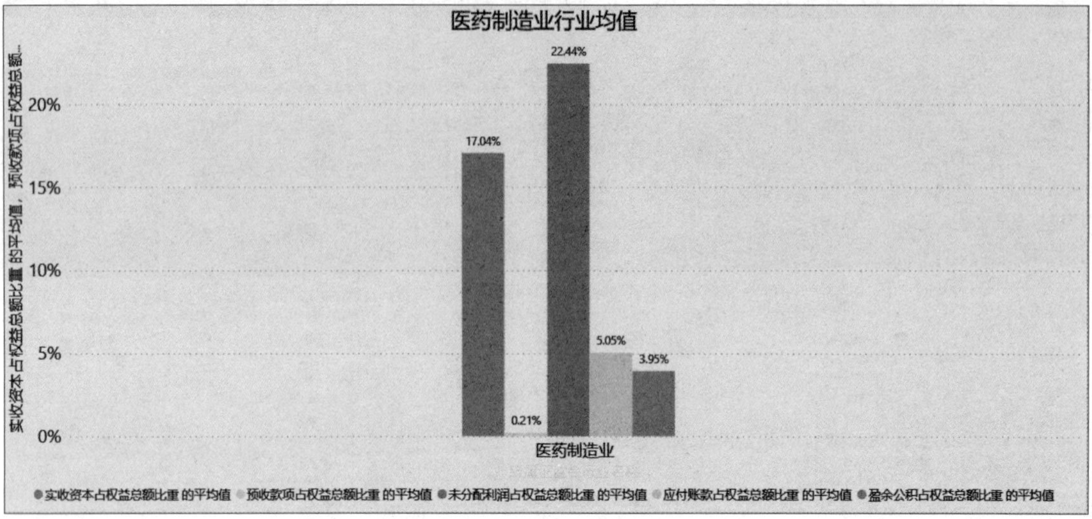

图 5-10　医药制造业行业均值

2. 本企业与行业比较分析

将计算的行业均值与本企业 2020 年占权益总额比重排名前 5 的权益项目，进行对比分析，如表 5-14 所示。

表 5-14　康佳医疗 2020 年占权益总额比重排名前 5 的权益项目与行业均值比较表

单位：万元

序号	权益项目	期末余额	占权益总额比重	本项目的行业均值	差异
1	实收资本（或股本）	692 726.97	26.32%	17.04%	9.28%
2	预收款项	652 385.73	24.79%	0.21%	24.58%
3	未分配利润	586 036.44	22.27%	22.44%	−0.17%
4	应付账款	329 640.77	12.53%	5.05%	7.48%
5	盈余公积	92 894.67	3.53%	3.95%	−0.42%

通过表 5-14 分析可知，康佳医疗 2020 年占权益总额比重排名前 5 的项目依次是实收资本（或股本）、预收款项、未分配利润、应付账款和盈余公积，各项目与行

业均值均存在一定程度的差异，差异最大的为预收款项，康佳医疗这一数值高于行业均值 24.58%，表明康佳医疗的预收款项在权益总额中的比重在同行业中处于较高的位置。

三、资产负债表趋势分析

资产负债表趋势分析，是通过较长（三年以上）时期的企业总资产及各项主要资产项目、总负债及各项主要负债项目、所有者权益各项目的变动趋势，评价预测企业未来财务状况变化及发展趋势。

根据康佳医疗近三年的资产负债表，获取相关的财务数据，对企业总资产进行趋势分析。具体操作步骤如下：

（1）计算 2018—2020 年的环比指数，并将计算结果填入表 5-15 中。计算公式（以 2020 年环比指数为例）为“2020 年环比指数 = 2020 年总资产 /2019 年总资产”，即用本年总资产除以上年总资产。

（2）以 2018 年作为基数，计算 2018—2020 年定基指数，并将部分计算结果填入表 5-15 中。计算公式（以 2020 年定基指数为例）为“2020 年定基指数 = 2020 年总资产 /2018 年总资产”，即用各年总资产除以 2018 年的总资产。

表5-15　总资产趋势分析

单位：万元

项目	2018 年	2019 年	2020 年
总资产	2 299 541.52	2 513 539.32	2 631 740.72
环比指数	—	109.31%	104.70%
定基指数	100.00%	109.31%	114.45%

从表 5-15 可看出，康佳医疗的总资产规模呈现逐年增长趋势，增长幅度相对比较稳定，表明康佳医疗近几年资产规模发展趋势良好，资产存量规模逐步扩大。

任务 5.1 测试

任务 5.2　利润表分析

【任务描述】

康佳医疗财务部为做好 2020 年度公司财务报表分析工作，需要对公司的利润表进行分析，财务部已准备 2018—2020 年的利润表，如表 5-16 所示。

表5-16　利　润　表

编制单位：北京康佳医疗股份有限公司　　　　单位：万元

项目	2020 年	2019 年	2018 年
一、营业收入	1 621 503.92	1 549 161.82	1 443 660.51
减：营业成本	908 606.91	889 271.17	859 922.19
税金及附加	25 944.06	23 815.07	22 000.73
销售费用	97 159.18	93 063.78	91 754.44
管理费用	87 630.37	93 036.81	97 469.69
研发费用	254 337.91	254 226.11	185 266.04
财务费用	149 387.52	122 383.11	92 885.86
其中：利息费用	146 163.83	111 300.42	90 725.01
利息收入			
加：其他收益	3 652.92	3 170.76	3 156.30
投资收益（损失以“–”号填列）	14 225.13	16 531.60	14 122.21
其中：对联营企业和合营企业的投资收益	10 273.02	12 422.48	10 303.78
以摊余成本计量的金融资产终止确认收益（损失以“–”号填列）			
净敞口套期收益（损失以“–”号填列）			
公允价值变动收益（损失以“–”号填列）	5 580.53	6 625.66	1 426.21
信用减值损失（损失以“–”号填列）			

续表

项目	2020年	2019年	2018年
资产减值损失（损失以“-”号填列）			-2 897.58
资产处置收益（损失以“-”号填列）	-821.11	41.88	51.80
二、营业利润（亏损以“-”号填列）	121 075.44	99 735.67	110 220.50
加：营业外收入	3 287.99	1 906.87	892.82
减：营业外支出	784.53	1 587.50	2 634.67
三、利润总额（亏损总额以“-”号填列）	123 578.90	100 055.04	108 478.65
减：所得税费用	71 906.83	69 902.49	78 022.15
四、净利润（净亏损以“-”号填列）	51 672.07	30 152.55	30 456.50
（一）持续经营净利润（净亏损以“-”号填列）	51 672.07	30 152.55	30 456.50
（二）终止经营净利润（净亏损以“-”号填列）			
五、其他综合收益的税后净额			
（一）不能重分类进损益的其他综合收益			
…			
（二）将重分类进损益的其他综合收益			
…			
六、综合收益总额	51 672.07	30 152.55	30 456.50
七、每股收益：			
（一）基本每股收益			
（二）稀释每股收益			

任务布置：

1. 运用数据分析平台，计算利润表各项目变动额及变动率，进行利润表各项目变动率分析

2. 运用数据分析平台，计算利润表结构变动，进行利润表结构变动情况分析

3. 根据历史数据，对企业利润表各项目进行对比分析，对营业收入项目、利润总额项目及净利润项目进行趋势分析

【相关知识】

利润表是反映企业在一定期间实现的经营成果的报表。它把企业一定时期的营业收入与同一期间相关的营业成本、费用进行配比，以计算一定时期的利润。

一、利润表分析的目的

通过利润表分析，财务分析者能够了解企业营业收入的完成情况，费用耗费情况，以及经营成果的实现情况；同时，通过利润表提供的不同时期的数据比较，可以分析企业的获利能力和未来利润发展趋势，掌握投入资本的增值情况。利润表分析的主要目的如下：

（一）正确评价企业经营业绩

由于利润受各环节和各方面因素的影响，因此通过不同环节和不同方面的利润分析，可准确说明各环节和各方面的业绩。例如，通过营业利润分析，不仅可以发现影响营业利润的主要因素以及影响程度，而且可以进一步分清是主观影响还是客观影响、是有利影响还是不利影响等，这对于准确评价各环节和各方面的业绩是十分必要的。

（二）发现企业经营管理中存在的问题

通过对利润表的分析可以发现企业在各个环节中存在的问题或不足，为进一步改进企业经营管理工作指明方向。这有利于促进企业全面改善经营管理水平，促使利润不断增长。

（三）为投资决策与信贷决策提供正确信息

企业的利益相关者都非常关注企业，尤其关心企业的利润。不仅企业的经营者如此，投资者和债权人也是如此。投资者的主要目的是实现既定风险条件下的投资报酬率最大化，债权人关心企业偿还债务的能力，这都涉及对企业获利能力的判断，而利润正是企业获利能力的一个重要指标。通过对企业利润的分析，可以揭示企业的经营潜力和发展前景，从而帮助企业做出正确的投资与信贷决策。此外，利润分析对于国家宏观管理部门研究企业对国家的贡献也具有重要意义。

二、利润表分析的内容

（一）利润表水平分析

利润表水平分析，是通过对各项利润表项目进行对比分析，计算利润表各项目的变动额及变动率，揭示企业利润表各项目的变动情况，进而帮助企业找出变动幅度比较大的项目，深入分析变动原因，帮助企业实现利润最大化。

（二）利润表垂直分析

利润表垂直分析，是通过将利润表各项目与营业收入进行对比，分析企业利润表各项目占营业收入的比重及比重变动情况，揭示企业利润表各项目与营业收入的关系，可以更好地帮助企业分析影响利润的主要因素，从而帮助企业探索增加利润的途径。

（三）利润表趋势分析

利润表趋势分析是将利润表内不同时期的项目进行对比，以了解企业目前的利润情况，也可以分析其发展趋势。若利润表中的主要项目出现异动，突然大幅度上下波动，各项目之间出现背离，或者出现恶化趋势，则表明企业在某些方面发生了重大变化，为判断企业未来的发展趋势提供了线索。

【任务实现】

本任务实现具体采用中联数据分析平台，也可使用Excel，在使用Excel时需使用ROUND函数，以确保小数位数相同。

一、利润表水平分析

（一）计算利润表各项目变动额及变动率

计算利润表各项目变动额及变动率的具体操作步骤如下：

（1）将康佳医疗 2018—2020 年利润表导入数据分析平台中。

（2）计算利润表各项目变动额。计算公式为“变动额 = 本期金额 − 上期金额”，如图 5-11 所示。

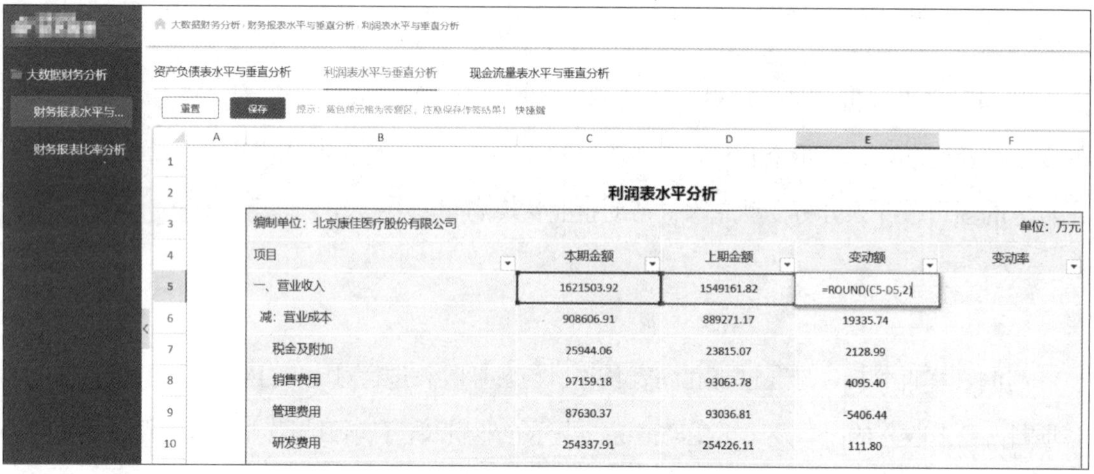

图 5-11　计算利润表各项目变动额

（3）计算利润表各项目变动率。计算公式为“变动率 = 变动额 / 上期金额”，如图 5-12 所示。

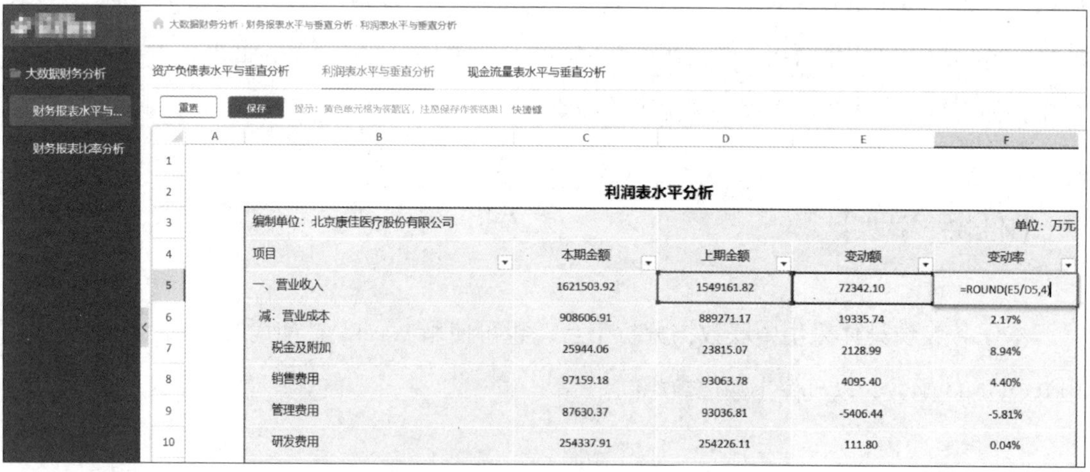

图 5-12　计算利润表各项目变动率

（二）利润表各项目变动率分析

通过利润表水平分析比较，并结合利润形成过程中的影响因素，观察营业利润、利润总额以及净利润的变动情况，评价企业在净利润形成过程中各环节的管理业绩，并通过水平变动的合理性评价揭露可能存在的问题。2020 年康佳医疗利润表水平分析表如表 5-17 所示。

表5-17　2020年康佳医疗利润表水平分析表

单位：万元

项目	本期金额	上期金额	变动额	变动率
一、营业收入	1 621 503.92	1 549 161.82	72 342.10	4.67%
减：营业成本	908 606.91	889 271.17	19 335.74	2.17%
税金及附加	25 944.06	23 815.07	2 128.99	8.94%
销售费用	97 159.18	93 063.78	4 095.40	4.40%
管理费用	87 630.37	93 036.81	−5 406.44	−5.81%
研发费用	254 337.91	254 226.11	111.80	0.04%
财务费用	149 387.52	122 383.11	27 004.41	22.07%
其中：利息费用	146 163.83	111 300.42	34 863.41	31.32%
利息收入				
加：其他收益	3 652.92	3 170.76	482.16	15.21%
投资收益（损失以“−”号填列）	14 225.13	16 531.60	−2 306.47	−13.95%
其中：对联营企业和合营企业的投资收益	10 273.02	12 422.48	−2 149.46	−17.30%
以摊余成本计量的金融资产终止确认收益（损失以“−”号填列）				
净敞口套期收益(损失以“−”号填列)				
公允价值变动收益（损失以“−”号填列）	5 580.53	6 625.66	−1 045.13	−15.77%
信用减值损失（损失以“−”号填列）				
资产减值损失（损失以“−”号填列）				

续表

项目	本期金额	上期金额	变动额	变动率
资产处置收益（损失以“–”号填列）	–821.11	41.88	–862.99	–2 060.63%
二、营业利润（亏损以“–”号填列）	121 075.44	99 735.67	21 339.77	21.40%
加：营业外收入	3 287.99	1 906.87	1 381.12	72.43%
减：营业外支出	784.53	1 587.50	–802.97	–50.58%
三、利润总额（亏损总额以“–”号填列）	123 578.90	100 055.04	23 523.86	23.51%
减：所得税费用	71 906.83	69 902.49	2 004.34	2.87%
四、净利润（净亏损以“–”号填列）	51 672.07	30 152.55	21 519.52	71.37%
（一）持续经营净利润（净亏损以“–”号填列）	51 672.07	30 152.55	21 519.52	71.37%
（二）终止经营净利润（净亏损以“–”号填列）				
五、其他综合收益的税后净额				
（一）不能重分类进损益的其他综合收益				
…				
（二）将重分类进损益的其他综合收益				
…				
六、综合收益总额	51 672.07	30 152.55	21 519.52	71.37%
七、每股收益：				
（一）基本每股收益				
（二）稀释每股收益				

通过表 5–17 可知，2020 年康佳医疗净利润为 51 672.07 万元，相比 2019 年，增长了 21 519.52 万元，增长率为 71.37%，增长幅度较大。与 2019 年相比，2020 年康佳医疗的营业收入、营业利润、利润总额、净利润都实现了增长，实现了较好的盈利。

（三）利润表重点类别和重点项目分析

通过利润表水平分析表，将利润表中会对利润总额产生影响的各项目按变动率绝对值由大到小进行排序，排名前 5 的项目及对应数值如表 5-18 所示。

表5-18　变动率按绝对值排名前5的利润表项目

单位：万元

项目	本期金额	上期金额	变动额	变动率
资产处置收益	−821.11	41.88	−862.99	−2 060.63%
营业外收入	3 287.99	1 906.87	1 381.12	72.43%
营业外支出	784.53	1 587.5	−802.97	−50.58%
财务费用	149 387.52	122 383.11	27 004.41	22.07%
公允价值变动收益	5 580.53	6 625.66	−1 045.13	−15.77%

注：排序时营业利润、利润总额、净利润、综合收益总额等项目不参与排序。

通过表 5-18 可知，康佳医疗利润表中会对利润总额产生影响的各项目按变动率绝对值由大到小进行排序，排名前 5 的项目依次是资产处置收益、营业外收入、营业外支出、财务费用和公允价值变动收益，其中财务费用较上年增加了 27 004.41 万元，比营业成本增长的金额还高，从而降低了营业利润的增长额度及增长幅度。资产处置收益和公允减值变动收益较上年均呈现不同程度的降低，也进一步降低了营业利润的增长额度及增长幅度。因此，康佳医疗应当从降低财务费用方面来进一步提高企业的利润。

二、利润表垂直分析

对利润表进行垂直分析，可以揭示各项利润及成本费用与收入的关系，以反映企业各环节的利润构成、利润及成本费用水平。

（一）计算利润表结构变动

（1）计算利润表各项目占营业收入的本期结构（上期结构）。计算公式为“本期结构（上期结构）= 各项目本期金额（上期金额）/ 本期（上期）营业收入金额”，如图 5-13 所示。

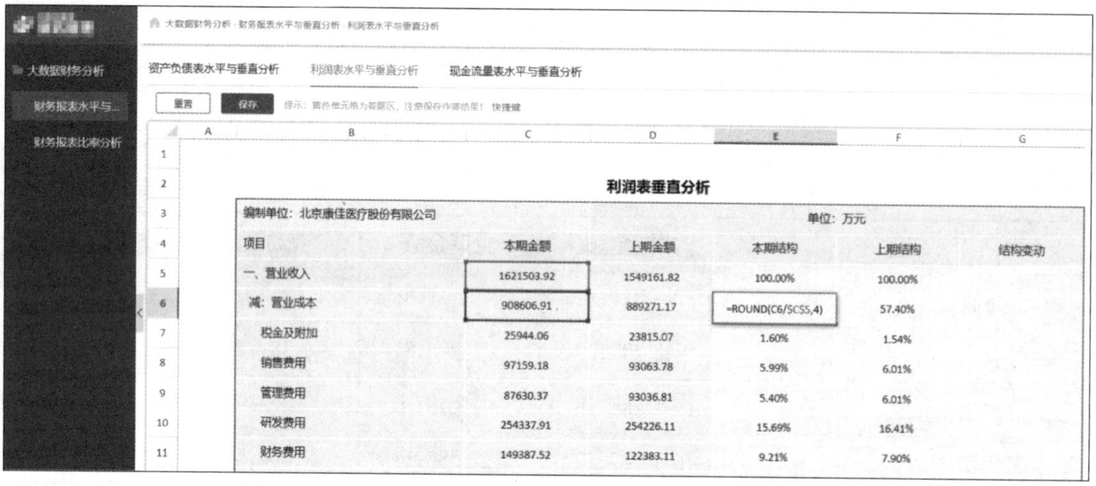

利润表垂直分析

编制单位：北京康佳医疗股份有限公司			单位：万元		
项目	本期金额	上期金额	本期结构	上期结构	结构变动
一、营业收入	1621503.92	1549161.82	100.00%	100.00%	
减：营业成本	908606.91	889271.17	=ROUND(C6/$C$5,4)	57.40%	
税金及附加	25944.06	23815.07	1.60%	1.54%	
销售费用	97159.18	93063.78	5.99%	6.01%	
管理费用	87630.37	93036.81	5.40%	6.01%	
研发费用	254337.91	254226.11	15.69%	16.41%	
财务费用	149387.52	122383.11	9.21%	7.90%	

图 5-13　计算利润表各项目本期结构和上期结构

（2）计算利润表各项目结构变动。计算公式为“结构变动 = 本期结构 − 上期结构”，如图 5-14 所示。

利润表垂直分析

编制单位：北京康佳医疗股份有限公司			单位：万元		
项目	本期金额	上期金额	本期结构	上期结构	结构变动
一、营业收入	1621503.92	1549161.82	100.00%	100.00%	0.00%
减：营业成本	908606.91	889271.17	56.03%	57.40%	=ROUND(E6-F6,4)
税金及附加	25944.06	23815.07	1.60%	1.54%	0.06%
销售费用	97159.18	93063.78	5.99%	6.01%	-0.02%
管理费用	87630.37	93036.81	5.40%	6.01%	-0.61%
研发费用	254337.91	254226.11	15.69%	16.41%	-0.72%
财务费用	149387.52	122383.11	9.21%	7.90%	1.31%

图 5-14　计算利润表各项目结构变动

（二）利润表结构变动情况分析

康佳医疗 2020 年利润表垂直分析表如表 5-19 所示。

表5-19　康佳医疗2020年利润表垂直分析表

单位：万元

项目	本期金额	上期金额	本期结构	上期结构	结构变动
一、营业收入	1 621 503.92	1 549 161.82	100.00%	100.00%	0.00%
减：营业成本	908 606.91	889 271.17	56.03%	57.40%	−1.37%
税金及附加	25 944.06	23 815.07	1.60%	1.54%	0.06%
销售费用	97 159.18	93 063.78	5.99%	6.01%	−0.02%
管理费用	87 630.37	93 036.81	5.40%	6.01%	−0.61%
研发费用	254 337.91	254 226.11	15.69%	16.41%	−0.72%
财务费用	149 387.52	122 383.11	9.21%	7.90%	1.31%
其中：利息费用	146 163.83	111 300.42	9.01%	7.18%	1.83%
利息收入					
加：其他收益	3 652.92	3 170.76	0.23%	0.20%	0.03%
投资收益（损失以“−”号填列）	14 225.13	16 531.6	0.88%	1.07%	−0.19%
其中：对联营企业和合营企业的投资收益	10 273.02	12 422.48	0.63%	0.80%	−0.17%
以摊余成本计量的金融资产终止确认收益（损失以“−”号填列）					
净敞口套期收益（损失以“−”号填列）					
公允价值变动收益（损失以“−”号填列）	5 580.53	6 625.66	0.34%	0.43%	−0.09%
信用减值损失（损失以“−”号填列）					
资产减值损失（损失以“−”号填列）					
资产处置收益（损失以“−”号填列）	−821.11	41.88	−0.05%	0.00%	−0.05%
二、营业利润（亏损以“−”号填列）	121 075.44	99 735.67	7.47%	6.44%	1.03%
加：营业外收入	3 287.99	1 906.87	0.20%	0.12%	0.08%

续表

项目	本期金额	上期金额	本期结构	上期结构	结构变动
减：营业外支出	784.53	1 587.5	0.05%	0.10%	-0.05%
三、利润总额（亏损总额以“-”号填列）	123 578.9	100 055.04	7.62%	6.46%	1.16%
减：所得税费用	71 906.83	69 902.49	4.43%	4.51%	-0.08%
四、净利润（净亏损以“-”号填列）	51 672.07	30 152.55	3.19%	1.95%	1.24%
（一）持续经营净利润（净亏损以“-”号填列）	51 672.07	30 152.55	3.19%	1.95%	1.24%
（二）终止经营净利润（净亏损以“-”号填列）					
五、其他综合收益的税后净额					
（一）不能重分类进损益的其他综合收益					
…					
（二）将重分类进损益的其他综合收益					
…					
六、综合收益总额	51 672.07	30 152.55	3.19%	1.95%	1.24%
七、每股收益：					
（一）基本每股收益					
（二）稀释每股收益					

从表 5-19 中可以看出，相比于 2019 年，2020 年康佳医疗营业成本占营业收入的比重下降了 1.37%，管理费用占营业收入的比重下降了 0.61%、研发费用占营业收入的比重下降了 0.72%，从而导致营业利润占营业收入的比重上升了 1.03%，利润总额占营业收入的比重上升了 1.16%，净利润占营业收入的比重上升了 1.24%。但公司财务费用占比上升了 1.31%，其中的利息费用占比更是上升了 1.83%。结合资产负债表分析可知，主要是由于企业增加了长期借款所致。因此公司可以进一步控制其负债规模以实现利润的进一步增长。

三、利润表趋势分析

利润表趋势分析，是根据企业连续几年或几个时期利润表的分析资料，运用指数计算，确定分析期各有关利润项目的变动情况，评价预测企业未来经营的发展趋势。

根据康佳医疗近三年的利润表，获取相关的财务数据，对企业营业收入、利润总额和净利润项目进行趋势分析。

具体操作步骤如下：

（1）计算 2018—2020 年的环比指数，并将计算结果填入表 5-20 中。计算公式（以 2020 年营业收入环比指数为例）为“2020 年环比指数 = 2020 年营业收入 / 2019 年营业收入”，即用本年营业收入除以上年营业收入。

（2）以 2018 年作为基数，计算 2018—2020 年定基指数，并将计算结果填入表 5-20 中。计算公式（以 2020 年营业收入定基指数为例）为“2020 年定基指数 = 2020 年营业收入 /2018 年营业收入”，即用各年营业收入除以 2018 年营业收入。

表 5-20　营业收入、利润总额及净利润项目趋势分析

单位：万元

项目	2018 年	2019 年	2020 年
营业收入	1 443 660.51	1 549 161.82	1 621 503.92
定基指数	100.00%	107.31%	112.32%
环比指数	—	107.31%	104.67%
利润总额	108 478.65	100 055.04	123 578.90
定基指数	100.00%	92.23%	113.92%
环比指数	—	92.23%	123.51%
净利润	30 456.50	30 152.55	51 672.07
定基指数	100.00%	99.00%	169.66%
环比指数	—	99.00%	171.37%

通过表 5-20 可以看出，康佳医疗营业收入近三年呈现逐年增长趋势；利润总额和净利润尽管近三年呈现先降后增的趋势，但总体来看，是增长趋势，表明公司发展趋势良好。

任务 5.2 测试

任务 5.3 现金流量表分析

【任务描述】

康佳医疗财务部为做好 2020 年公司财务报表分析工作，需要对公司的现金流量表进行分析，以便更好地提升企业的综合竞争力。财务部已准备 2018—2020 年的现金流量表，如表 5-21 所示。

表 5-21 现金流量表

编制单位：北京康佳医疗股份有限公司　　　　单位：万元

项目	2020 年	2019 年	2018 年
一、经营活动产生的现金流量：			
销售商品、提供劳务收到的现金	7 236 434.57	7 861 378.83	6 715 070.95
收到的税费返还	23 232.79	12 581.88	14 652.32
收到其他与经营活动有关的现金	3 467.12	5 109.75	3 319.48
经营活动现金流入小计	7 263 134.48	7 879 070.46	6 733 042.75
购买商品、接受劳务支付的现金	5 616 992.31	6 238 123.16	5 411 602.42
支付给职工以及为职工支付的现金	895 243.88	857 180.58	683 738.15
支付的各项税费	78 154.46	70 043.53	50 496.88
支付其他与经营活动有关的现金	93 671.26	60 807.79	48 189.80
经营活动现金流出小计	6 684 061.91	7 226 155.06	6 194 027.25
经营活动产生的现金流量净额	579 072.57	652 915.40	539 015.50
二、投资活动产生的现金流量：			

续表

项目	2020年	2019年	2018年
收回投资收到的现金	38 034.10	26 116.25	19 447.10
取得投资收益收到的现金	25 619.95	13 687.56	13 685.29
处置固定资产、无形资产和其他长期资产收回的现金净额	−821.11	41.88	51.80
处置子公司及其他营业单位收到的现金净额	939.69	752.33	258.41
收到其他与投资活动有关的现金	186.32	137.53	290.88
投资活动现金流入小计	63 958.95	40 735.55	33 733.48
购建固定资产、无形资产和其他长期资产支付的现金	86 248.98	88 224.14	81 130.38
投资支付的现金	482 200.47	486 150.73	211 350.00
取得子公司及其他营业单位支付的现金净额	5 328.05	4 989.21	6 303.78
支付其他与投资活动有关的现金	951.64	714.04	555.07
投资活动现金流出小计	574 729.14	580 078.12	299 339.23
投资活动产生的现金流量净额	−510 770.19	−539 342.57	−265 605.75
三、筹资活动产生的现金流量：			
吸收投资收到的现金		137 412.75	
取得借款收到的现金	4 871.49	2 726.77	5 580.13
收到其他与筹资活动有关的现金	287.11	365.89	921.64
筹资活动现金流入小计	5 158.60	140 505.41	6 501.77
偿还债务支付的现金	96 249.90	71 503.52	15 020.00
分配股利、利润或偿付利息支付的现金	6 102.38	6 894.16	
支付其他与筹资活动有关的现金	3 921.25	4 255.04	3 552.69
筹资活动现金流出小计	106 273.53	82 652.72	18 572.69
筹资活动产生的现金流量净额	−101 114.93	57 852.69	−12 070.92
四、汇率变动对现金及现金等价物的影响			8 186.03
五、现金及现金等价物净增加额	−32 812.55	171 425.52	269 524.86
加：期初现金及现金等价物余额	686 786.88	515 361.36	245 836.50
六、期末现金及现金等价物余额	653 974.33	686 786.88	515 361.36

任务布置：

1. 运用数据分析平台，计算现金流量表各项目变动额及变动率，进行现金流量表各项目变动率分析，深入分析现金流量表中收入和支出情况

2. 运用数据分析平台，进行现金流入结构分析和现金流出结构分析

3. 运用数据分析平台，对经营活动产生的现金流量净额、投资活动产生的现金流量净额、筹资活动产生的现金流量净额和现金及现金等价物净增加额项目进行趋势分析

【相关知识】

现金流量表是企业对外报送的三大会计报表之一，是以收付实现制为基础编制的，反映企业一定会计期间内有关现金和现金等价物流入和流出信息的一张动态报表，表明企业获得现金和现金等价物的能力。

一、现金流量表分析的目的

现金流量表分析的目的可以归纳为以下几个方面。

（一）分析企业现金变动情况及变动原因

资产负债表中货币资金项目反映了企业一定时期现金变动的结果，是静态的现金存量。而通过分析现金流量表，可以了解企业现金从哪里取得，现金将用于哪些方面，能从动态上了解现金的变动情况，并揭示现金变动的原因。

（二）判断企业获取现金的能力

财务分析者将现金流量表反映的经营活动现金流量与利润表、资产负债表结合起来分析，可以对企业通过经营活动产生现金的能力做出判断。

（三）评价企业盈利质量

利润是按权责发生制计算的，用于反映当期的财务成果。因为利润含有公司管

理层大量的主观判断，容易被操纵，所以利润不代表企业真正实现的收益。账面上的利润满足不了企业的资金需要，盈利企业仍然有可能发生财务危机。高质量的盈利必须有相应的现金流入做保证，这就是企业更重视现金流量的原因之一。分析现金流量表有助于发现企业真实的现金流量，从而评估企业的盈利质量，以防被盈余管理甚至是利润操纵所迷惑。

二、现金流量表分析内容

现金流量表中的经营活动、筹资活动和投资活动产生的现金流量是我们研究的重点。在每项活动中，现金流量表又将现金的流入与流出明显区分开来。

（一）经营活动产生的现金流量

经营活动是指公司投资活动和筹资活动以外的所有交易和事项。公司随着经营活动的开展将会产生经营活动的现金流入量和经营活动的现金流出量。经营活动产生的现金流量包括：购销商品、提供和接受劳务、经营性租赁、缴纳税款、支付劳动报酬、支付经营费用等活动形成的现金流入和流出。在权责发生制下，这些流入或流出的现金，其对应收入和费用的归属期不一定是本会计年度，但一定是在本会计年度收到或付出的。由于商业信用的存在，营业收入与现金流入可能存在较大差异，能否真正实现收益，还取决于公司的收现能力。了解经营活动产生的现金流量，有助于分析公司的收现能力，从而全面评价其经济活动成效。

（二）投资活动产生的现金流量

投资活动产生的现金流量包括：收回投资本金、投资收益分得股利或利润、处置固定资产、无形资产和其他长期资产收回的现金净额、购置固定资产、无形资产和其他长期资产支付的现金、权益性投资所支付的现金等。其中，投资收益分得股利或利润而流入的现金，是以实际收到为准，而不是以权益归属或取得收款权为准。这与利润表中确认投资收益的标准不同。

公司投资活动中发生的各项现金流出，往往反映其为拓展经营所做的努力，可以从中大致了解公司的投资方向，一家公司从经营活动、筹资活动中获得现金是为今后发展创造条件。现金不流出，是不能为公司带来经济效益的。投资活动一般较少发生一次性大量的现金流入，而发生大量现金流出，导致投资活动现金流量净额出现负数往往是正常的，这是为公司的长远利益以及以后能有较高的盈利水平和稳定的现金流入打基础的。当然错误的投资决策也会导致事与愿违。所以公司会尽量要求投资的项目能如期产生经济效益和现金流入。

（三）筹资活动产生的现金流量

筹资活动是指导致公司资本及债务构成和规模发生变化的活动，包括权益性的筹资和债务性的筹资事项。筹资活动产生的现金流量包括：吸收投资、发行股票、分配利润、发行债券、向银行贷款、偿还债务等收到和付出的现金。其中，“偿还债务支付的现金”项目反映公司用现金支付的全部借款利息、债券利息，而不管借款的用途如何，利息的开支渠道如何，不仅包括计入损益的利息支出，而且还包括计入在建工程的利息支出。因此该项目比利润表中的财务费用能更全面地反映公司偿付利息的负担。

【任务实现】

本任务实现具体采用中联数据分析平台，也可使用 Excel，在使用 Excel 时需使用 ROUND 函数，以确保有效小数位数相同。

一、现金流量表水平分析

（一）计算现金流量表各项目变动额及变动率

（1）将康佳医疗 2018—2020 年现金流量表导入数据分析平台中。

（2）计算现金流量表各项目变动额。计算公式为“变动额 = 本期金额 − 上期金额”，如图 5−15 所示。

（3）计算现金流量表各项目变动率。计算公式为“变动率 = 变动额 / 上期金额”，如图 5−16 所示。

图 5-15 计算现金流量表各项目变动额

图 5-16 计算现金流量表各项目变动率

（二）现金流量表各项目变动率分析

康佳医疗 2020 年现金流量表水平分析表如表 5-22 所示。

表5-22　康佳医疗2020年现金流量表水平分析表

单位：万元

项目	本期金额	上期金额	变动额	变动率
一、经营活动产生的现金流量：				
销售商品、提供劳务收到的现金	7 236 434.57	7 861 378.83	−624 944.26	−7.95%
收到的税费返还	23 232.79	12 581.88	10 650.91	84.65%
收到其他与经营活动有关的现金	3 467.12	5 109.75	−1 642.63	−32.15%
经营活动现金流入小计	7 263 134.48	7 879 070.46	−615 935.98	−7.82%
购买商品、接受劳务支付的现金	5 616 992.31	6 238 123.16	−621 130.85	−9.96%
支付给职工以及为职工支付的现金	895 243.88	857 180.58	38 063.30	4.44%
支付的各项税费	78 154.46	70 043.53	8 110.93	11.58%
支付其他与经营活动有关的现金	93 671.26	60 807.79	32 863.47	54.04%
经营活动现金流出小计	6 684 061.91	7 226 155.06	−542 093.15	−7.50%
经营活动产生的现金流量净额	579 072.57	652 915.40	−73 842.83	−11.31%
二、投资活动产生的现金流量：				
收回投资收到的现金	38 034.10	26 116.25	11 917.85	45.63%
取得投资收益收到的现金	25 619.95	13 687.56	11 932.39	87.18%
处置固定资产、无形资产和其他长期资产收回的现金净额	−821.11	41.88	−862.99	−2 060.63%
处置子公司及其他营业单位收到的现金净额	939.69	752.33	187.36	24.90%
收到其他与投资活动有关的现金	186.32	137.53	48.79	35.48%
投资活动现金流入小计	63 958.95	40 735.55	23 223.40	57.01%
购建固定资产、无形资产和其他长期资产支付的现金	86 248.98	88 224.14	−1 975.16	−2.24%
投资支付的现金	482 200.47	486 150.73	−3 950.26	−0.81%
取得子公司及其他营业单位支付的现金净额	5 328.05	4 989.21	338.84	6.79%
支付其他与投资活动有关的现金	951.64	714.04	237.60	33.28%
投资活动现金流出小计	574 729.14	580 078.12	−5 348.98	−0.92%
投资活动产生的现金流量净额	−510 770.19	−539 342.57	28 572.38	5.30%

续表

项目	本期金额	上期金额	变动额	变动率
三、筹资活动产生的现金流量：				
吸收投资收到的现金		137 412.75	−137 412.75	−100.00%
取得借款收到的现金	4 871.49	2 726.77	2 144.72	78.65%
收到其他与筹资活动有关的现金	287.11	365.89	−78.78	−21.53%
筹资活动现金流入小计	5 158.60	140 505.41	−135 346.81	−96.33%
偿还债务支付的现金	96 249.90	71 503.52	24 746.38	34.61%
分配股利、利润或偿付利息支付的现金	6 102.38	6 894.16	−791.78	−11.48%
支付其他与筹资活动有关的现金	3 921.25	4 255.04	−333.79	−7.84%
筹资活动现金流出小计	106 273.53	82 652.72	23 620.81	28.58%
筹资活动产生的现金流量净额	−101 114.93	57 852.69	−158 967.62	−274.78%
四、汇率变动对现金及现金等价物的影响				
五、现金及现金等价物净增加额	−32 812.55	171 425.52	−204 238.07	−119.14%
加：期初现金及现金等价物余额	686 786.88	515 361.36	171 425.52	33.26%
六、期末现金及现金等价物余额	653 974.33	686 786.88	−32 812.55	−4.78%

从表 5−22 可以看出，康佳医疗 2020 年现金及现金等价物净增加额比 2019 年降低了 204 238.07 万元，降低率为 119.14%。经营活动、筹资活动产生的现金流量净额较上年分别减少了 73 842.83 万元、158 967.62 万元，降低率分别为 11.31% 和 274.78%，投资活动产生的现金流量净额比上年增长了 28 572.38 万元，增长率 5.30%，表明康佳医疗 2020 年获取现金的能力有所下降。

二、现金流量表垂直分析

现金流量表垂直分析，又称为现金流量表结构分析。公司取得的现金来自哪些方面，用在哪些地方，其现金余额是由哪些现金流构成的，各占总量的百分比为多少，就是现金流量的垂直分析（结构百分比分析）。通过现金流入结构分析，可以了解企业的现金是从哪里取得的，应采用何种措施增加现金等；通过现金流出结构分析，可以了解企业现金流出的原因，以及企业偿债能力和支付能力。具体操作如下。

（一）现金流入结构分析

（1）计算各现金流入项目占现金总流入比重。计算公式为“本期占总流入比重 = 本期金额 / 现金总流入”，如图 5-17 所示。

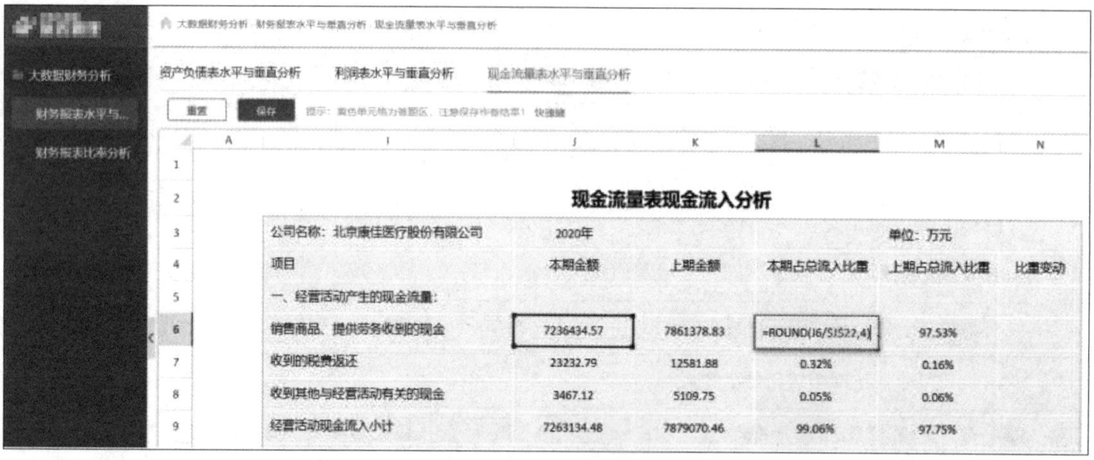

图 5-17　各现金流入项目占现金总流入比重

（2）计算各现金流入项目占现金总流入比重变动。计算公式为“比重变动 = 本期占总流入比重 - 上期占总流入比重”，如图 5-18 所示。

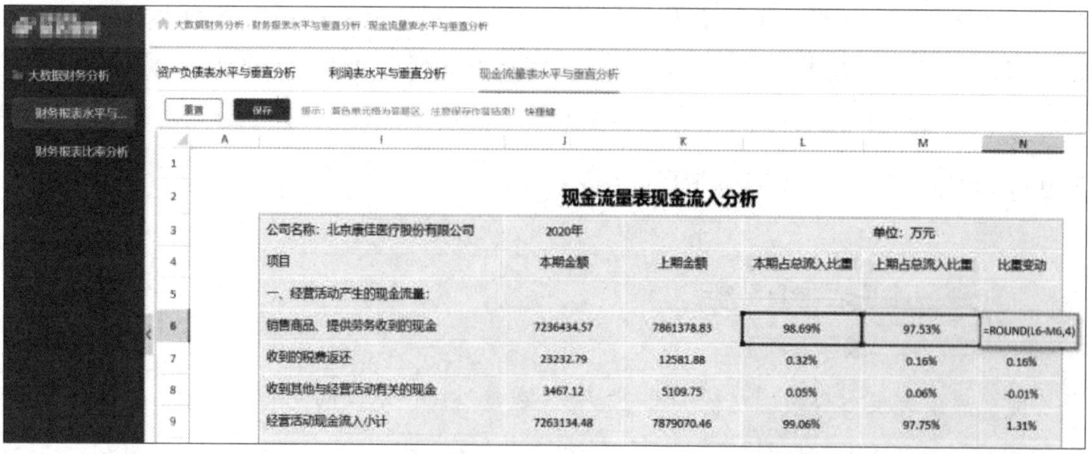

图 5-18　各现金流入项目占现金总流入比重变动

（3）康佳医疗 2020 年现金流入结构分析表如表 5-23 所示。

表5-23　康佳医疗2020年现金流入结构分析表

项目	本期金额	上期金额	本期占总流入比重	上期占总流入比重	比重变动
一、经营活动产生的现金流量：					
销售商品、提供劳务收到的现金	7 236 434.57	7 861 378.83	98.69%	97.53%	1.16%
收到的税费返还	23 232.79	12 581.88	0.32%	0.16%	0.16%
收到其他与经营活动有关的现金	3 467.12	5 109.75	0.05%	0.06%	−0.01%
经营活动现金流入小计	7 263 134.48	7 879 070.46	99.06%	97.75%	1.31%
二、投资活动产生的现金流量：					
收回投资收到的现金	38 034.10	26 116.25	0.52%	0.32%	0.20%
取得投资收益收到的现金	25 619.95	13 687.56	0.35%	0.17%	0.18%
处置固定资产、无形资产和其他长期资产收回的现金净额	−821.11	41.88	−0.01%	0.00%	−0.01%
处置子公司及其他营业单位收到的现金净额	939.69	752.33	0.01%	0.01%	0.00%
收到其他与投资活动有关的现金	186.32	137.53	0.00%	0.00%	0.00%
投资活动现金流入小计	63 958.95	40 735.55	0.87%	0.51%	0.36%
三、筹资活动产生的现金流量：					
吸收投资收到的现金	0.00	137 412.75	0.00%	1.70%	−1.70%
取得借款收到的现金	4 871.49	2 726.77	0.07%	0.03%	0.04%
收到其他与筹资活动有关的现金	287.11	365.89	0.00%	0.00%	0.00%
筹资活动现金流入小计	5 158.60	140 505.41	0.07%	1.74%	−1.67%
现金总流入	7 332 252.03	8 060 311.42	100.00%	100.00%	0.00%

从表5-23中可以看出，康佳医疗2020年现金总流入为7 332 252.03万元，其中经营活动现金流入为7 263 134.48万元，占现金总流入量的比重为99.06%，投资活动现金流入和筹资活动现金流入分别为63 958.95万元、5 158.6万元，占现金总流入的比重分别为0.87%和0.07%，可见企业的现金流入主要是经营活动产生的，经营活

动取得现金的主要方式是销售商品、提供劳务收到的现金，由此反映出康佳医疗的经营正常。

（二）现金流出结构分析

（1）计算各现金流出项目占现金总流出比重。计算公式为“本期占总流出比重 = 本期金额 / 现金总流出”，如图 5-19 所示。

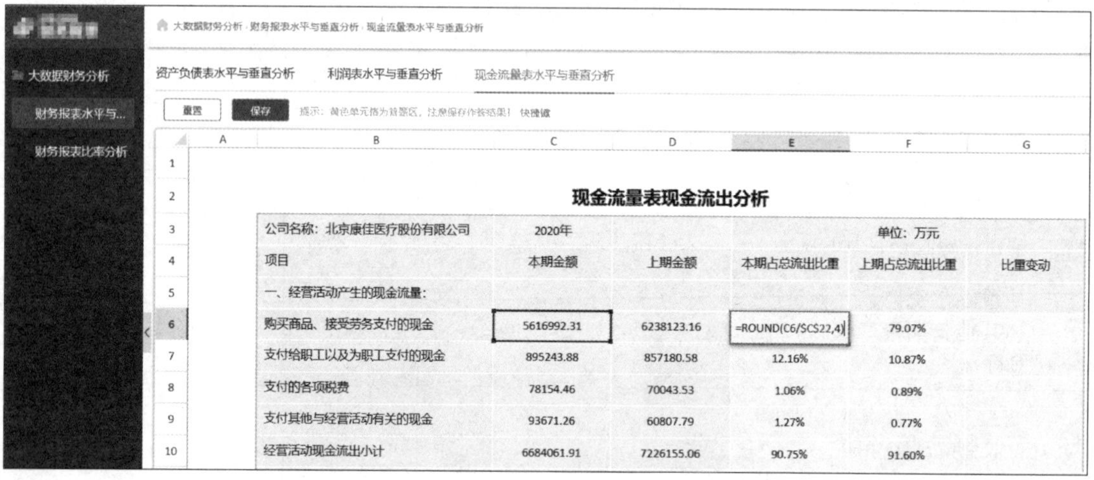

	A	B	C	D	E	F	G
3		公司名称：北京康佳医疗股份有限公司	2020年			单位：万元	
4		项目	本期金额	上期金额	本期占总流出比重	上期占总流出比重	比重变动
5		一、经营活动产生的现金流量：					
6		购买商品、接受劳务支付的现金	5616992.31	6238123.16	=ROUND(C6/$C$22,4)	79.07%	
7		支付给职工以及为职工支付的现金	895243.88	857180.58	12.16%	10.87%	
8		支付的各项税费	78154.46	70043.53	1.06%	0.89%	
9		支付其他与经营活动有关的现金	93671.26	60807.79	1.27%	0.77%	
10		经营活动现金流出小计	6684061.91	7226155.06	90.75%	91.60%	

图 5-19　各现金流出项目占现金总流出结构

（2）计算各现金流出项目占现金总流出比重变动。计算公式为“比重变动 = 本期占总流出比重 - 上期占总流出比重”，如图 5-20 所示。

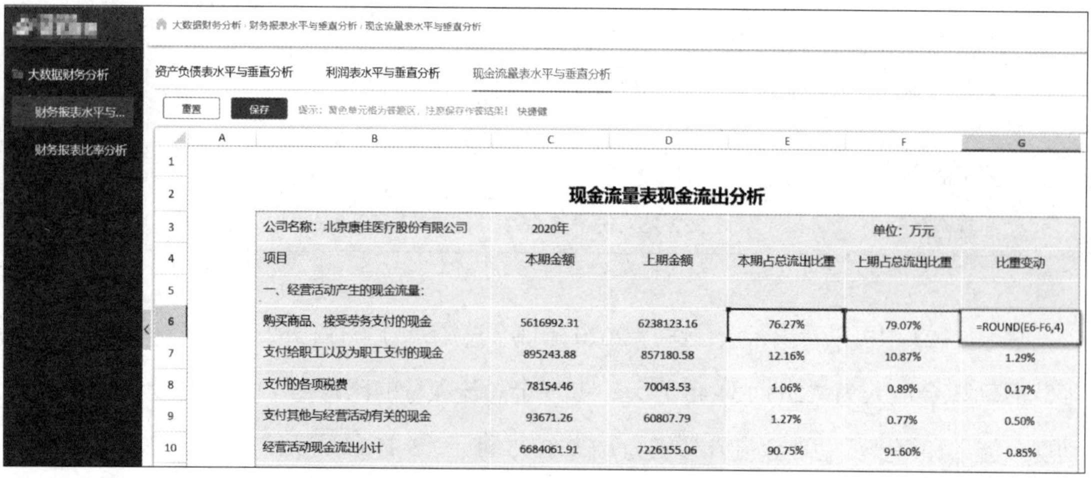

	A	B	C	D	E	F	G
3		公司名称：北京康佳医疗股份有限公司	2020年			单位：万元	
4		项目	本期金额	上期金额	本期占总流出比重	上期占总流出比重	比重变动
5		一、经营活动产生的现金流量：					
6		购买商品、接受劳务支付的现金	5616992.31	6238123.16	76.27%	79.07%	=ROUND(E6-F6,4)
7		支付给职工以及为职工支付的现金	895243.88	857180.58	12.16%	10.87%	1.29%
8		支付的各项税费	78154.46	70043.53	1.06%	0.89%	0.17%
9		支付其他与经营活动有关的现金	93671.26	60807.79	1.27%	0.77%	0.50%
10		经营活动现金流出小计	6684061.91	7226155.06	90.75%	91.60%	-0.85%

图 5-20　现金流出项目占现金总流出比重变动

（3）康佳医疗 2020 年现金流出结构分析表如表 5-24 所示。

表 5-24　康佳医疗 2020 年现金流出结构分析表

项目	本期金额	上期金额	本期占总流出比重	上期占总流出比重	比重变动
一、经营活动产生的现金流量：					
购买商品、接受劳务支付的现金	5 616 992.31	6 238 123.16	76.27%	79.07%	−2.80%
支付给职工以及为职工支付的现金	895 243.88	857 180.58	12.16%	10.87%	1.29%
支付的各项税费	78 154.46	70 043.53	1.06%	0.89%	0.17%
支付其他与经营活动有关的现金	93 671.26	60 807.79	1.27%	0.77%	0.50%
经营活动现金流出小计	6 684 061.91	7 226 155.06	90.75%	91.60%	−0.85%
二、投资活动产生的现金流量：					
购建固定资产、无形资产和其他长期资产支付的现金	86 248.98	88 224.14	1.17%	1.12%	0.05%
投资支付的现金	482 200.47	486 150.73	6.55%	6.16%	0.39%
取得子公司及其他营业单位支付的现金净额	5 328.05	4 989.21	0.07%	0.06%	0.01%
支付其他与投资活动有关的现金	951.64	714.04	0.01%	0.01%	0.00%
投资活动现金流出小计	574 729.14	580 078.12	7.80%	7.35%	0.45%
三、筹资活动产生的现金流量：					
偿还债务支付的现金	96 249.90	71 503.52	1.31%	0.91%	0.40%
分配股利、利润或偿付利息支付的现金	6 102.38	6 894.16	0.08%	0.09%	−0.01%
支付其他与筹资活动有关的现金	3 921.25	4 255.04	0.05%	0.05%	0.00%
筹资活动现金流出小计	106 273.53	82 652.72	1.44%	1.05%	0.39%
现金总流出	7 365 064.58	7 888 885.90	100.00%	100.00%	0.00%

从表 5-24 中可以看出，康佳医疗 2020 年现金总流出为 7 365 064.58 万元，其中经营活动现金流出 6 684 061.91 万元，占现金总流出的比重为 90.75%，投资活动现

金流出和筹资活动现金流出占现金总流出的比重分别为 7.80% 和 1.44%，可见在现金总流出中经营活动现金流出所占的比重最大，其次是投资活动现金流出，第三为筹资活动的现金流出。在现金流出结构中购买商品、接受劳务支付的现金和支付给职工以及为职工支付的现金占比最大，分别为 76.27% 和 12.16%，说明企业的现金流出主要用于企业的经营活动中。

三、现金流量表趋势分析

现金流量表趋势分析，是通过连续多年时期的历史资料，对企业各项活动的现金流量进行指数计算，分析其变动趋势，评价和预测企业未来现金流入、现金流出的变动状况及发展趋势。

根据康佳医疗近五年的现金流量表数据，对经营活动产生的现金流量净额、投资活动产生的现金流量净额、筹资活动产生的现金流量净额和现金及现金等价物净增加额项目进行趋势分析。具体操作步骤如下：

（1）计算 2018—2020 年的环比指数，并将计算结果填入表 5-26 中。计算公式（以 2020 年经营活动现金流量净额环比指数为例）为“2020 年环比指数 = 2020 年经营活动现金流量净额 /2019 年经营活动现金流量净额”，即用本年经营活动现金流量净额除以上年经营活动现金流量净额。

（2）以 2018 年作为基数，计算 2018—2020 年定基指数，并将计算结果填入表 5-25 中。计算公式（以 2020 年经营活动现金流量净额定基指数为例）为：“2020 年定基指数 = 2020 年经营活动现金流量净额 /2018 年经营活动现金流量净额”，即用各年经营活动现金流量净额除以 2018 年经营活动现金流量净额。

表 5-25　现金流量表趋势分析

单位：万元

项目	2018 年	2019 年	2020 年
经营活动现金流量净额	539 015.50	652 915.40	579 072.57
定基指数	100.00%	121.13%	107.43%
环比指数	—	121.13%	88.69%

续表

项目	2018 年	2019 年	2020 年
投资活动现金流量净额	−265 605.75	−539 342.57	−510 770.19
定基指数	100.00%	203.06%	192.30%
环比指数	—	203.06%	94.70%
筹资活动现金流量净额	−12 070.92	57 852.69	−101 114.93
定基指数	100.00%	−479.27%	837.67%
环比指数	—	−479.27%	−174.78%
现金及现金等价物净增加额	269 524.86	171 425.52	−32 812.55
定基指数	100.00%	63.60%	−12.17%
环比指数	—	63.60%	−19.14%

从表 5−25 可看出，康佳医疗 2018 年和 2019 年的现金及现金等价物净增加额均为正数，而 2020 年为负数，相对于 2018 年，2020 年现金及现金等价物净增加额项目的定基指数为 −12.17%；相对于 2019 年，2020 年现金及现金等价物净增加额项目的环比指数为 −19.14%，表明康佳医疗的现金及现金等价物净增加额呈现变差趋势。

进一步分析，从经营活动产生的现金流量净额近三年的趋势来看，近三年的经营活动现金流量净额均大于零，且呈现增长趋势，表明企业经营活动现金流量的稳定性和再生性较好，自我适应能力较强，经营活动现金存量充足；但 2020 年投资活动产生的现金流量净额相比于 2018 年增加了 192.30%，从而导致公司产生了大量的现金流出；并且筹资活动产生的现金流量净额除 2019 年外，每年也均呈现出净流出现象，2020 年的净流出量相比于 2018 年更是增长了 837.67%，从而导致了康佳医疗的现金及现金等价物净增加额呈现变差趋势。

任务5.3测试

大赛直通车

1. 赛项名称及竞赛模块

业财税融合大数据应用赛项——基于数字场景的管理业财税融合与大数据应用模块。

2. 赛项组别

高等职业教育。

3. 竞赛内容

根据给定的企业和行业资产负债表、利润表、现金流量表等财务数据，利用大数据分析平台对企业财务报表进行水平分析、垂直分析或趋势分析，并根据上述分析结果对重点项目进行分析。

4. 竞赛要求

该部分内容对应模块为第三模块（团队赛）中的财务大数据分析内容，各参赛队由分析业务岗根据给定的企业和有关同行业上市公司资产负债表、利润表、现金流量表等财务数据，通过计算相关报表项目的变动额、变动率，各资产负债表项目占资产总额的比重及比重变动，各利润表项目占营业收入的比重及比重变动，各现金流入项目占现金总流入的比重及比重变动，各现金流出项目占现金总流出的比重及比重变动等指标，筛选出重点项目进行深入分析。

5. 相关评分标准及解析

（1）相关评分标准。

通过计算资产负债表项目绝对数变动的差额、变动率及差额对总额的影响，对资产规模变动情况、权益规模变动情况进行分析；通过计算各资产负债表项目占资产总额的比重及比重变动，流动资产项目占流动资产总额的比重及比重变动等情况对资产、负债和所有者权益结构进行分析；通过计算近几年各资产负债表项目的环比指数或定基指数，对资产、负债或所有者权益规模的发展趋势进行分析预测。

通过计算利润表主要项目的变动额、变动率以及该项目变动率对应的同行业均值，对企业的变动情况进行分析，并分析与行业均值的差异；通过计算对利润总额产生影响的各项目的变动率，找出变动幅度较大的项目，分析影响利润总额的主要因素及对利润总额的影响；通过计算各利润表项目占营业收入的比重及比重变动，找出占比较大或比重变动较大的项目，分析企业增加利润的途径。

通过计算各现金流入项目占现金总流入的比重及比重变动、现金流出项目占现金总流出的比重及比重变动，对现金的流入流出结构进行分析，并分析经营活动、筹资活动及投资活动中变化较大的项目，对企业的重点现金流入及流出项目进行深入分析，开源节流，提升企业的现金质量。

（2）评分标准解析。

资产负债表分析的成绩评定包括资产负债表变动幅度排名前 n 的资产项目及对应绝对数变动的差额、变动率、差额对总额的影响，变动幅度排名前 n 的负债及所有者权益项目对应的绝对数变动的差额、变动率及差额对总额的影响，各流动资产项目占流动资产总额的比重及比重变动，各所有者权益项目占所有者权益总额的比重及比重变动等，并根据相关分析挑选出表述正确或错误的选项。

利润表分析的成绩评定包括利润表变动幅度排名前 n 的利润表项目及对应变动额、变动率以及变动率的同行业均值，对利润总额产生影响的项目变动率排名前 n 的项目及对应的变动额、变动率，销售费用或研发费用明细分析等，并根据相关分析挑选出表述正确或错误的选项。

现金流量表分析的成绩评定包括各现金流入项目占现金总流入比重排名前 n 的项目及对应数值，各现金流出项目占现金总流出项目的比重排名前 n 的项目及对应数值，经营活动、筹资活动和投资活动现金流量项目中变动幅度排名前 n 的项目及对应数值，并根据相关分析挑选出表述正确或错误的选项。

单元学习评价

按照表 5–26 企业财务报表分析学习评价表的考核内容，分别评价各项内容的完成度并计算得分，按考核项目的权重计算本单元的总分。

表5-26　企业财务报表分析学习评价表

考核项目	权重/%	考核内容	分值	得分
知识	30	按时完成资产负债表分析的目的与内容、财务报表分析的基本方法相关知识的阅读或听讲	30	
		按时完成利润表分析的目的与内容相关知识的阅读或听讲	10	
		按时完成现金流量表分析的目的与内容相关知识的阅读或听讲	10	
		积极参与本单元规定的资产负债表分析、利润表分析和现金流量表分析的讨论与交流活动	10	
		正确完成本单元规定的资产负债表分析、利润表分析和现金流量表分析的线上、线下测试与作业	40	
技能	50	完成资产负债表水平分析、垂直分析和趋势分析	35	
		完成利润表水平分析、垂直分析和趋势分析	35	
		完成现金流量表水平分析、垂直分析和趋势分析	30	
素养	20	完成本单元规定的职业素养基本要求	50	
		结合本单元实例，完成培养坚持系统观念、强化责任意识等职业素养的讨论或撰写心得感悟短文	50	
总体评价			100	

单元6

企业财务指标分析

学习目标

知识目标

◆ 理解企业偿债能力、营运能力、盈利能力和发展能力的基本概念和主要影响因素；

◆ 掌握企业偿债能力、营运能力、盈利能力和发展能力的主要财务指标和计算方法；

◆ 理解衡量企业综合能力的杜邦财务分析体系和沃尔比重评分法。

技能目标

◆ 能够利用典型数据分析工具，熟练进行企业的偿债能力、营运能力、盈利能力、发展能力指标计算，能够在同类企业中遴选标杆企业并计算行业偿债能力、营运能力、盈利能力、发展能力指标均值，并实现对比分析；

◆ 能够对企业进行综合能力分析，并实现数据可视化呈现；

◆ 能够对企业行业竞争力进行分析，并实现数据可视化呈现。

素养目标

◆ 通过财务指标的分析，培养辩证思维，能以发展的眼光寻找事物发展变化进程中的运动规律；

◆ 坚持守正创新，紧跟时代步伐，顺应实践发展，以新的理论指导新的实践。

思维导图

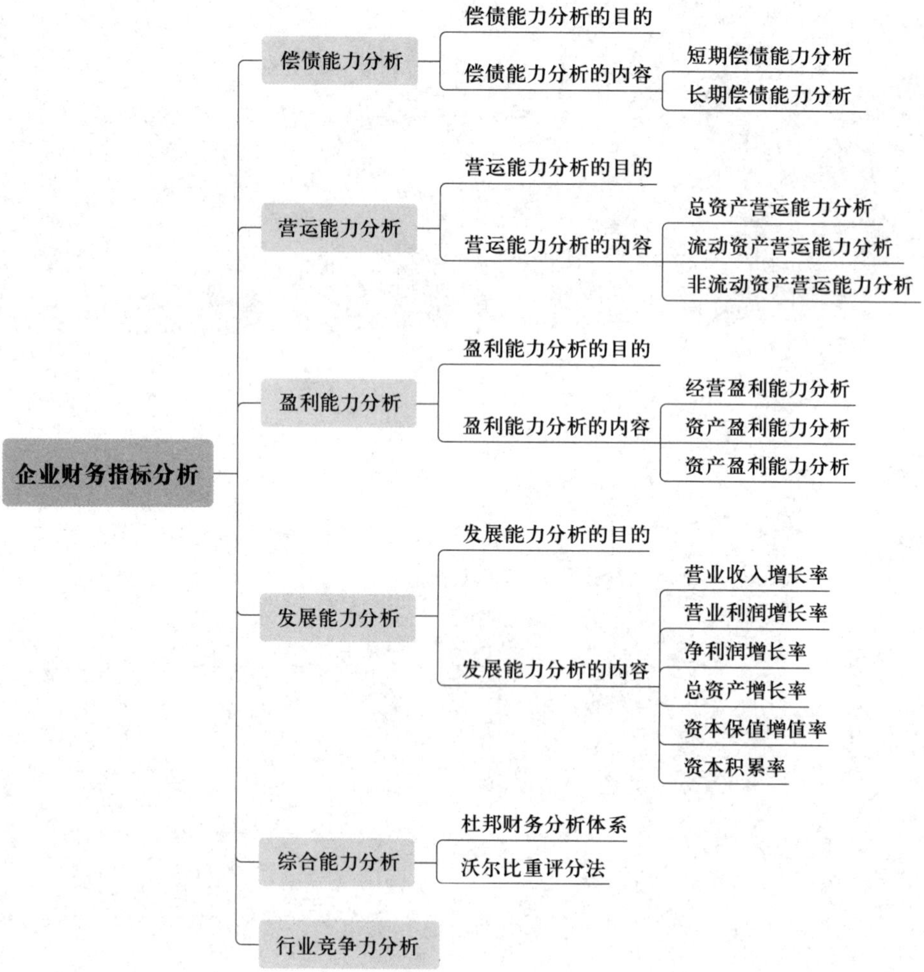

职业素养提升

树立辩证思维，坚持守正创新

辩证思维是反映和符合客观事物辩证发展过程及其规律性的思维。作为财务工作者，我们在进行偿债能力、盈利能力以及综合能力等分析时要树立辩证思维，坚持普遍联系地而不是孤立地、永恒发展而不是静止地观察某一指标的高低，分析指标内外部各种因素之间的相互联系和作用，以发展的眼光寻找财务指标发展变化进程中的运动规律。

唯创新者进，唯创新者强，唯创新者胜。党的二十大报告指出“实践没有止境，理论创新也没有止境。”作为财务工作者，在进行财务指标分析时要坚持守正创新，在沿用长期使用的科学方法的基础上，紧跟时代步伐，顺应实践发展，通过引进大数据分析方法，不断充实和完善企业财务分析指标体系，要以科学的态度对待科学、以真理的精神追求真理，不断拓展财务指标认识的广度和深度，以新的理论指导新的实践。

任务 6.1 偿债能力分析

【任务描述】

康佳医疗财务部为准备公司年度工作会议材料，需要对公司的偿债能力进行分析，并通过跟同行业均值和标杆企业对比，找出自身在行业中的位置，以及与标杆企业的差距，从而更好地提升公司的偿债能力，并最终提升企业的综合竞争力。

财务部已准备 2018—2020 年的资产负债表，2018—2020 年 A 股部分上市公司财务报表数据。

任务布置：

1. 从速动比率、流动比率、权益乘数（采用期末数）和资产负债率四个方面对 2018—2020 年康佳医疗的偿债能力进行趋势分析

2. 将偿债能力指标值与行业均值和标杆企业指标值进行对比分析，并进行可视化呈现

3. 根据计算结果，对康佳医疗的偿债能力进行分析

【相关知识】

偿债能力是指企业清偿到期债务的现金保障程度，即企业偿还全部到期债务的

现金保证程度，包括短期偿债能力分析和长期偿债能力分析。

一、偿债能力分析的目的

企业管理者、投资者、债权人等通过偿债能力分析，可以了解企业的财务状况，了解企业所承担的财务风险程度。偿债能力的强弱涉及企业不同利益主体的切身利益，不同利益主体对企业偿债能力进行分析具有不同的意义。

（一）有利于债权人判断其债权收回的保证程度

对企业的债权人而言，偿债能力分析的主要目的是判断其自身债权的收回保证程度，即确认企业能否按期还本付息。因此，债权人希望融资结构中的股东权益比重越大越好。

（二）有利于股东判断投入资本的保全程度

企业股东是企业最终风险的承担者，企业的资产只有先偿还债务后，剩余部分才归股东所有，股东十分关心其投入资本能否保全。对企业股东而言，偿债能力分析的重要目的是判断自身承担的最终风险与可能获得的财务杠杆利益，以确定投资决策。

（三）有利于经营者优化融资结构和降低融资成本

优化融资结构，表现为吸收更多的主权资本，提高企业承担财务风险的能力。股东权益作为企业对外清偿债务、承担风险的后盾，是企业保持良好财务形象的基础，只有保持良好的财务形象，企业才能获得源源不断的投资和贷款。企业在提高承担财务风险能力的同时，还应考虑融资效益，即通过偿债能力分析，确定和保持最佳融资结构，尽量降低企业融资成本。

（四）有利于政府有关机构进行宏观经济管理

政府有关机构为保证经济协调运转，维护市场秩序，通常会对企业的经营和理财活动制定各种规则，其中，一些规则就与企业的融资结构相关。政府有关机构对企业的偿债能力进行分析，目的就是判断企业是否可以进入有限制的领域进行经营或财务运作。

二、偿债能力分析的内容

（一）短期偿债能力分析

短期偿债能力是指企业用流动资产偿还流动负债的现金保障程度。对短期偿债能力分析主要侧重于研究企业流动资产与流动负债的关系，以及资产变现速度的快慢。反映企业短期偿债能力的财务指标主要有：营运资本、流动比率、速动比率、现金比率、现金流动负债比率和现金到期债务比率等。

1. 营运资本

营运资本是指流动资产超过流动负债的部分。营运资本是用于计算企业短期偿债能力的绝对指标。企业能否偿还短期债务，要看有多少债务，以及有多少可以变现用于偿债的流动资产等。

营运资本的计算公式为：

营运资本＝流动资产－流动负债

＝(总资产－非流动资产)－(总资产－股东权益－非流动负债)

＝(股东权益＋非流动负债)－非流动资产

＝长期资本－长期资产

营运资本为正数，表明长期资本大于长期资产，超出部分可以用于补充流动资产。营运资本的数额越大，则说明企业财务状况越稳定。简而言之，全部流动资产都由营运资本提供资金来源，则说明企业没有任何偿债压力。

营运资本为负数，表明长期资本小于长期资产，有部分长期资产需要由流动负债提供资金来源。因为流动负债需要在1年内偿还，而长期资产在1年内不能变现，所以营运资本为负数说明企业偿债所需现金不足，必须设法另外筹资，企业财务状况很不稳定。

营运资本为零，即流动资产与流动负债相等。因为债务的到期与流动资产的形成，并不一定同步、同量，所以营运资本为零并不足以保证企业的偿债能力。企业必须保持流动资产大于流动负债，保证有一定数额的营运资本作为缓冲，以防止长期资产占用长期资本。

2. 流动比率

流动比率是流动资产与流动负债的比率。它用于衡量企业资产流动性的大小，是判断企业短期债务偿还能力最通用的比率。

流动比率的计算公式为：

$$流动比率=\frac{流动资产}{流动负债}$$

流动比率假设全部流动资产都可以用于偿还短期债务，它表明企业每1元流动负债有多少流动资产作为偿还的保障，反映企业可在短期内转变为现金的流动资产偿还到期流动负债的能力。

流动比率是相对数，排除了企业规模不同的影响，更适合同行业内的比较以及本企业不同历史时期的比较。

因为流动比率的计算简单，所以应用广泛。一般情况下，流动比率越高，反映企业短期偿债能力越强；从债权人角度看，流动比率越高，表明流动资产超过流动负债的营运资本也越多，一旦企业面临清算，则具有大量的营运资本作为缓冲，可以减少资产变现的损失，并确保债权人的债务得以足额清偿。

3. 速动比率

速动比率是速动资产与流动负债的比率，用于衡量企业流动资产中可以立即用于偿付流动负债的能力。

速动比率的计算公式为：

$$速动比率=\frac{速动资产}{流动负债}$$

其中：　　速动资产＝流动资产－存货－一年内到期的非流动资产

构成流动资产的各个项目的流动性有很大的差别。其中的货币资金、交易性金融资产、应收账款和预付款项等，可以在较短的时间内变现，称之为速动资产。其他的流动资产，包括存货和一年内到期的非流动资产等，称之为非速动资产。

与流动比率一样，不同行业的速动比率有很大的差别。例如，采用大量现金销售的商店，几乎没有应收账款，速动比率大大低于1是正常的。相反，一些应收账款较多的企业，速动比率可能要大于1。

4. 现金比率

速动资产中，流动性最强、可直接用于偿债的资产被称为现金资产。现金资产包括货币资金、交易性金融资产等。它们与其他速动资产的区别在于其本身是可以直接偿付债务的资产，而无须再转换为现金还债。

现金比率的计算公式为：

$$现金比率 = \frac{现金资产}{流动负债}$$

现金比率是最直接、最稳健的短期偿债能力衡量指标，它反映企业随时还债的能力。现金比率过低，说明企业即期偿付债务存在困难；现金比率过高，说明企业可立即用于偿付债务的现金资产较多，偿还即期债务的能力较强。

需要说明的是，现金比率不应过高。现金比率过高，表明企业通过负债方式所筹集的流动资金没有得到充分利用，企业失去投资获利的机会大，所以并不鼓励企业保留过多的现金资产。因此，现金比率应根据企业具体情况保持在一个合理的限度内。一般认为该比率应在 20% 左右，在这一水平上，企业直接偿付流动负债的能力不会有太大的问题。

5. 现金流动负债比率

现金流动负债比率是企业一定时期内经营现金净流量同年末流动负债的比率，它可以从现金流量角度来反映企业当期偿付短期负债的能力。

现金流动负债比率的计算公式为：

$$现金流动负债比率 = \frac{经营现金净流量}{年末流动负债}$$

该指标从现金流入和流出的动态角度对企业的实际偿债能力进行考查，反映本期经营活动所产生的现金净流量足以抵付流动负债的倍数。

由于净利润与经营活动产生的现金净流量有可能背离，有利润的年份不一定有足够的现金（含现金等价物）来偿还债务，所以利用以收付实现制为基础计量的现金流动负债比率指标，能充分体现企业经营活动所产生的现金净流量，可以在多大程度上保证当期流动负债的偿还，直观地反映出企业偿还流动负债的实际能力。

一般该指标大于 1，表示企业流动负债的偿还有可靠保证。该指标越大，表明企业经营活动产生的现金净流量越多，越能保障企业按期偿还到期债务，但也并不是越大越好，该指标过大则表明企业流动资金利用不充分，获利能力不强。

6. 现金到期债务比率

现金到期债务比率是企业经营现金净流量与本期到期的债务的比率。它反映了企业可用现金流量偿付到期债务的能力。

现金到期债务比率的计算公式为：

$$现金到期债务比率=\frac{经营现金净流量}{本期到期的债务}$$

企业本期到期的长期负债和本期应付票据是不能延期的，到期必须如数偿还。通常，企业设置的该比率标准值为 1.5。该比率越高，企业资金流动性越好，企业到期偿还债务的能力就越强。

7. 影响短期偿债能力的表外因素

上述短期偿债能力指标，都是根据财务报表中资料计算的。还有一些表外因素也会影响企业的短期偿债能力，甚至影响相当大。财务报表使用者应尽可能了解这方面的信息，有利于做出正确的判断。

（1）在实务中，增强短期偿债能力的表外因素主要有：

① 可动用的银行贷款指标；

② 准备很快变现的非流动资产；

③ 企业偿债能力的声誉。

（2）降低短期偿债能力的表外因素主要有：

① 未做记录的或有负债，如未决诉讼中企业可能败诉，但并没有预计的损失；

② 由于对外提供担保，可能引发的连带责任，如与担保有关的或有负债，如果它的数额较大并且可能发生，就应在评价偿债能力时给予关注；

③ 建造合同、长期资产购置合同中的分阶段付款，这也是一种承诺，应视同需要偿还的债务。

（二）长期偿债能力分析

长期偿债能力是企业偿还长期债务的现金保障程度。企业的长期债务是指偿还期在 1 年或超过 1 年的在一个营业周期以上的负债，包括长期借款、应付债券、长期应付款等。分析一个企业的长期偿债能力，主要是为了确定该企业偿还债务本金和支付债务利息的能力。在资产负债表分析中，衡量长期偿债能力的指标主要有资产负债率、产权比率、已获利息倍数、现金流量利息保障倍数、有形资产净值债务率等。

1. 资产负债率

资产负债率是总负债与总资产的比例关系，用于衡量企业利用债权人资金进行财务活动的能力，以及在清算时企业资产对债权人权益的保障程度。

资产负债率的计算公式为：

$$资产负债率=\frac{总负债}{总资产}\times 100\%$$

资产负债率是衡量企业负债水平及风险程度的重要标准。该指标不论对企业投资者还是企业债权人都十分重要，适度的资产负债率既能表明企业投资者、债权人的投资风险较小，又能表明企业经营的安全、稳健和有效，具有较强的筹资能力。

一般认为，资产负债率的适宜水平是 40%~60%，比较保守的经验判断一般为不高于 50%，国际上一般认为 60% 比较好。如果企业的资产负债率小于 40%，在企业盈利时，可以通过适度举债用以建设新的经营项目，或者进行新产品的推广，以获取额外的利润，但前提是新的项目要确保盈利，增强企业的获利能力。

如果资产负债率在 70% 以上，则是一种不好的信号，企业应该加强财务风险控制。

当然，在企业管理实践中，难以简单用资产负债率的高或低来判断企业负债状况的优劣，因为过高的资产负债率表明企业财务风险太大，过低的资产负债率则表明企业对财务杠杆利用不够。所以，在实际分析时，应结合国家总体经济状况、行业发展趋势、企业所处竞争环境等具体条件进行客观判定。

2. 产权比率

产权比率是负债总额与股东权益总额之间的比率，它反映投资者对债权人的保障程度，用于衡量企业的风险程度和对债务的偿还能力。

产权比率的计算公式为：

$$产权比率=\frac{负债总额}{股东权益总额}$$

产权比率越高，企业所存在的风险就越大，长期偿债能力就越弱。不管企业盈利情况如何，企业必须履行支付利息和偿还本金的义务和责任。产权比率越低，表明企业的长期偿债能力越强，债权人承担的风险越小，债权人也就愿意向企业增加借款。

如果认为资产负债率应当在40%～60%，则意味着产权比率应当维持在0.7～1.5。一般认为，该指标值在1左右比较理想。

3. 已获利息倍数

已获利息倍数是指上市公司息税前利润总额相对于所需支付的债务利息的倍数，其可用来分析公司在一定盈利水平下支付债务利息的能力。

已获利息倍数的计算公式为：

$$已获利息倍数=\frac{息税前利润总额}{利息支出}$$

其中：

$$息税前利润总额=净利润+利息费用+所得税费用$$

$$利息支出=财务费用中的利息支出+资本化利息$$

一般情况下，已获利息倍数越高，企业长期偿债能力越强。国际上通常认为，该指标为3时较为适当，从长期来看至少应大于1。

4. 现金流量利息保障倍数

现金流量利息保障倍数是指经营现金净流量相对于利息支出的倍数。

现金流量利息保障倍数的计算公式为：

$$现金流量利息保障倍数=\frac{经营现金净流量}{利息支出}$$

该比率表明1元的利息费用有多少倍的经营现金净流量作为保障。该比率比以利润为基础计算的利息保障倍数更可靠，因为实际用以支付利息的是现金，而非利润。

5. 有形资产净值债务率

有形资产净值债务率是负债总额与有形资产净值的比率，用来反映企业在清算时债权人投入资本受到股东权益的保护程度，用于衡量企业的风险程度和对债务的偿还能力。

有形资产净值是从净资产中扣除无形资产、开发支出、商誉、长期待摊费用等后的资产净值。该指标实际上是一个更保守、更谨慎的产权比率。

有形资产净值债务率的计算公式为：

$$有形资产净值债务率 = \frac{负债总额}{有形资产净值} \times 100\%$$

该指标越大，表明企业对债权人的保障程度越低，企业风险越大，长期偿债能力越弱；反之，表明企业风险越小，长期偿债能力越强。

6. 影响长期偿债能力的其他因素

在资产负债表分析中，除以上指标可以洞悉企业的长期偿债能力外，还有一些其他影响因素在分析时也应一并考虑。主要包括以下因素。

（1）长期资产。将长期资产作为偿还长期债务的资产保障时，长期资产的计价和摊销方法对长期偿债能力的影响很大。例如固定资产的市场价值最能反映资产偿债能力。事实上，报表中固定资产的价值绝大多数是采用历史成本计量的，即使恰当地提取了资产减值准备，也不一定能够反映资产的市场价值，因而不一定能够反映资产的偿债能力。

（2）长期租赁。当企业急需某种设备或厂房而又缺乏足够的资金时，可以通过租赁的方式解决。财产租赁的形式包括融资租赁和经营租赁，融资租赁形成的负债大多会反映于资产负债表，而经营租赁形成的负债则没有反映于资产负债表。因此，如果企业经常发生经营租赁业务，应考虑租赁费用对偿债能力的影响。

（3）债务担保。债务担保项目的时间长短不一，有的涉及企业的长期负债，有的涉及企业的流动负债。在分析企业长期偿债能力时，应根据有关资料判断担保责任带来的潜在长期负债问题。

（4）未决诉讼和未决仲裁。未决诉讼和未决仲裁是指企业涉及尚未判决的诉讼案件、原告提出有赔偿要求的待决事项。如果胜诉，企业将不负有任何责任；但若企业败诉，则负有支付原告提出的赔偿要求的责任。未决诉讼一旦判决败诉，便会影响企业的偿债能力，因此在评价企业长期偿债能力时要考虑其潜在影响。

7. 权益乘数

权益乘数是指资产相对于股东权益的倍数，一般用来衡量企业的财务风险，表示企业的债务程度。权益乘数越大，说明股东投入的资本在资产总额中所占的比重越小，企业负债程度也越高。

权益乘数的计算公式为：

$$权益乘数=\frac{平均总资产}{平均股东权益}$$

权益乘数越大，代表公司向外融资的财务杠杆倍数也就越大，公司将承担较大的风险。但是，若公司营运状况刚好处于向上趋势中，较高的权益乘数反而可以创造更高的公司获利，通过提高公司的股东权益报酬率，对公司的股票价值产生正面影响。

【任务实现】

本任务实现采用的是 Power BI 数据分析工具或中联数据分析平台，为方便学生操作，中联数据分析平台已将基础数据导入平台中。本单元其他任务相同。

一、偿债能力分析的可视化呈现

（一）选择数据源与数据连接

根据任务要求，首先需要将“行业分类、明细”“资产负债表 2020”“利润表 2020”“资产负债表 2019”“利润表 2019”五个数据源上传至 Power BI。具体操作步骤如下：

（1）启动 Power BI Desktop。

（2）单击“获取数据”。

（3）单击“Excel 工作簿”图标，选择需要上传的数据源类型。

（4）导航器页面左侧勾选需要添加的数据，右侧即会出现预览数据；单击“加载”按钮，完成添加数据。

（5）选中“行业分类明细”中的“证券简称”字段，将其拖拽至“资产负债表 2020”中的“证券简称”字段，即可完成“资产负债表 2020”与“行业分类明细”数据连接操作，采取同样的方式完成将“利润表 2020”“资产负债表 2019”“利润表 2019”与“行业分类明细”的数据连接，如图 6-1 所示。

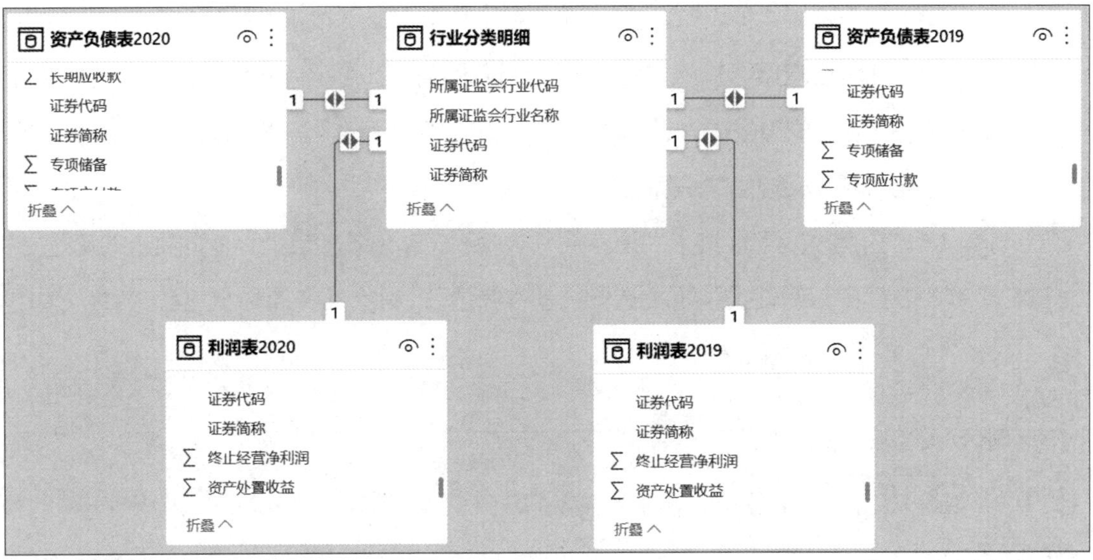

图 6–1 数据连接

（二）添加财务指标计算字段与过滤规则

（1）单击左侧“数据”，进入表工具工作区域。

（2）单击“新建列”，添加“速动比率”计算字段，在格式框中，下拉选择“百分比”。采取相同的方法添加“流动比率”“资产负债率”“权益乘数”计算字段，如图 6–2 所示。

图 6–2 添加计算字段

（3）单击左侧“报表”，进入主页，单击“筛选器”按钮，展开“筛选器”窗口。

（4）在字段搜索框输入“所属证监会行业名称”，将该字段拖拽至“所有页面上的筛选器”下方的方框中，筛选类型下拉选择“基本筛选”，在下方搜索框中输入“医药制造业”，单击选择“医药制造业”。

（5）在字段搜索框输入“证券简称”，将该字段拖拽至“所有页面上的筛选器”下方的方框中，筛选类型下拉选择“基本筛选”，剔除证券简称中包含“*ST”和包含“U”的企业，如图 6-3 所示。

图 6-3　添加筛选规则

（三）偿债能力分析可视化呈现

（1）标题设置。单击“文本框”，在文本框中输入“康佳医疗偿债能力分析可视化展示”标题，居中对齐。

（2）财务指标可视化图形设计。由于医药制造业行业均值、标杆企业财务指标和康佳医疗财务指标可视化图形设计方法类似，因此本任务接下来以“医药制造业流动比率平均数”为例进行可视化图形设计。单击“堆积柱状图”，在字段搜索框中输入“所属证监会行业名称”，将该字段拖拽至 X 轴下方框，之后继续在字段搜索框中输入“流动比率”，并将该字段拖拽至 Y 轴下方框中，下拉选择“平均值”。

（3）单击“设置视觉对象格式”，在“视觉对象”下打开“数据标签”按钮，如图 6-4 所示。

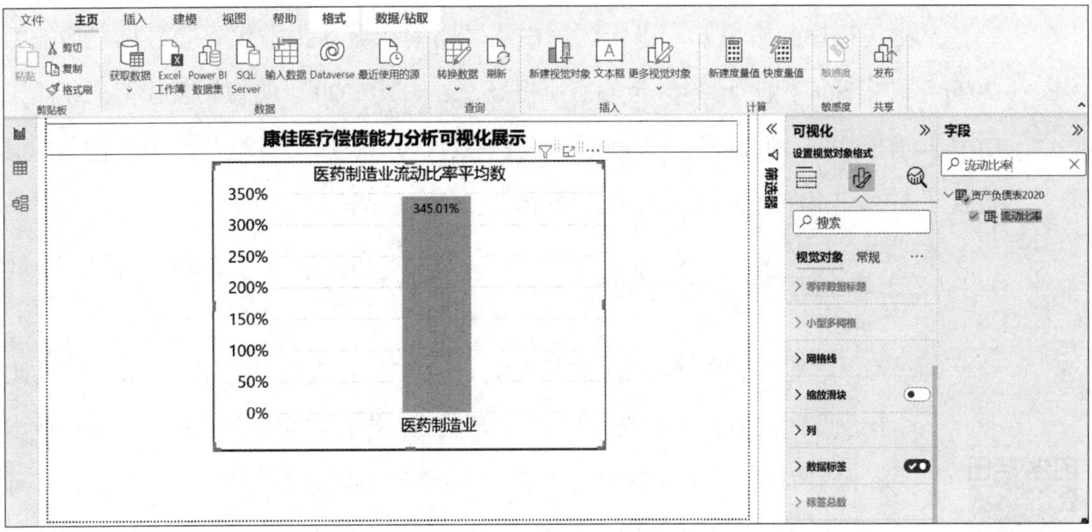

图 6-4 “医药制造业流动比率平均数”可视化图形设计

（4）采取同样的方法对医药制造业其他偿债能力指标平均值、标杆企业偿债能力指标值和康佳医疗偿债能力指标值进行可视化图形设计，如图 6-5 所示。

数据分析平台偿债能力分析可视化操作

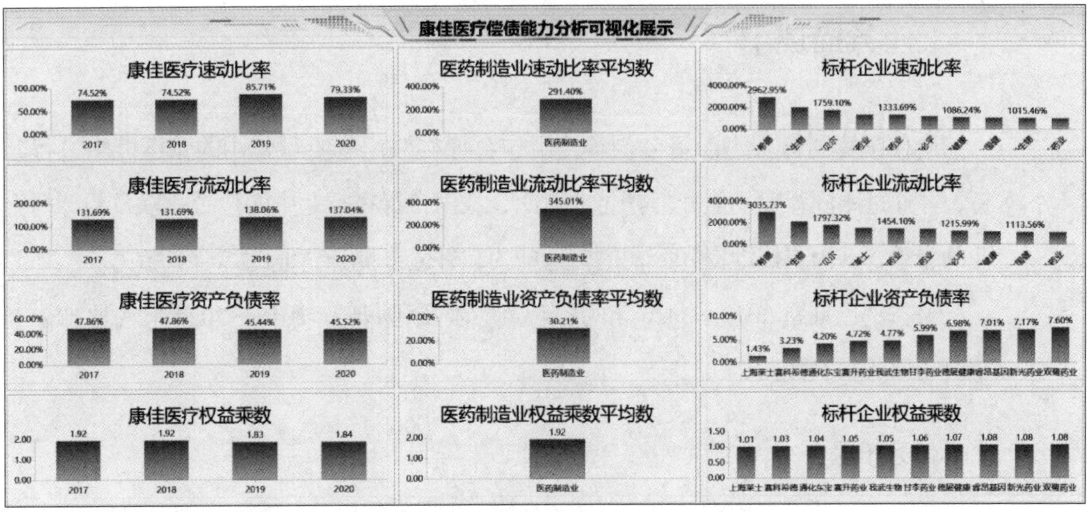

图 6-5 偿债能力分析可视化展示大屏

二、偿债能力分析

（一）本企业偿债能力分析

从上述指标分析可知，康佳医疗由速动比率和流动比率代表的短期偿债能力2020年的指标值相比于2018年均有所提高，表明其2020年的短期偿债能力相比于2018年有所增强；而由资产负债率和权益乘数代表的长期偿债能力2020年的指标值相比于2018年均有所降低，表明长期偿债能力也有所增强。

（二）本企业与行业对比分析

通过与同行业均值和标杆企业对比分析，康佳医疗2020年的速动比率和流动比率远低于同行业均值和标杆企业，表明康佳医疗的短期偿债能力在同行业中处于落后位置，仍有较大提升空间；而资产负债率也高于同行业均值，并且远高于同行业标杆企业，表明其长期偿债能力在同行业中也是处于落后位置，需要引起管理人员的注意，进一步采取措施提高企业的偿债能力。

任务6.1测试

任务6.2　营运能力分析

【任务描述】

康佳医疗财务部为准备公司年度工作会议材料，需要对公司的营运能力进行分析，并通过跟同行业均值和标杆企业对比，找出自身在行业中的位置，以及与标杆企业的差距，从而更好地提升公司的营运能力，并最终提升企业的综合竞争力。

财务部已准备2018—2020年的资产负债表及利润表，2018—2020年A股部分上市公司财务报表数据。

任务布置：

1. 从总资产周转率、固定资产周转率、应收账款周转率、存货周转率和流动资

产周转率五个指标对2018—2020年康佳医疗的营运能力进行趋势分析

2. 将营运能力指标值与行业均值和标杆企业指标值进行对比分析，并进行可视化呈现

3. 根据计算结果，对康佳医疗的营运能力进行分析

【相关知识】

一、营运能力分析的目的

营运能力主要指企业营运资产的效率与效益。企业营运资产的效率主要指资产的周转率或周转速度。企业营运资产的效益通常是指企业的产出额与资产占用额之间的比率。企业营运能力分析就是要通过对反映企业资产营运效率与效益的指标进行计算与分析，评价企业的营运能力，为企业提高经济效益指明方向。

反映企业营运能力的指标有许多，要正确分析评价企业资产营运能力，首先必须正确设计评价营运能力的指标体系。设计评价营运能力的指标，必须遵循以下原则。

第一，营运能力指标应体现提高营运能力的实质要求。企业营运能力的实质，就是要以尽可能少的资产占用，以尽可能短的时间周转生产尽可能多的产品，实现尽可能多的销售收入，创造尽可能多的净利润。

第二，营运能力指标应体现多种资产的特点。企业的资产包括固定资产和流动资产，它们各有其特点。对固定资产应考虑它的使用价值与实际价值相脱离的特点，指标计算上，应从两方面加以考虑；对流动资产，主要应体现其流动性的特点。

第三，营运能力指标应有利于考核分析。应尽量采用现行制度规定的考核指标，或根据现有核算资料可以计算并便于分析的指标，否则，指标再好也没有实际意义。

根据营运能力分析的含义与目的，企业营运能力分析的内容主要包括三个方面：总资产营运能力分析、流动资产营运能力分析、非流动资产营运能力分析。

二、营运能力分析的内容

（一）总资产营运能力分析

企业总资产营运能力，主要是指投入或使用总资产所取得的产出的能力。总资产营运能力分析就是要对企业总资产的营运效率进行综合分析。通常，反映总资产营运能力的指标主要包括总资产产值率、总资产周转率（次数）和总资产周转天数。

1. 总资产产值率

从生产能力角度考虑，反映企业的总产出可以用总产值衡量，因此，反映总资产营运能力可以用总资产产值率表示。

总资产产值率的计算公式为：

$$总资产产值率=\frac{总产值}{平均总资产}\times 100\%$$

总产值是企业在一定时期内生产的按价值计算的全部产品产量，是企业利用全部资产为社会创造的物质产品。总资产产值率反映了企业一定时期内创造的总产值与总资产之间的关系。在一般情况下，该指标值越高，说明企业资产的投入产出率越高，企业总资产运营状况越好。

该指标不足之处是：由于总产值中既包括完工产品，又包括在产品，所以总产值仅仅表示当期生产了多少产品，并不表明是否得到了社会的承认。如果得不到社会的承认，企业生产再多的产品也没有价值。

2. 总资产周转率（次数）和总资产周转天数

总资产收入率若从资产周转角度看，亦称总资产周转率（次数），尽管计算方法相同，但总资产周转率却是从资产流动性方面反映总资产的利用效率。它是综合评价企业全部资产经营质量和利用效率的重要指标。

总资产周转率（次数）和总资产周转天数的计算公式为：

$$总资产周转率（次数）=\frac{营业收入}{平均总资产}$$

$$总资产周转天数=\frac{360}{总资产周转率（次数）}$$

由于上述指标是一个包容性较强的综合指标，因此，从因素分析的角度来看，其要受到流动资产周转率、应收账款周转率和存货周转率等指标的影响。在总资产中，周转速度最快的应属流动资产，因此，总资产周转速度受流动资产周转速度影响较大。

（二）流动资产营运能力分析

流动资产营运能力分析指标主要包括流动资产周转率、应收账款周转率、存货周转率。

1. 流动资产周转率

流动资产周转率，既是反映流动资产周转速度的指标，也是综合反映流动资产利用效果的基本指标，是用流动资产的占用量和其所完成的工作量的关系，来表明流动资产的使用经济效益。流动资产周转速度快，会相对节约流动资产，等于相对扩大资产投入，增强公司获利能力；反之则会降低公司获利能力。

流动资产周转率的计算，一般可以采取以下两种方式：

$$流动资产周转率（次数）=\frac{营业收入}{平均流动资产}$$

$$流动资产周转天数=\frac{360}{流动资产周转率（次数）}$$

流动资产的周转率（次数）或天数，均表示流动资产的周转速度。流动资产在一定时期的周转次数越多，周转速度就越快，流动资产营运能力就越好；反之，周转速度则慢，流动资产营运能力就越差。

2. 应收账款周转率

应收账款是企业因销售商品、提供劳务等原因而应向购货单位或接受劳务单位收取的各种款项。一方面，应收账款是企业被信用单位无偿占有的资金，体现的是一种资金沉淀。应收账款占用越多，使用费的损失越大，资产的使用效率越差，现金越短缺。另一方面，应收账款结余越多，发生坏账损失的风险越大。因此，应收账款也是越少越好。

应收账款和存货一样，在流动资产中有着举足轻重的地位。及时收回应收账款，不仅能增强公司的短期偿债能力，也能反映出公司管理应收账款方面的效率。反映应收账款周转率的指标有两个：应收账款周转率（次数）与应收账款周转天数，计算公式为：

$$应收账款周转率（次数）=\frac{营业收入}{平均应收账款总额}$$

$$应收账款周转天数=\frac{360}{应收账款周转率（次数）}$$

使用应收账款周转率（次数）和应收账款周转天数指标来分析应收账款的营运能力，必须考虑不同期间企业的赊销政策，即考虑赊销与现销的比例。如赊销和现销比例发生变化，则不同期间的指标值不可比。

3. 存货周转率

企业持有存货的目的是耗用或销售。商品流通企业的存货只是为了销售；制造业企业的存货可分为三类：原材料类存货、在产品存货和产成品存货。在计算分析有关指标时，需要假设存货都是可以销售的。

存货周转分析的目的是从不同的角度和环节上找出存货管理中的问题，使存货管理在保证生产经营连续性的同时，尽可能少占用经营资金，提高资金的使用效率，增强公司短期偿债能力，促进公司管理水平的提高。

在流动资产中，存货所占的比重较大。存货的流动性将直接影响公司的流动比率，因此，必须特别重视对存货的分析。反映存货周转率的指标一般有两个：存货周转率（次数）和存货周转天数，计算公式为：

$$存货周转率（次数）=\frac{营业成本}{平均存货}$$

$$存货周转天数=\frac{360}{存货周转率（次数）}$$

存货周转率是衡量和评价公司购入存货、投入生产、销售收回等各环节管理状况的综合性指标。一般而言，在一定营业周期内，存货周转次数越多，存货周转速度越快，存货的占用水平越低，流动性越强，存货转换为现金或应收账款的速度越快。提高存货周转率可以提高公司的变现能力，存货周转速度越慢则变现能力越差。

（三）非流动资产营运能力分析

非流动资产营运能力分析包括的项目很多，通常主要分析的是固定资产营运能力。

1. 固定资产利用的合理性分析

固定资产利用的合理性可以从两个方面进行分析：一是分析固定资产占全部非流动资产的比率，二是分析固定资产的内部构成。

（1）固定资产占全部非流动资产的比率。

固定资产占全部非流动资产的比率的计算公式为：

$$\text{固定资产占全部非流动资产的比率}=\frac{\text{固定资产总额}}{\text{非流动资产总额}}\times 100\%$$

固定资产是企业最重要的生产力要素之一，是企业赖以生存的物质基础，是企业产生效益的源泉。固定资产的结构、状况、管理水平等直接影响企业的竞争力，关系到企业的运营与发展。因此，固定资产在非流动资产乃至全部资产总额中都应该占较大的比重。

（2）固定资产的内部构成。

在分析固定资产的利用现状时，一般是将固定资产按照用途进行分类，一般分为生产用固定资产、非生产用固定资产、未使用固定资产、不需要使用的固定资产四类，并计算不同期间各类固定资产的金额变化、比重（在全部固定资产中的比例）及其变化，然后进行分析。

一般来讲，企业应尽量减少未使用和不需要使用的固定资产的数量，降低其比重；而生产用固定资产和非生产用固定资产的比例则应结合企业所处行业、企业性质和企业的现代化程度进行分析。

2. 固定资产周转率

固定资产周转率反映了固定资产的周转情况，可以衡量固定资产的利用效率，通常用固定资产周转率（次数）和周转天数来表示，计算公式为：

$$\text{固定资产周转率（次数）}=\frac{\text{营业收入}}{\text{固定资产平均净值}}$$

$$\text{固定资产周转天数}=\frac{360}{\text{固定资产周转率（次数）}}$$

固定资产周转率（次数）多，固定资产周转天数少，表明企业固定资产利用充分，企业固定资产的结构比较合理。

在运用固定资产周转率指标时，应考虑以下因素：固定资产平均净值因不断提取折旧而减少；因购置全新固定资产而导致固定资产平均净值的突然增加；固定资产的折旧方法等。

【任务实现】

根据任务要求，需要对医药制造业行业均值、标杆企业和康佳医疗的营运能力指标进行可视化呈现，由于可视化呈现方法类似，因此，本任务以医药制造业行业指标均值为例进行可视化呈现介绍。

一、营运能力分析的可视化呈现

（一）选择数据源与数据连接

根据任务要求，行业指标均值计算运用到的数据源主要包括“行业分类明细”“资产负债表 2020”“资产负债表 2019”“利润表 2020”“利润表 2019”，因此需要将相关数据源上传至 Power BI。

具体操作步骤如下：

（1）启动 Power BI Desktop。

（2）单击“获取数据”。

（3）单击“Excel 工作簿”图标，选择需要上传的数据源类型。

（4）导航器页面左侧勾选需要添加的数据，单击“加载”按钮，完成添加数据。

（5）选中“行业分类明细”中的“证券简称”字段，将其拖拽至“资产负债表 2020”中的“证券简称”字段，即可完成“资产负债表 2020”与“行业分类明细”数据连接操作，采取同样的方式完成“资产负债表 2019”“利润表 2020”“利润表 2019”与“行业分类明细”的数据连接，如图 6-6 所示。

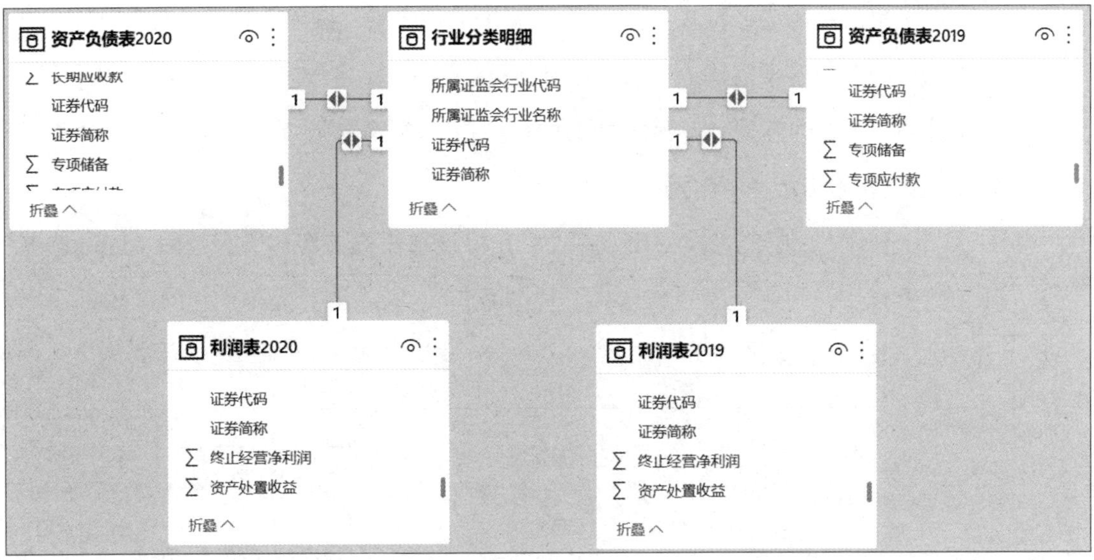

图 6-6　数据连接

（二）添加财务指标计算字段与过滤规则

（1）单击左侧“数据”，进入表工具工作区域。

（2）单击“新建列”，添加“总资产周转率”计算字段，在格式框中，下拉选择“百分比”。采取相同的方法添加“固定资产周转率”“应收账款周转率”“存货周转率”“流动资产周转率”计算字段，如图 6-7 所示。

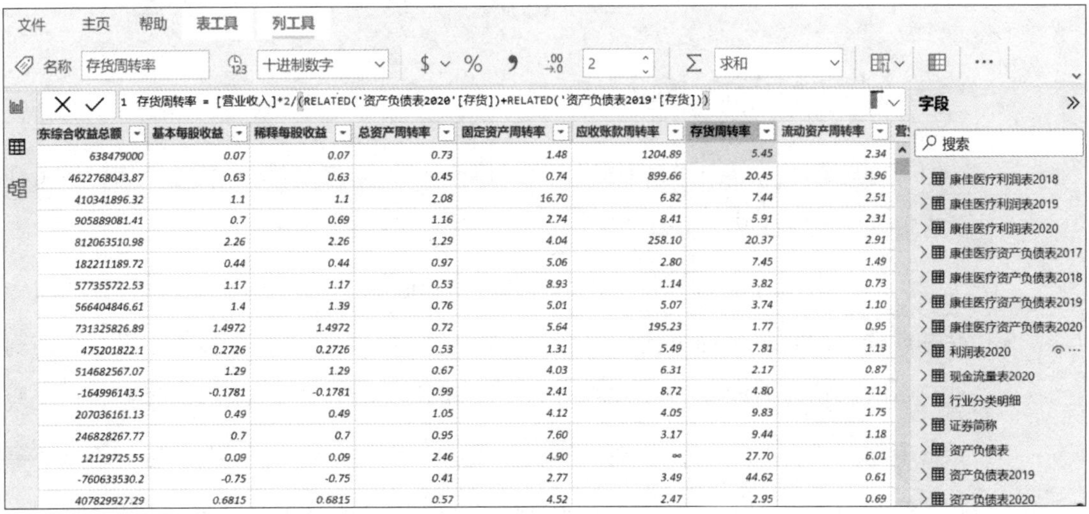

东综合收益总额	基本每股收益	稀释每股收益	总资产周转率	固定资产周转率	应收账款周转率	存货周转率	流动资产周转率
638479000	0.07	0.07	0.73	1.48	1204.89	5.45	2.34
4622768043.87	0.63	0.63	0.45	0.74	899.66	20.45	3.96
410341896.32	1.1	1.1	2.08	16.70	6.82	7.44	2.51
905889081.41	0.7	0.69	1.16	2.74	8.41	5.91	2.31
812063510.98	2.26	2.26	1.29	4.04	258.10	20.37	2.91
182211189.72	0.44	0.44	0.97	5.06	2.80	7.45	1.49
577355722.53	1.17	1.17	0.53	8.93	1.14	3.82	0.73
566404846.61	1.4	1.39	0.76	5.01	5.07	3.74	1.10
731325826.89	1.4972	1.4972	0.72	5.64	195.23	1.77	0.95
475201822.1	0.2726	0.2726	0.53	1.31	5.49	7.81	1.13
514682567.07	1.29	1.29	0.67	4.03	6.31	2.17	0.87
-164996143.5	-0.1781	-0.1781	0.99	2.41	8.72	4.80	2.12
207036161.13	0.49	0.49	1.05	4.12	4.05	9.83	1.75
246828267.77	0.7	0.7	0.95	7.60	3.17	9.44	1.18
12129725.55	0.09	0.09	2.46	4.90	∞	27.70	6.01
-760633530.2	-0.75	-0.75	0.41	2.77	3.49	44.62	0.61
407829927.29	0.6815	0.6815	0.57	4.52	2.47	2.95	0.69

图 6-7　添加计算字段

（3）单击左侧“报表”，进入主页，单击“筛选器”按钮，展开“筛选器”窗口。

（4）在字段搜索框输入“所属证监会行业名称”，将该字段拖拽至“所有页面上的筛选器”下方的方框中，筛选类型下拉选择“基本筛选”，在下方搜索框中输入“医药制造业”，单击选择“医药制造业”。

（5）在字段搜索框输入“证券简称”，将该字段拖拽至“所有页面上的筛选器”下方的方框中，筛选类型下拉选择“基本筛选”，剔除证券简称中包含“*ST”和包含“U”的公司，如图 6-8 所示。

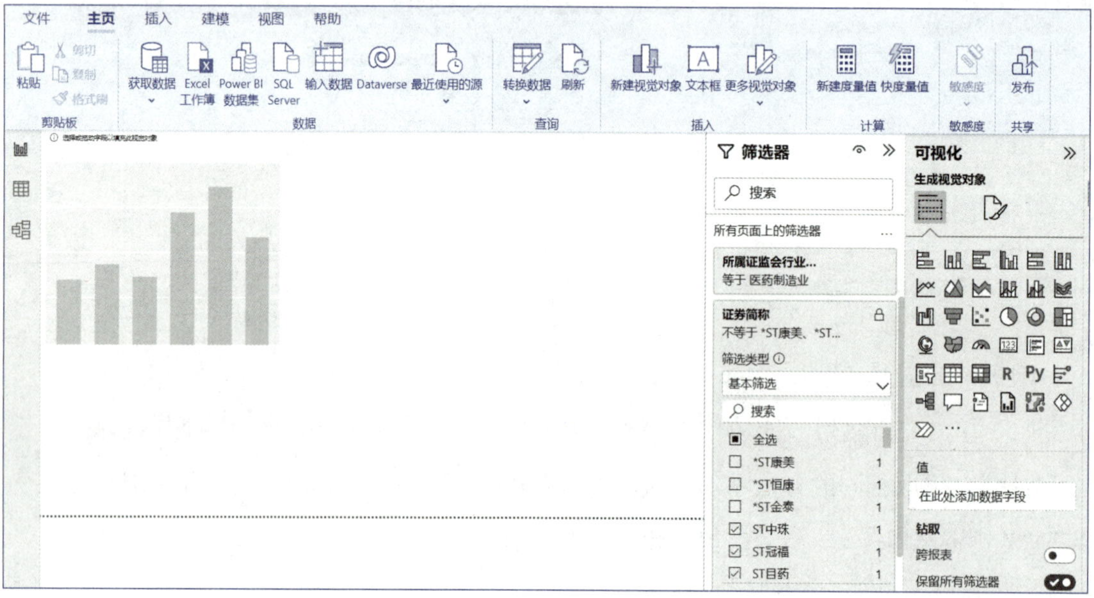

图 6-8　添加筛选规则

（三）营运能力分析可视化呈现

（1）标题设置。单击“文本框”，在文本框中输入“康佳医疗营运能力分析可视化综合展示大屏”标题，居中对齐。

（2）财务指标可视化图形设计。由于医药制造业行业指标均值、标杆企业财务指标和康佳医疗财务指标可视化图形设计方法类似，因此本任务接下来以“医药制造业总资产周转率平均数”为例进行可视化图形设计。单击“堆积柱状图”，在字段搜索框中输入“所属证监会行业名称”，将该字段拖拽至 X 轴下方框，之后继续在字段搜索框中输入“总资产周转率”，并将该字段拖拽至 Y 轴下方框中，下拉选择“平均值”。

（3）单击“设置视觉对象格式”，在“视觉对象”下打开“数据标签”按钮，如图 6-9 所示。

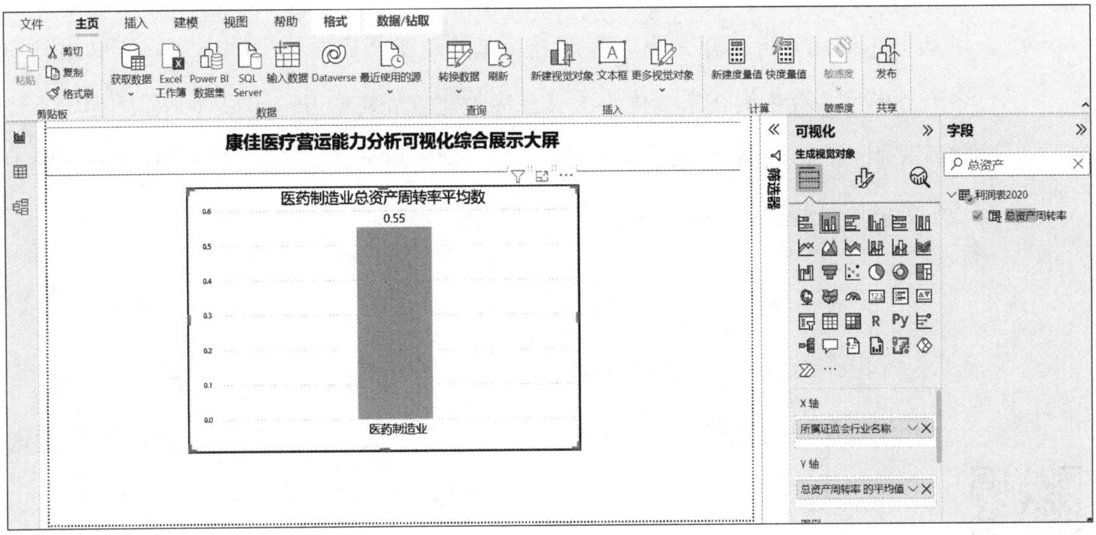

图 6-9 “医药制造业总资产周转率平均数”可视化图形设计

（4）采取同样的方法对医药制造业其他营运能力指标平均值、标杆企业营运能力指标值和康佳医疗营运能力指标值进行可视化图形设计，如图 6-10 所示。

数据分析平台营运能力分析可视化操作

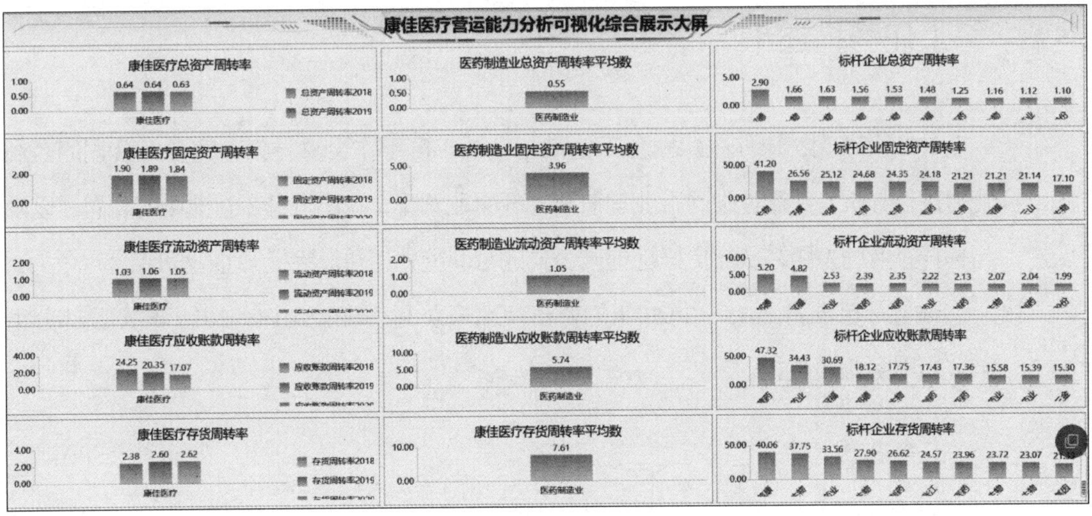

图 6-10 营运能力分析可视化展示大屏

二、营运能力分析

（一）康佳医疗营运能力分析

从上述指标分析可知，康佳医疗近三年的总资产周转率、固定资产周转率、流动资产周转率、存货周转率变化不大，而应收账款周转率近三年呈现明显的逐年下降趋势，表明公司应收账款周转速度变慢，坏账风险增大。综上，康佳医疗的营运能力呈现一定的降低趋势。

（二）本企业与行业对比分析

通过与同行业均值和标杆企业对比分析可知，康佳医疗 2020 年的固定资产周转率和存货周转率与行业均值存在一定差距，表明固定资产和存货的利用效率在同行业中处于相对落后位置；应收账款周转率虽然高于行业均值，但近三年逐年降低，也应当引起企业管理层的重视，并且各项指标与行业标杆企业均存在较大差距，仍有很大提升空间。

任务 6.2 测试

任务 6.3　盈利能力分析

【任务描述】

2022 年 1 月，康佳医疗财务部为准备公司年度工作会议材料，需要对公司的盈利能力进行分析，并通过跟同行业均值和标杆企业对比，找出自身在行业中的位置，以及与标杆企业的差距，从而更好地提升公司的盈利能力，并最终提升企业的综合竞争力。

财务部已准备 2018—2020 年的资产负债表及利润表，2018—2020 年 A 股部分上市公司财务报表数据。

任务布置：

1. 从销售毛利率、营业利润率、营业净利率、净资产收益率、总资产净利率五

个指标对 2018—2020 年康佳医疗的盈利能力进行趋势分析

2. 将盈利能力指标值与行业均值和标杆企业指标值进行对比分析，并进行可视化呈现

3. 根据计算结果，对康佳医疗的盈利能力进行分析

【相关知识】

一、盈利能力分析的目的

盈利能力是指企业在一定时期内赚取利润的能力。追求利润最大化是企业的动力所在，因此，盈利能力分析是企业财务报表分析的重点。盈利能力的强弱是一个相对的概念，即利润是相对于一定资源投入、一定的收入而言的。企业经营业绩的好坏最终可通过企业的盈利能力强弱来反映。无论是企业的管理层、投资者、债权人，或其他利益相关者都非常关心企业的盈利能力。

提高企业盈利能力，必须从提高生产经营收益、提高资产运营效率、提高资本运营收益这三个重要途径入手，挖掘各自的潜力，以提高企业整体的盈利能力和盈利水平。因此，从信息使用者的角度来看，盈利能力的评价可以从经营盈利能力、资产盈利能力、资本盈利能力等三个方面评价，评价时须考虑与同行业的比较。

二、盈利能力分析的内容

（一）经营盈利能力分析

经营盈利能力是指实现每 1 元营业额或消耗每 1 元资金取得的利润的多少，是以销售收入为基础的盈利水平的分析，属于投入与产出的比较。评价经营盈利能力的指标主要有销售毛利率和营业利润率。

1. 销售毛利率

销售毛利率是销售毛利额与营业收入之间的比率。销售毛利率的计算公式为：

$$销售毛利率=\frac{销售毛利额}{营业收入}\times 100\%$$

其中：　　　　　　销售毛利额 = 营业收入 − 营业成本

销售毛利率指标主要考查企业商品在市场上竞争能力的强弱，如果企业的销售毛利率指标高，那么这个企业的商品在市场上竞争能力就强；相反，则说明企业商品的竞争能力弱。在分析销售毛利率及其变动时，一般是首先将报告期的实际值与目标值比较，此外还必须与行业均值和行业先进企业相比较；然后可以进一步分析差距产生的原因，以评价企业的盈利能力。

2. 营业利润率

营业利润率是营业利润总额与营业收入的比率。营业利润率的计算公式为：

$$营业利润率 = \frac{营业利润总额}{营业收入} \times 100\%$$

其中：　　　营业利润总额 = 营业收入 − 营业成本 − 费用

营业利润率指标比销售毛利率指标更加全面，因为企业在主营业务不景气的情况下，往往会利用自身条件，开展多方面的劳务服务，以补充主营业务的不足，维持盈利能力在一定水平上的稳定性和持久性。

3. 营业净利率

营业净利率是指净利润与营业收入的比率，它反映企业营业收入创造净利润的能力。营业净利率是企业销售的最终获利能力指标，比率越高，说明企业的获利能力越强。营业净利率的计算公式如下：

$$营业净利率 = \frac{净利润}{营业收入} \times 100\%$$

在分析该比率时应注意，营业收入包含主营业务收入和其他业务收入，利润的形成也并非都由营业收入产生，还受到投资收益、营业外收支等因素的影响。从营业净利率的指标关系看，净利额与营业净利率成正比关系，而营业收入额与营业净利率呈反比关系。通过分析营业净利率的升降变动，可以促进公司在扩大营业收入的同时，注意改进经营管理，提高盈利水平。

（二）资产盈利能力分析

资产盈利能力可以衡量资产的使用效益，从总体上反映投资效果。一个企业的资产盈利能力如果高于社会的平均资产利润率和行业平均资产利润率，企业就会更容易吸收投资，企业的发展就会处于更有利的位置。评价资产盈利能力的指标主要有总资产收益率、总资产净利率、流动资产利润率、固定资产利润率等。

1. 总资产收益率

总资产收益率也称总资产报酬率，是企业一定期限内实现的收益额与该时期企业平均总资产的比率。总资产收益率集中体现了资产运用效率和资金利用效果之间的关系。在企业资产总额一定的情况下，利润的多少决定总资产收益率的高低，该指标反映了企业综合经营管理水平的高低。

总资产收益率的计算公式为：

$$\text{总资产收益率}=\frac{\text{利润总额}+\text{利息支出}}{\text{平均总资产}}\times 100\%$$

通常，在计算该指标时包括利息支出，这是因为：第一，总资产从融资渠道来讲又分为产权性融资和债务性融资两个部分，产权性融资的成本是股利，以税后利润支付，其数额包含在利润总额中，为保持一致，债务性融资的成本（利息）也应当包含进去；第二，利息支出的本质是企业纯收入的分配，属于企业创造利润的一部分。

总资产收益率指标越高，表明企业投入产出的水平越好，企业的全部资产的总体运营效益越高。但在上市公司的公开资料中，利息支出一般没有公开，因此，在计算该指标时，也可以不包括利息支出。此时的指标也可称为总资产利润率。

2. 总资产净利率

总资产净利率是指公司净利润与平均总资产的百分比。

总资产净利率的计算公式为：

$$\text{总资产净利率}=\frac{\text{净利润}}{\text{平均总资产}}\times 100\%$$

该指标反映的是公司运用全部资产所获得利润的水平，即公司每占用 1 元的资产平均能获得多少元的利润。该指标越高，表明公司投入产出水平越高，资产运营越有效，成本费用的控制水平越高。该指标体现出企业管理水平的高低。

3. 流动资产利润率

由于流动资产的主要功能是从事营业活动，因此，考查流动资产盈利能力采用的利润以营业利润来代替。

流动资产利润率的计算公式为：

$$流动资产利润率 = \frac{营业利润}{流动资产平均余额} \times 100\%$$

流动资产利润率表明企业每占用 1 元流动资产平均能获得多少元的营业利润，反映了企业流动资产的实际盈利能力。

4. 固定资产利润率

与流动资产一样，固定资产的主要功能也是从事营业活动，因此，考查固定资产盈利能力采用的利润以营业利润来代替。

固定资产利润率的计算公式为：

$$固定资产利润率 = \frac{营业利润}{固定资产平均余额} \times 100\%$$

固定资产利润率表明企业每占用 1 元固定资产平均能获得多少元的营业利润，反映了企业固定资产的实际盈利能力。

（三）资本盈利能力分析

资本盈利能力又称股东权益盈利能力。股东投资的目的是获得投资报酬。一个企业投资报酬的高低直接影响到现有投资者是否继续投资并追加投资，潜在的投资者是否进行投资。评价资本盈利能力的指标主要有净资产收益率和市盈率等。

1. 净资产收益率

净资产收益率也称为股东权益净利率，是指企业一定时期内的净利润同平均股东权益的比率。净资产收益率充分体现了投资者投入企业的自有资本获取净收益的能力，反映了投资与报酬的关系，是评价企业资本经营效益的核心指标。

净资产收益率的计算公式为：

$$净资产收益率 = \frac{净利润}{平均股东权益} \times 100\%$$

净资产收益率是评价企业自有资本及其积累获取报酬水平的最具综合性与代表性的指标，充分反映了企业资本运营的综合效益。该指标通用性强、适用范围广，不受行业局限，是国际上企业综合评价中使用率非常高的一个指标。

通过对该指标的综合对比分析，可以看出企业盈利能力在同行业中所处的地位，以及与同类企业的差异水平。一般认为，企业净资产收益率越高，企业自有资本获取收益的能力越强，企业运营效益越好，对企业投资者、债权人的利益保证程度越高。

2. 市盈率

市盈率是普通股每股市价与每股收益的比值，反映投资者为得到1元的报酬所需要付出的价格。它是通过公司股票的市场行情，间接评价公司盈利能力的指标。

市盈率的计算公式为：

$$市盈率=\frac{普通股每股市价}{每股收益}\times 100\%$$

公式中，普通股每股市价通常采用年度平均价格（全年各日收盘价的算术平均数）。为简化计算，并增强指标的适时性，普通股每股市价可采用报告日前一日的实际价格。一般认为，该指标数值越大，盈利能力越强，投资回收速度越快，对投资者的吸引力越大。

【任务实现】

根据任务要求，需要对医药制造业行业均值、标杆企业和康佳医疗的营运能力指标进行可视化呈现，由于可视化呈现方法类似，因此，本任务以医药制造业行业指标均值为例进行可视化呈现介绍。

一、盈利能力分析的可视化呈现

（一）选择数据源与数据连接

根据任务要求，行业指标均值计算运用到的数据源主要包括“行业分类明细”“资产负债表2020”“资产负债表2019”“利润表2020”“利润表2019”，因此需要将相关数据源上传至Power BI并进行数据连接。

具体操作步骤如下：

（1）启动Power BI Desktop。

（2）单击“获取数据”。

（3）单击“Excel工作簿”图标，选择需要上传的数据源类型。

（4）导航器页面左侧勾选需要添加的数据，单击“加载”按钮，完成添加数据。

（5）选中“行业分类明细”中的“证券简称”字段，将其拖拽至“资产负债表2020”中的“证券简称”字段，即可完成“资产负债表2020”与“行业分类明细”数据连接操作，采取同样的方式完成“资产负债表2019”“利润表2020”“利润表2019”与“行业分类明细”的数据连接，如图6-11所示。

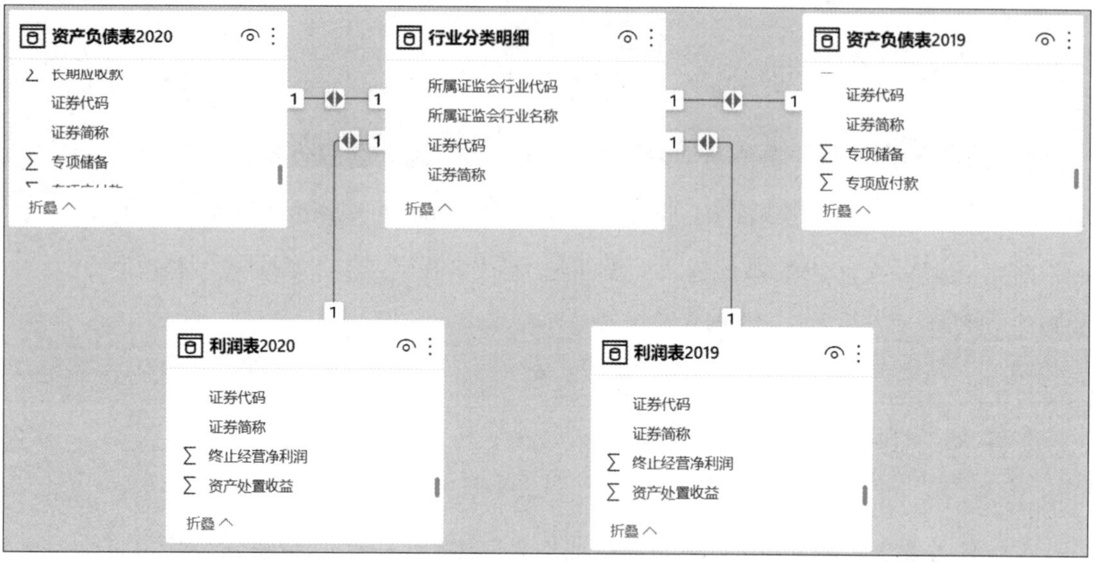

图6-11　数据连接

（二）添加财务指标计算字段与过滤规则

（1）单击左侧“数据”，进入表工具工作区域。

（2）单击“新建列”，添加“销售毛利率”计算字段，在格式框中，下拉选择“百分比”。采取相同的方法添加“营业净利率”“营业利润率”“净资产收益率”计算字段，如图6-12所示。

（3）单击左侧“报表”，进入主页，单击“筛选器”按钮，展开“筛选器”窗口。

（4）在字段搜索框输入“所属证监会行业名称”，将该字段拖拽至“所有页面上的筛选器”下方的方框中，筛选类型下拉选择“基本筛选”，在下方搜索框中输入“医药制造业”，单击选择“医药制造业”。

（5）在字段搜索框输入“证券简称”，将该字段拖拽至“所有页面上的筛选器”下方的方框中，筛选类型下拉选择“基本筛选”，剔除证券简称中包含“*ST”和包含“U”的企业，如图6-13所示。

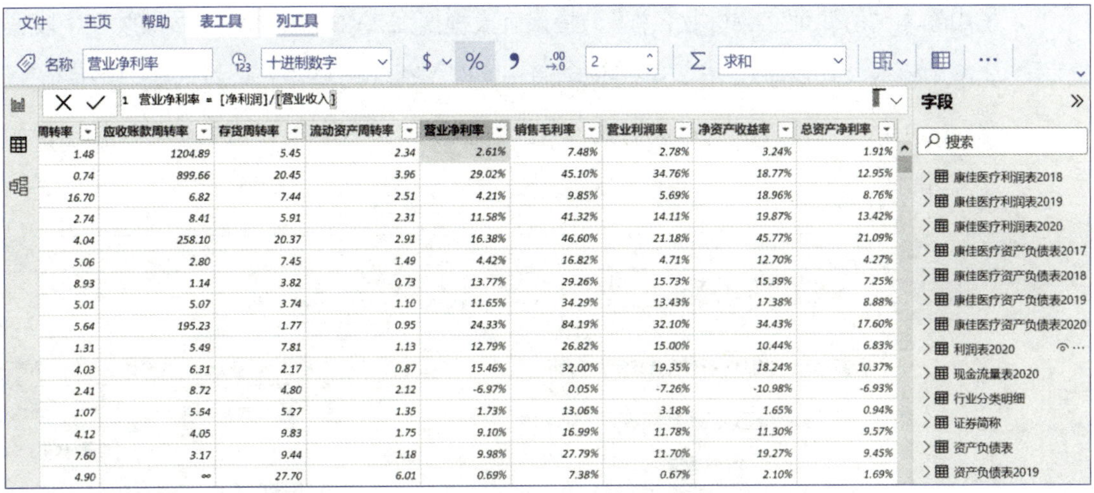

周转率	应收账款周转率	存货周转率	流动资产周转率	营业净利率	销售毛利率	营业利润率	净资产收益率	总资产净利率
1.48	1204.89	5.45	2.34	2.61%	7.48%	2.78%	3.24%	1.91%
0.74	899.66	20.45	3.96	29.02%	45.10%	34.76%	18.77%	12.95%
16.70	6.82	7.44	2.51	4.21%	9.85%	5.69%	18.96%	8.76%
2.74	8.41	5.91	2.31	11.58%	41.32%	14.11%	19.87%	13.42%
4.04	258.10	20.37	2.91	16.38%	46.60%	21.18%	45.77%	21.09%
5.06	2.80	7.45	1.49	4.42%	16.82%	4.71%	12.70%	4.27%
8.93	1.14	3.82	0.73	13.77%	29.26%	15.73%	15.39%	7.25%
5.01	5.07	3.74	1.10	11.65%	34.29%	13.43%	17.38%	8.88%
5.64	195.23	1.77	0.95	24.33%	84.19%	32.10%	34.43%	17.60%
1.31	5.49	7.81	1.13	12.79%	26.82%	15.00%	10.44%	6.83%
4.03	6.31	2.17	0.87	15.46%	32.00%	19.35%	18.24%	10.37%
2.41	8.72	4.80	2.12	-6.97%	0.05%	-7.26%	-10.98%	-6.93%
1.07	5.54	5.27	1.35	1.73%	13.06%	3.18%	1.65%	0.94%
4.12	4.05	9.83	1.75	9.10%	16.99%	11.78%	11.30%	9.57%
7.60	3.17	9.44	1.18	9.98%	27.79%	11.70%	19.27%	9.45%
4.90	∞	27.70	6.01	0.69%	7.38%	0.67%	2.10%	1.69%

图 6-12　添加计算字段

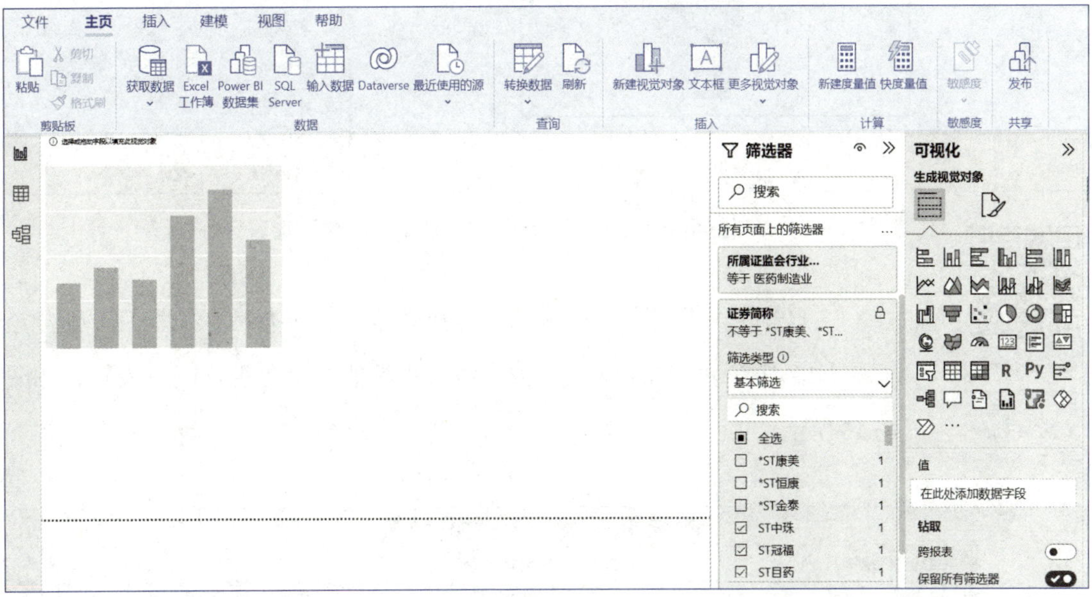

图 6-13　添加筛选规则

（三）盈利能力分析可视化呈现

（1）标题设置。单击“文本框”，在文本框中输入“康佳医疗盈利能力分析可视化综合展示大屏”标题，居中对齐。

（2）财务指标可视化图形设计。由于医药制造业行业指标均值、标杆企业财务指标和康佳医疗财务指标可视化图形设计方法类似，因此本任务接下来以“医药制造业营业净利率平均数”为例进行可视化图形设计。单击“堆积柱状图”，在字段搜索框中输入“所属证监会行业名称”，将该字段拖拽至 X 轴下方框，之后继续在字段搜索框中输入“营业净利率”，并将该字段拖拽至 Y 轴下方框中，下拉选择“平均值”。

（3）单击“设置视觉对象格式”，在“视觉对象”下打开“数据标签”按钮，如图 6-14 所示。

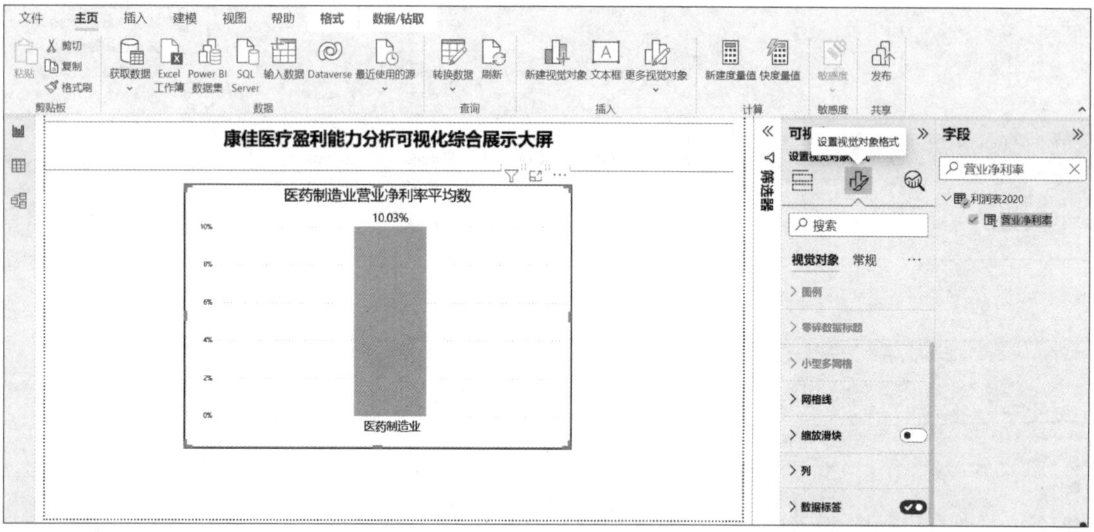

图 6-14 “医药制造业营业净利率平均数”可视化图形设计

数据分析平台盈利能力分析可视化操作

（4）采取同样的方法对医药制造业其他盈利能力指标平均值、标杆企业盈利能力指标值和康佳医疗盈利能力指标值进行可视化图形设计，如图 6-15 所示。

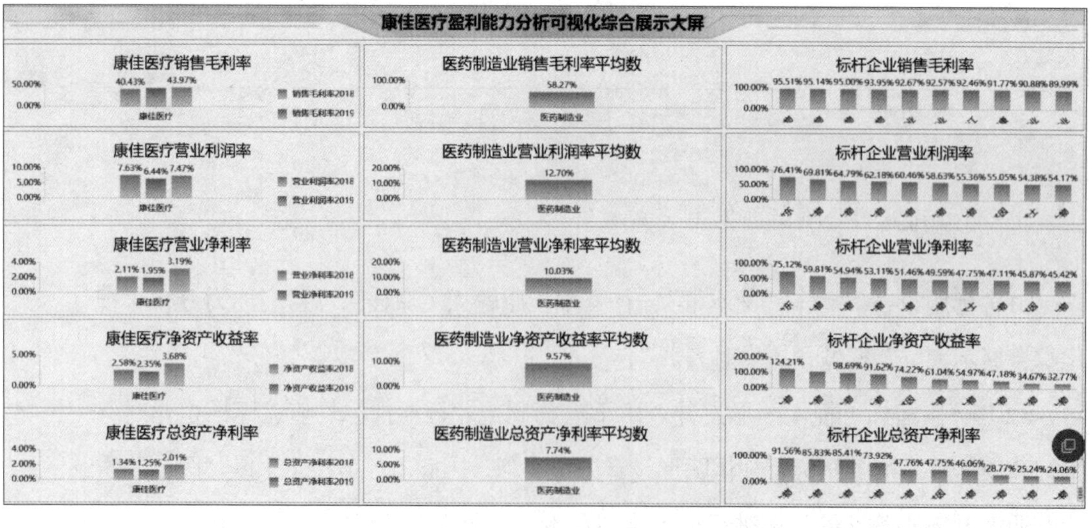

图 6-15 盈利能力分析可视化展示大屏

二、盈利能力分析

（一）康佳医疗盈利能力分析

从上述指标分析可知，康佳医疗 2020 年销售毛利率、营业利润率、营业净利率、净资产收益率和总资产净利率等盈利能力指标相比于 2019 年均有一定幅度的增长，表明公司产品的盈利能力有所提高。近三年康佳医疗的销售毛利率均维持在 40% 左右，而营业利润率却维持在 7% 左右，与销售毛利率差距较大，表明康佳医疗除营业成本外的期间费用等占营业收入比重较大，公司应进一步降低期间费用等占营业收入的比重，以进一步提高公司的盈利能力水平。

（二）本企业与行业对比分析

通过与同行业均值和标杆企业对比分析可知，康佳医疗 2020 年的销售毛利率、营业利润率、营业净利率、净资产收益率和总资产净利率指标值均低于行业均值且远低于行业标杆企业对应的盈利能力指标值，表明康佳医疗的盈利能力在同行业处于落后位置，企业管理层应当认真分析原因，努力提高自身盈利能力水平。

任务 6.3 测试

任务 6.4　发展能力分析

【任务描述】

2022 年 1 月，康佳医疗财务部为准备公司年度工作会议材料，需要对公司的发展能力进行分析，并通过跟同行业均值和标杆企业对比，找出自身在行业中的位置，以及与标杆企业的差距，从而更好地提升公司的发展能力，并最终提升企业的综合竞争力。

财务部已准备 2018—2020 年的资产负债表、利润表和现金流量表，2018—2020 年 A 股部分上市公司财务报表数据。

任务布置：

1. 从营业收入增长率、营业利润增长率、总资产增长率和资本保值增值率四个方面对 2018—2020 年康佳医疗的发展能力进行趋势分析

2. 将发展能力指标值与行业均值和标杆企业指标值进行对比分析，并进行可视化呈现

3. 根据计算结果，对康佳医疗的发展能力进行分析

【相关知识】

一、发展能力分析的目的

发展能力是企业持续发展和未来价值的源泉，是企业的生存之本、获利之源。企业是以盈利为目标的，其一切生产经营活动的出发点都是盈利。企业只有不断发展，才能使企业保持动态生存，也只有不断发展，才能保证企业不断改善生存质量。

对企业的发展能力进行分析有很强的现实意义，它不仅有利于企业改善经营管理、提高竞争力，而且进一步满足了财务报表使用者的需求，提供了决策有用的信息。

（一）发展能力分析对企业经营管理的意义

从企业自身来看，首先，对企业发展能力进行分析可以克制经营者的短期行为，使经营者重视企业的持续发展，客观上促进改善企业经营管理；其次，发展能力分析可以促进企业提高竞争力，对企业发展能力的分析将有助于提高企业持续发展能力和未来价值，使企业在未来市场占据有利地位，增强企业的形象意识，提高核心竞争力。

（二）发展能力分析对政府管理部门的意义

政府管理部门通过发展能力分析可以了解企业未来发展潜能，进行相应的宏观调控，并加强监督管理。

（三）发展能力分析对股东的意义

从股东角度来看，股东对企业进行投资，希望长期获得持续的回报，而不仅仅是眼前利益。因此，股东在关注企业当期投资回报水平的同时，需要更多地关注企业的生存能力和持续发展能力，只有未来具有发展潜能的企业才有可能真正带来高回报，才具有投资价值。

（四）发展能力分析对债权人的意义

从债权人角度来看，债权人在关注企业偿债能力的同时，同样也关注企业的持续经营状况，只有企业有良好的成长性，债权人的债权才有保障。

（五）发展能力分析对外部投资者的意义

发展能力分析为外部投资者提供了制订投资计划、安排投资资金决策等有用信息。发展能力分析就是通过对财务报表信息的解读，清晰地反映企业的持续发展能力和未来价值，这能够满足外部投资者进行投资决策的需要。

二、发展能力分析的内容

从财务分析的角度上看，发展能力分析与盈利能力分析不同。盈利能力分析是对企业过去与目前的盈利水平与同行业相比较而做出的一种客观评价，它是一种静态分析；而企业发展能力分析则是一种动态分析，它是在盈利能力分析的基础上，对企业未来发展趋势与价值增长的一种判断。

评价企业发展能力指标主要有营业收入增长率、营业利润增长率、净利润增长率、总资产增长率和资本保值增值率、资本积累率等。

（一）营业收入增长率

营业收入增长率指标反映的是相对化的营业收入增长情况，与绝对量的销售增长额相比，消除了企业规模的影响，更能反映企业的发展情况。营业收入增长率是衡量企业经营状况和市场占有能力、预测企业经营业务拓展趋势的重要指标，也是企业扩张增量和存量资本的重要前提。不断增加的营业收入，是企业生存的基础和发展的条件。

营业收入增长率的计算公式为：

$$营业收入增长率 = \frac{本年营业收入增长额}{上年营业收入} \times 100\%$$

其中：　　本年营业收入增长额 = 本年营业收入 − 上年营业收入

一个成长性强的企业，这个指标的数值可能较大。处于成熟期的企业，这个指标可能较低，但是凭借其已经占领的强大的市场份额，也能够保持稳定而丰厚的利润。处于衰退阶段的企业，这个指标可能为负数，这种情况下通常是危险信号的红灯，应予充分重视。该指标能反映企业未来的发展前景。

（二）营业利润增长率

营业利润增长率又称销售利润增长率，是企业本期营业利润增加额与上期营业利润的比率，它反映企业营业利润的增减变动情况。

营业利润增长率的计算公式为：

$$营业利润增长率 = \frac{本期营业利润增加额}{上期营业利润} \times 100\%$$

营业利润增长率越高，说明企业商品销售额提供的营业利润越多，企业的盈利能力越强；反之，该比率越低，说明企业盈利能力越弱。

（三）净利润增长率

净利润增长率是企业本期净利润增加额与上期净利润的比率。净利润增长率反映了企业实现价值最大化的扩张速度，是综合衡量企业资产营运与管理业绩，以及成长状况和发展能力的重要指标。

净利润增长率的计算公式为：

$$净利润增长率 = \frac{本期净利润增加额}{上期净利润} \times 100\%$$

净利润增长率越高表明企业盈利能力越强，反之盈利能力较弱。

（四）总资产增长率

总资产的规模和增长状况表明了企业的实力和发展速度，也是体现企业价值和实现企业价值扩大的重要手段。在实践中，处在高速发展的企业，其总资产规模都在稳定且持续增长，因此总资产增长率是衡量企业增长能力的重要指标。

总资产增长率的计算公式为：

$$总资产增长率 = \frac{本期总资产增长额}{上期总资产} \times 100\%$$

总资产增长率越高，表明企业一个经营周期内资产经营规模扩张的速度越快，但是也不能盲目扩张。要注意资产质和量的关系，真正从扩张上增强企业后续发展能力。

（五）资本保值增值率

资本保值增值率是企业扣除客观因素后的年末（股东）所有者权益总额与年初（股东）所有者权益总额的比率，反映企业当年资本在企业自身努力下实际增减变动的情况。

资产保值增值率的计算公式为：

$$资本保值增值率 = \frac{年末（股东）所有者权益总额}{年初（股东）所有者权益总额} \times 100\%$$

一般认为，资本保值增值率越高，表明企业的资本保全状况越好，股东权益增长越快，债权人的债务越有保障。该指标通常应当大于 1。如果该指标小于 1，表明企业资本受到侵蚀，没有实现资本保全，损害了股东的权益，也妨碍了企业进一步发展壮大，应予充分重视。

（六）资本积累率

资本积累率是企业本期本年净资产增加额同年初净资产的比率，反映企业净资产当年的变动水平。较多的资本积累是企业发展强盛的标志，是企业扩大再生产的源泉，是评价企业发展潜力的重要指标。

资本积累率的计算公式为：

$$资本积累率=\frac{本期净资产增加额}{年初净资产}\times 100\%$$

该指标体现了企业资本的保全和增长情况。该指标值越高，表明企业的资本积累越多，企业资本保全越好，承担风险以及持续发展的能力越强。该指标值如为负值，表明企业资本受到侵蚀，股东利益受到损害，要引起重视。

【任务实现】

根据任务要求，需要对医药制造业行业均值、标杆企业和康佳医疗的发展能力指标进行可视化呈现，由于可视化呈现方法类似，因此，本任务以医药制造业行业指标均值为例进行可视化呈现介绍。

一、发展能力分析的可视化呈现

（一）选择数据源与数据连接

根据任务要求，行业指标均值计算运用到的数据源主要包括“行业分类明细”“资产负债表 2020”“资产负债表 2019”“利润表 2020”“利润表 2019”，因此需要将相关数据源上传至 Power BI 并进行数据连接。

具体操作步骤如下：

（1）启动 Power BI Desktop。

（2）单击“获取数据”。

（3）单击“Excel 工作簿”图标，选择需要上传的数据源类型。

（4）导航器页面左侧勾选需要添加的数据，单击“加载”按钮，完成添加数据。

（5）选中“行业分类明细”中的“证券简称”字段，将其拖拽至“资产负债表 2020”中的“证券简称”字段，即可完成“资产负债表 2020”与“行业分类明细”数据连接操作，采取同样的方式完成“资产负债表 2019”“利润表 2020”“利润表 2019”与“行业分类明细”的数据连接，如图 6-16 所示。

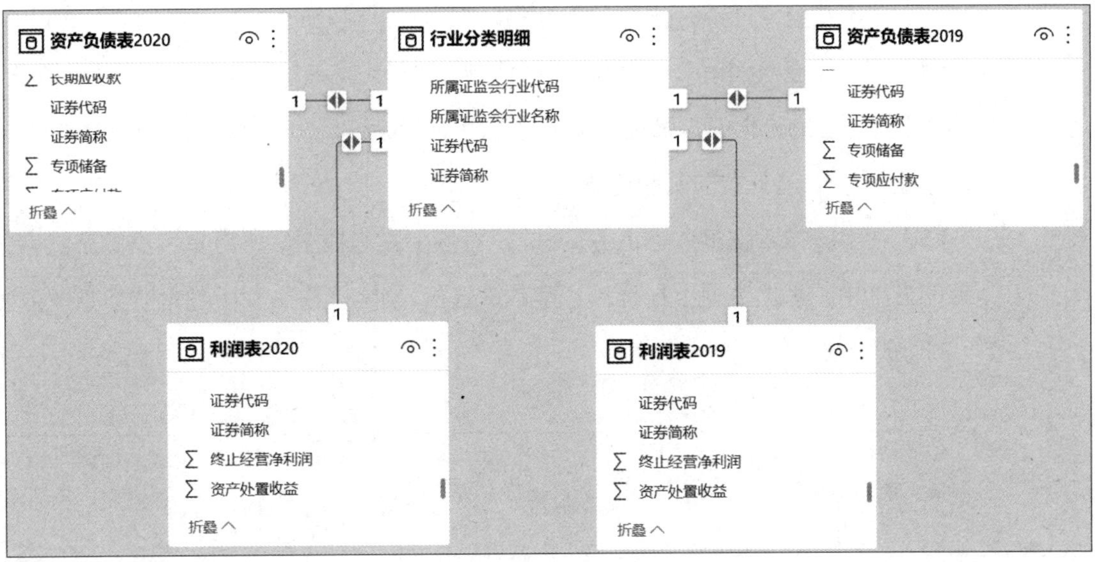

图 6-16　数据连接

（二）添加财务指标计算字段与过滤规则

（1）单击左侧“数据”，进入表工具工作区域。

（2）单击“新建列”，添加“营业收入增长率”计算字段，在格式框中，下拉选择“百分比”。采取相同的方法添加“营业利润增长率”“总资产增长率”“资本保值增值率”计算字段，如图 6-17 所示。

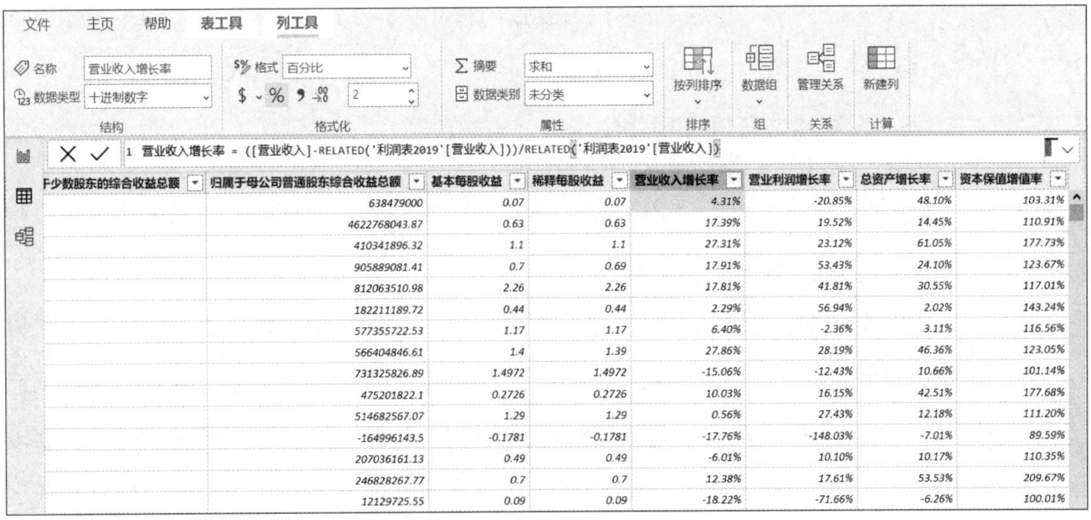

图 6-17　添加计算字段

（3）单击左侧“报表”进入主页，单击“筛选器”按钮，展开“筛选器”窗口。

（4）在字段搜索框输入“所属证监会行业名称”，将该字段拖拽至“所有页面上的筛选器”下方的方框中，筛选类型下拉选择“基本筛选”，在下方搜索框中输入“医药制造业”，单击选择“医药制造业”。

（5）在字段搜索框输入“证券简称”，将该字段拖拽至“所有页面上的筛选器”下方的方框中，筛选类型下拉选择“基本筛选”，剔除证券简称中包含“*ST”和包含“U”的企业，如图 6-18 所示。

图 6-18　添加筛选规则

（三）发展能力分析可视化呈现

（1）标题设置。单击“文本框”，在文本框中输入“康佳医疗发展能力分析可视化综合展示大屏”标题，居中对齐。

（2）财务指标可视化图形设计。由于医药制造业行业指标均值、标杆企业财务指标和康佳医疗财务指标可视化图形设计方法类似，因此本任务接下来以“医药制造业营业收入增长率平均数”为例进行可视化图形设计。单击“堆积柱状图”，在字段搜索框中输入“所属证监会行业名称”，将该字段拖拽至 X 轴下方框，之后继续在字段搜索框中输入“营业收入增长率”，并将该字段拖拽至 Y 轴下方框中，下拉选择“平均值”。

（3）单击“设置视觉对象格式”，在“视觉对象”下打开“数据标签”按钮，如图 6-19 所示。

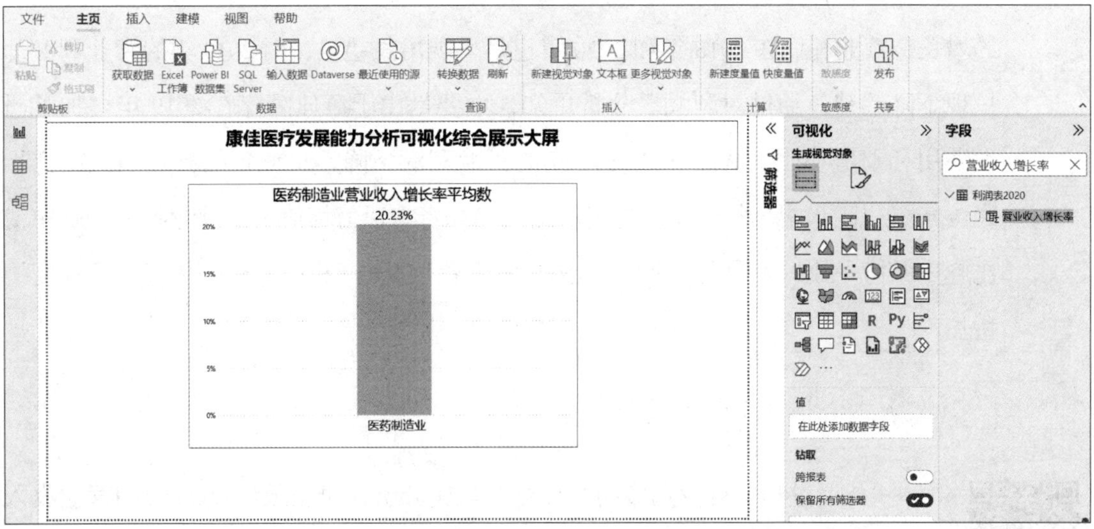

图 6-19 “医药制造业营业收入增长率平均数”可视化图形设计

数据分析平台发展能力分析可视化操作

（4）采取同样的方法对医药制造业其他发展能力指标平均值、标杆企业发展能力指标值和康佳医疗发展能力指标值进行可视化图形设计，如图 6-20 所示。

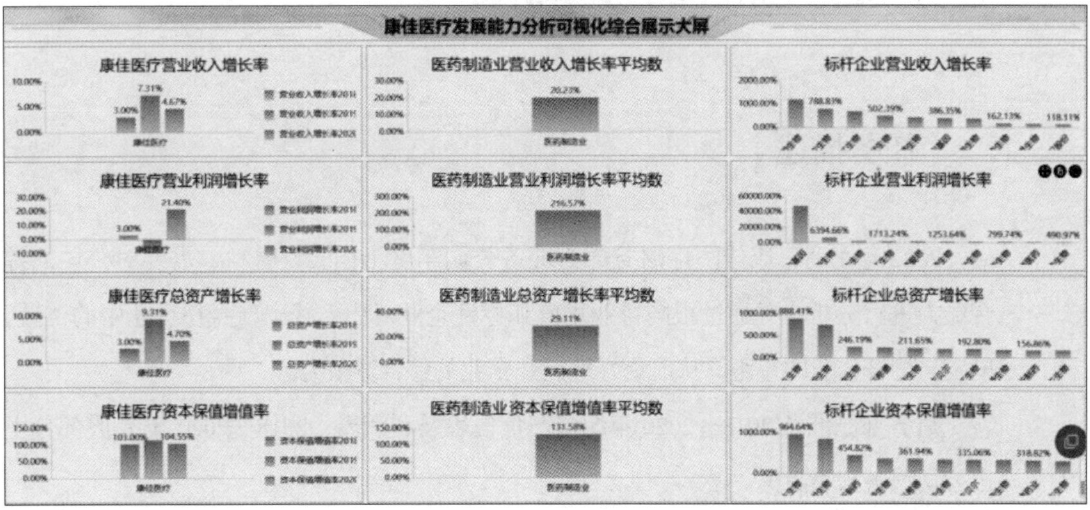

图 6-20 发展能力分析可视化综合展示大屏

二、发展能力分析

（一）康佳医疗发展能力分析

从上述指标分析可知，康佳医疗 2018 年至 2020 年的营业收入均呈现一定程度的增长，营业利润在 2018 年和 2020 年也是呈现增长趋势，而 2019 年的营业利润却呈现下降趋势。通过对利润表分析可知，主要是由于康佳医疗在 2019 年增加了研发费用和财务费用，从而导致 2019 年的营业利润下降，2020 年的营业利润相比于 2019 年又呈现大幅增长趋势。总资产增长率和资本保值增值率与营业收入增长率变化趋势保持一致，表明在营业收入增加的同时，总资产和净资产均呈现一定程度的增长。

（二）本企业与行业对比分析

任务6.4测试

通过与同行业均值和标杆企业对比分析，康佳医疗 2020 年的营业收入增长率、营业利润增长率、总资产增长率和资本保值增值率指标均低于行业均值，且与行业标杆企业差距巨大，表明康佳医疗的发展能力在同行业中处于落后位置，仍需进一步提升自身的发展能力。

任务 6.5　综合能力分析

【任务描述】

2022 年 1 月，康佳医疗财务部为准备公司年度工作会议材料，需要对公司的综合能力进行分析，并通过跟同行业均值和标杆企业对比，找出自身在行业中的位置，以及与标杆企业的差距，从而更好地提升企业的综合竞争力。

财务部已准备 2018—2020 年的资产负债表及利润表，2018—2020 年 A 股部分上市公司财务报表数据。

任务布置：

1. 结合康佳医疗的财务报表资料，采用杜邦分析法对康佳医疗2020年的综合能力进行可视化呈现

2. 对康佳医疗的杜邦分析体系进行分解，采用连环替代法对净资产收益率进行因素分析

【相关知识】

综合能力分析是将有关财务指标按其内在联系结合起来，系统、全面、综合地对企业的财务状况和经营成果进行剖析、解释和评价，说明企业整体财务状况和经营成果的优劣。只有将各种不同报表、不同指标的分析与评价融为一体，才能从总体意义上把握企业财务状况和经营成果的优劣。

综合能力分析的方法有很多，其中应用比较广泛的有杜邦财务分析体系和沃尔比重评分法。

一、杜邦财务分析体系

杜邦财务分析体系（简称：杜邦体系）是利用各主要财务比率之间的内在联系，对企业财务状况和经营成果进行综合系统评价的方法。该体系是以股东权益净利率为龙头，以总资产净利率和权益乘数为核心，重点揭示企业获利能力及权益乘数对股东权益净利率的影响，以及各相关指标间的相互作用关系。

杜邦体系将股东权益净利率分解为若干财务指标，通过分析各分解指标的变动对股东权益净利率的影响来揭示企业盈利能力及其变动原因。

杜邦体系各主要指标之间的关系如下：

$$
\begin{aligned}
\text{股东权益净利率} &= \frac{\text{净利润}}{\text{销售收入}} \times \frac{\text{销售收入}}{\text{平均总资产}} \times \frac{\text{平均总资产}}{\text{平均股东权益}} \\
&= \text{营业净利率} \times \text{总资产周转率} \times \text{权益乘数} \\
&= \text{总资产净利率} \times \text{权益乘数}
\end{aligned}
$$

无论提高其中的哪个比率，股东权益净利率都会提高。其中，“营业净利率”是利润表的概括，“销售收入”在利润表的第一行，“净利润”在利润表的最后一行，两者相除可以概括全部经营成果；“权益乘数”是资产负债表的概括，表明资产、负债和股东权益的比例关系，可以反映最基本的财务状况；“总资产周转率”把利润表和资产负债表联系起来，使股东权益净利率可以综合反映整个企业经营活动和财务活动的业绩。杜邦体系的基本框架如图 6-21 所示。

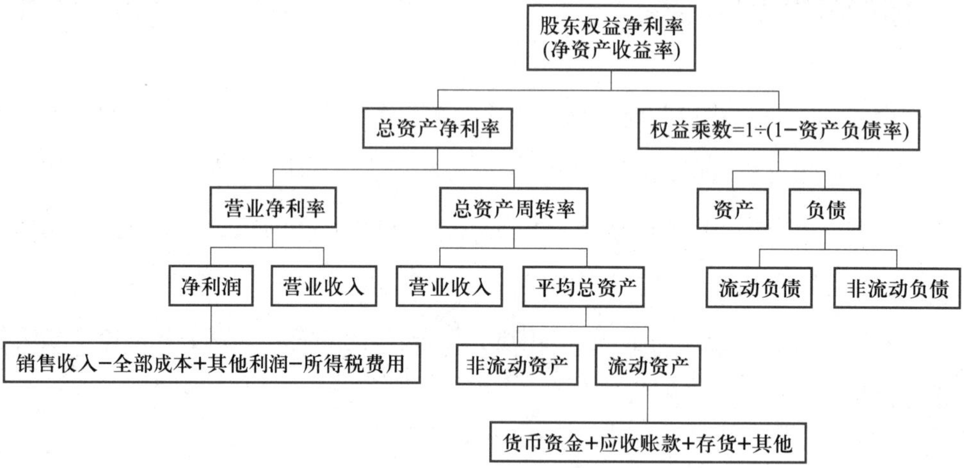

图 6-21　杜邦体系基本框架

杜邦体系是将有关财务比率和财务指标以系统分析图的形式联系在一起，通过这一体系图，可以了解以下问题：

（1）股东权益净利率是一个综合性最强的财务比率，是杜邦体系的起点。该指标反映了企业所有者投入资本的获利能力，说明了企业筹资、投资、资产运营等各项财务及其管理活动的效率，而不断提高股东权益净利率是股东权益最大化的基本保证。该指标的高低取决于营业净利率、总资产周转率和权益乘数。企业所有者、经营者都十分关心该指标。

（2）营业净利率反映了企业净利润与销售收入的关系。提高营业净利率是提高企业盈利的关键，主要有两个途径：一是扩大销售收入，二是降低成本费用。扩大销售收入既有利于提高营业净利率，又有利于提高总资产周转率。降低成本费用是提高营业净利率的一个重要手段，从杜邦体系基本框架可以分析成本费用的基本结构，企业应找出降低成本费用的途径和加强成本费用控制的办法。

（3）总资产周转率揭示企业平均总资产实现销售收入的综合能力。影响总资产周转率的重要因素是平均总资产。总资产由流动资产和非流动资产组成，它们的结构合理与否将直接影响资产的周转速度。一般来说，流动资产直接体现企业的偿债能力和变现能力，而非流动资产则体现了企业的经营规模和发展潜力。两者之间应该有一个合理的比例关系。如果发现某项资产比重过大，影响资金周转，就应深入分析原因，例如企业持有的货币资金超过业务需要，就会影响企业的盈利能力；如果企业占有过多的存货和应收账款，则既会影响获利能力，又会影响偿债能力。因此，还应进一步分析各项资产的占有数额和周转速度。

（4）权益乘数是受资产负债率影响的指标，反映了平均股东权益与平均总资产的关系。权益乘数越大，说明企业负债程度较高，能给企业带来较大的财务杠杆利益，但同时也带来了较大的偿债风险。因此，企业既要合理使用全部资产，又要妥善安排资本结构。

通过杜邦体系自上而下逐层分解，可以全方位地揭示与披露企业各项财务指标间的结构关系，查明各主要指标变动的影响因素，为决策者优化经营或理财状况，提高企业经营效益提供可靠依据。

二、沃尔比重评分法

沃尔比重评分法是指将选定的财务比率用线性关系结合起来，并分别给定财务比率各自的分数比重，然后通过与标准比率进行比较，确定各项指标的得分及总体指标的累计分数，从而对企业的信用水平作出评价的方法。

沃尔比重评分法的基本步骤包括：

（1）选择评价指标并分配指标权重。选择部分盈利能力、偿债能力、发展能力等指标，按重要程度分配各项比率指标的权重。

（2）确定各项比率指标的标准值，即各指标在企业现时条件下的最优值。

（3）计算企业在一定时期各项比率指标的实际值。

（4）形成评价结果。沃尔比重评分法的公式为：实际分数 =（实际值 / 标准值）× 权重。当实际值大于标准值为理想结果时，此公式计算结果正确；但当实际值小于标准值为理想结果时，实际值越小得分应越高，但使用此公式计算的结果却恰恰相反，此时该公式计算结果无效；另外，当某一单项指标的实际值畸高时，会导致最后总分大幅度增加，掩盖情况不良的指标，从而给管理者造成一种假象。

【任务实现】

一、康佳医疗杜邦财务分析可视化综合呈现

根据任务要求，需要采用杜邦财务分析体系对康佳医疗进行综合能力分析，由于前文已经对康佳医疗的偿债能力、营运能力、盈利能力和发展能力等指标进行了分析，因此接下来直接进行杜邦财务分析可视化综合呈现，如图 6-22 所示。

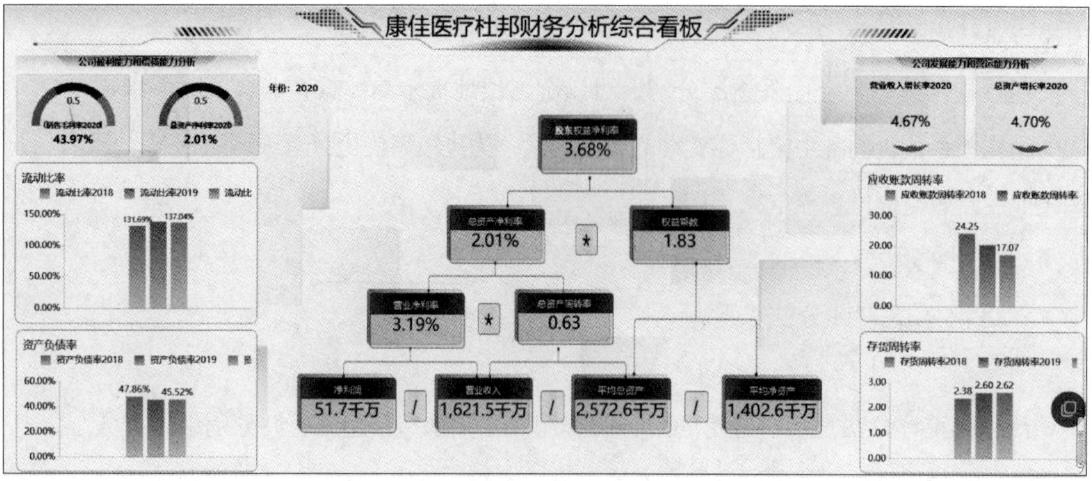

图 6-22　康佳医疗杜邦财务分析综合看板

二、康佳医疗净资产收益率影响因素分析

将康佳医疗 2020 年和 2019 年的净资产收益率按照杜邦财务分析体系进行分析，分析各影响因素对净资产收益率的影响，杜邦财务分析体系分解表如表 6-1 所示。

表6-1　康佳医疗杜邦财务分析体系分解表

财务指标	净资产收益率 /%	第一因子	第二因子	第三因子	因子对净资产收益率变化产生的影响 /%
		营业净利率 /%	总资产周转率	权益乘数	
2020年实际值	3.68%	3.19%	0.63	1.83	—
2019年实际值	2.33%	1.95%	0.64	1.87	—
替代第一因子	3.82%	3.19%	0.64	1.87	1.49%
替代第二因子	3.76%	3.19%	0.63	1.87	−0.06%
替代第三因子	3.68%	3.19%	0.63	1.83	−0.08%
因素影响大小排序	—	1	3	2	—

注意：由于计算结果误差，本表中净资产收益率 = 营业净利率 × 总资产周转率 × 权益乘数；根据因素分析结果，按各因素影响结果的绝对值从大到小使用“123”进行排序。

通过上述对康佳医疗的净资产收益率指标按照杜邦财务分析体系进行分解可知，2020 年与 2019 年的净资产收益率差额为 1.35%，按照营业净利率、总资产周转率和权益乘数的顺序，采用连环替代法进行因素分析可知，对净资产收益率产生影响最大的因素为营业净利率，使净资产收益率增加了 1.49%，因此康佳医疗可以通过提高营业净利率来达到提高净资产收益率的目的。

任务 6.5 测试

任务 6.6　行业竞争力分析

【任务描述】

2022 年 1 月，康佳医疗财务部正在准备公司年度工作会议材料。康佳医疗属于医药制造业，由于近几年新冠肺炎疫情的发生，对医药制造业产生了重大影响，因此董事会想要了解一下医药制造业的综合竞争能力，于是让公司财务部对医药制造业的行业竞争力进行分析。

财务部已准备 2018—2020 年 A 股部分上市公司财务报表数据。

任务布置：

1. 运用数据分析平台，从2020年的净资产收益率、营业净利率、权益乘数和总资产周转率等相关指标对上市公司进行行业对比分析，对分析结果进行可视化呈现

2. 对医药制造业的行业竞争力进行分析

【任务实现】

一、行业竞争力分析的可视化呈现

（一）选择数据源与数据连接

根据任务要求，行业指标均值计算运用到的数据源主要包括“行业分类明细”“资产负债表2020”“资产负债表2019”“利润表2020”“利润表2019”，因此需要将相关数据源上传至Power BI并进行数据连接。

具体操作步骤如下：

（1）启动Power BI Desktop。

（2）单击“获取数据”。

（3）单击“Excel工作簿”图标，选择需要上传的数据源类型。

（4）导航器页面左侧勾选需要添加的数据，单击“加载”按钮，完成添加数据。

（5）选中“行业分类明细”中的“证券简称”字段，将其拖拽至“资产负债表2020”中的“证券简称”字段，即可完成“资产负债表2020”与“行业分类明细”数据连接操作，采取同样的方式完成“资产负债表2019”“利润表2020”“利润表2019”与“行业分类明细”的数据连接，如图6-23所示。

（二）添加财务指标计算字段与过滤规则

（1）单击左侧“数据”，进入表工具工作区域。

（2）单击“新建列”，添加“净资产收益率”计算字段，在格式框中，下拉选择“百分比”。采取相同的方法添加“营业净利率”“总资产周转率”“权益乘数”计算字段，如图6-24所示。

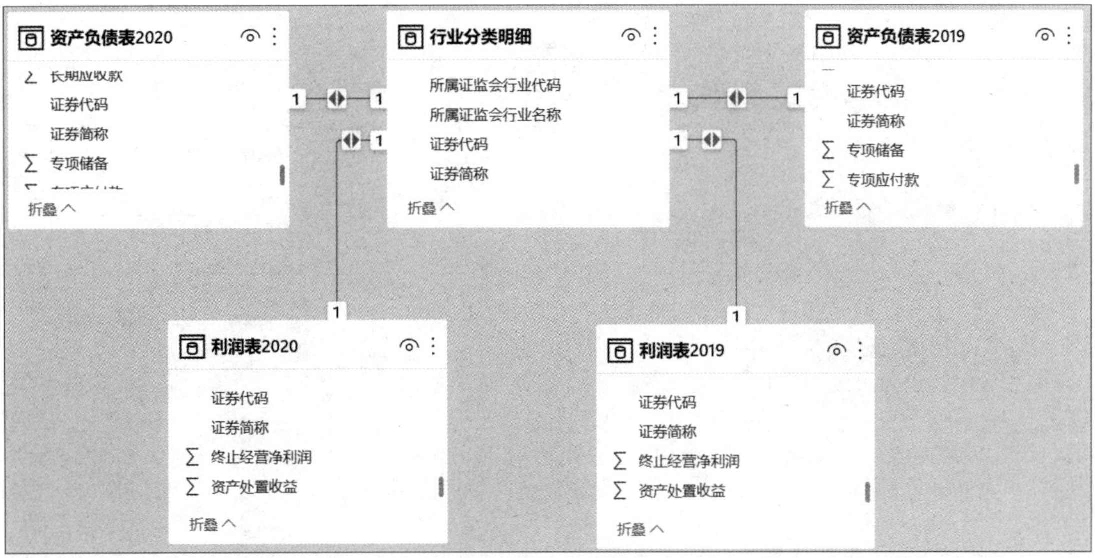

图 6-23　数据连接

图 6-24　添加计算字段

（3）单击左侧“报表”，进入主页，单击“筛选器”按钮，展开“筛选器”窗口。

（4）在字段搜索框输入“证券简称”，将该字段拖拽至“所有页面上的筛选器”下方的方框中，筛选类型下拉选择“基本筛选”，剔除证券简称中包含“*ST”和包含“U”的企业，如图 6-25 所示。

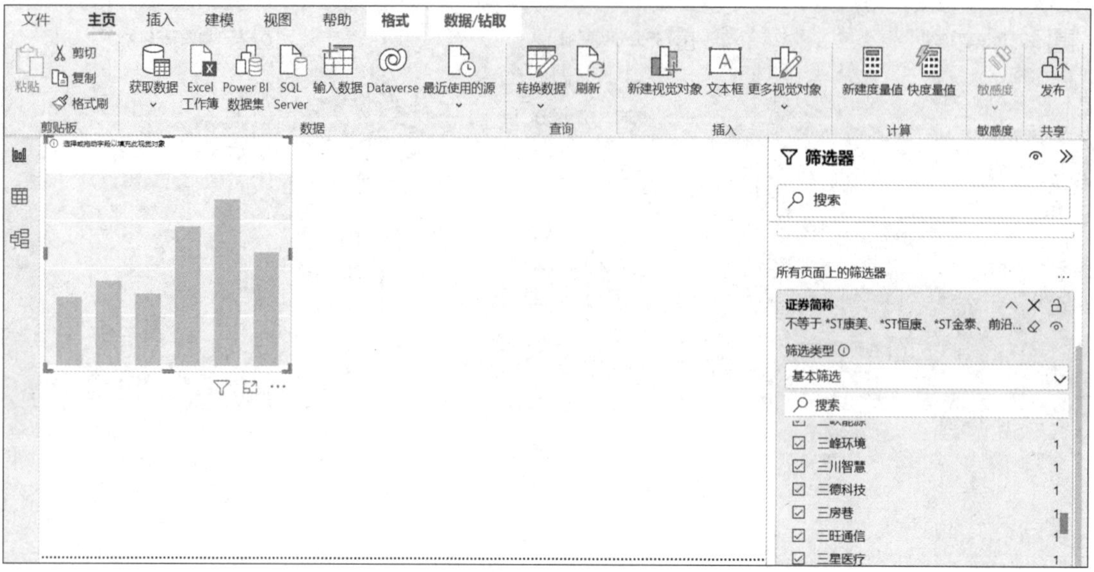

图 6-25　添加筛选规则

（三）行业竞争力分析可视化呈现

（1）标题设置。单击“文本框”，在文本框中输入“行业竞争力分析可视化综合展示大屏”标题，字体大小设置为“32 号”，字体“加粗”，字体颜色设置为“主体颜色 1”，居中对齐。

（2）财务指标可视化图形设计。由于财务指标可视化图形设计方法类似，因此本任务接下来以“净资产收益率的平均值”为例进行可视化图形设计。单击“簇状条形图”，在字段搜索框中输入“所属证监会行业名称”，将该字段拖拽至 *X* 轴下方框，之后继续在字段搜索框中输入“净资产收益率”，并将该字段拖拽至 *Y* 轴下方框中，下拉选择“平均值”。

（3）单击“设置视觉对象格式”，在“视觉对象”下打开“数据标签”按钮，如图 6-26 所示。

（4）采取同样的方法对行业竞争力其他财务指标值进行可视化图形设计，如图 6-27 所示。

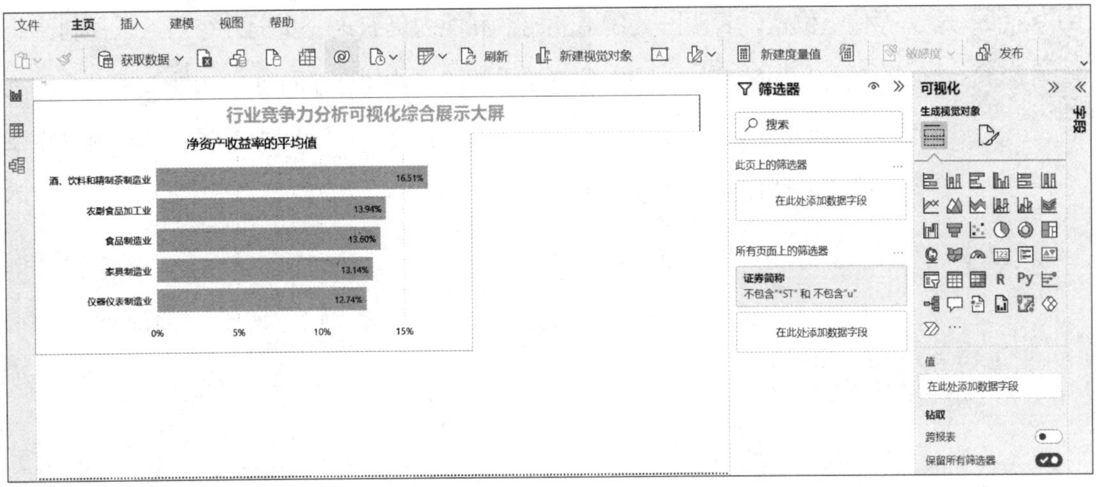

图 6-26 “净资产收益率的平均值”可视化图形设计

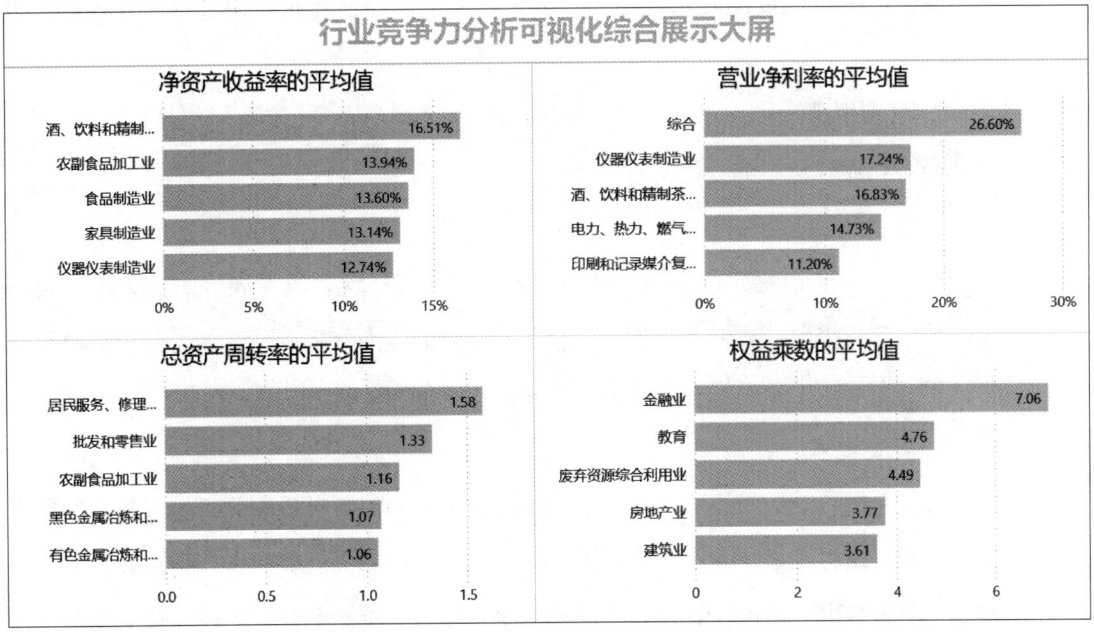

图 6-27 行业竞争力分析可视化综合展示大屏

二、医药制造业行业竞争力分析

通过对行业竞争力进行分析可知，净资产收益率的平均值排名第一的行业为酒、饮料和精制茶制造业，对应的行业均值为 16.51%，医药制造业的净资产收益率的平均值和营业净利率的平均值在全行业中分别排名第 11 位和 10 位，在全行业中处于中

任务6.6测试

等偏上位置，表明医药制造业的盈利能力仍有进一步提升空间。医药制造业的总资产周转率的平均值和权益乘数的平均值在全行业中均处于相对落后位置，表明医药制造业的总资产周转速度较慢，营运能力不强，同时由权益乘数代表的偿债能力在全行业中相对较弱。

大赛直通车

1. 赛项名称及竞赛模块

业财税融合大数据应用赛项——基于数字场景的管理业财税融合与大数据应用模块。

2. 赛项组别

高等职业教育。

3. 竞赛内容

根据给定的企业和行业的资产负债表、利润表、现金流量表等财务数据，利用中联数据分析平台计算财务指标并对企业进行偿债能力分析、营运能力分析、盈利能力分析、发展能力分析、综合能力分析和行业竞争力分析。

4. 竞赛要求

该部分内容对应模块为第三模块（团队赛）中的财务大数据分析内容，各参赛队由分析业务岗根据给定的企业和有关同行业上市公司的资产负债表、利润表、现金流量表等财务数据，通过计算企业的流动比率、净资产收益率、总资产周转率等财务指标对企业进行财务分析。并运用中联数据分析平台计算同行业先进企业财务指标或同行业均值，与目标企业进行对比分析。

5. 相关评分标准及解析

（1）相关评分标准。

通过计算流动比率、总资产周转率、净资产收益率等财务指标对企业进行财务分析；通过计算同行业先进企业财务指标或同行业均值，与目标企业进行对比分析，分析目标企业在同行业中所处的位置，并找出与先进企业的差距，从而更好地为企业进一步决策提供依据。

通过分解净资产收益率，对企业进行杜邦财务分析，并分析各分解因素（总资产周转率、权益乘数及营业净利率）的变化对净资产收益率的影响；通过采用沃尔比重评分法，将选定的财务比率用线性关系结合起来，并分别给定各自的分数比重，然后通过与标准企业对应的财务比率进行比较，确定各项指标的得分及总体指标的累计分数，从而对企业的信用水平作出评价。

（2）评分标准解析。

企业财务指标分析的成绩评定包括计算目标企业本期与上期的指标值及指标变动，并运用中联数据分析平台计算同行业先进企业的财务指标值，根据指标值大小等进行排序，选出排名靠前的企业及对应的指标值，并计算同行业指标均值及目标企业与行业均值的差异，并根据相关分析选出表述正确或错误的选项。

单元学习评价

按照表6-2企业财务指标分析学习评价表的考核内容分别评价各项内容的完成度并计算得分，按考核项目的权重计算本单元的总分。

表6-2　企业财务指标分析学习评价表

考核项目	权重/%	考核内容	分值	得分
知识	30	按时完成偿债能力分析的目的与内容相关知识的阅读或听讲	10	
		按时完成营运能力分析的目的与内容相关知识的阅读或听讲	10	
		按时完成盈利能力分析的目的与内容相关知识的阅读或听讲	10	
		按时完成发展能力分析的目的与内容相关知识的阅读或听讲	10	
		按时完成杜邦财务分析体系、沃尔比重评分法相关知识的阅读或听讲	10	
		积极参与本单元规定的偿债能力分析、营运能力分析、盈利能力分析、发展能力分析、综合能力分析和行业竞争力分析的讨论与交流活动	10	

续表

考核项目	权重 /%	考核内容	分值	得分
知识	30	正确完成本单元规定的偿债能力分析、营运能力分析、盈利能力分析、发展能力分析、综合能力分析和行业竞争力分析的线上、线下测试与作业	40	
技能	50	完成偿债能力指标计算、可视化呈现及分析	15	
		完成营运能力指标计算、可视化呈现及分析	15	
		完成盈利能力指标计算、可视化呈现及分析	15	
		完成发展能力指标计算、可视化呈现及分析	15	
		完成综合能力指标计算、可视化呈现及分析	20	
		完成行业竞争力指标计算、可视化呈现及分析	20	
素养	20	完成本单元规定的职业素养基本要求	50	
		结合本单元实例，完成培养树立辩证思维、坚持守正创新等职业素养的讨论或撰写心得感悟短文	50	
总体评价			100	

单元7

大数据财税风险预警分析

学习目标

知识目标

- 了解税务风险的基本概念；
- 理解税务风险识别与税务风险评估的基本方法；
- 掌握税务风险预警指标体系与指标计算方法；
- 了解企业财务风险的基本概念；
- 掌握财务风险预警模型；
- 了解建立财务风险预警模型时应把握的原则。

技能目标

- 利用典型数据分析工具，能够计算税务风险预警指标，及时、正确地进行税务风险预警分析；
- 能够计算财务风险预警指标，及时、正确地进行财务风险预警分析。

素养目标

- 通过对税务风险预警分析和财务风险预警分析的学习，培养底线思维，做到居安思危；
- 牢固树立纳税人意识，自觉履行依法纳税义务，积极行使监督权利，同各种违反税法的行为作斗争。

思维导图

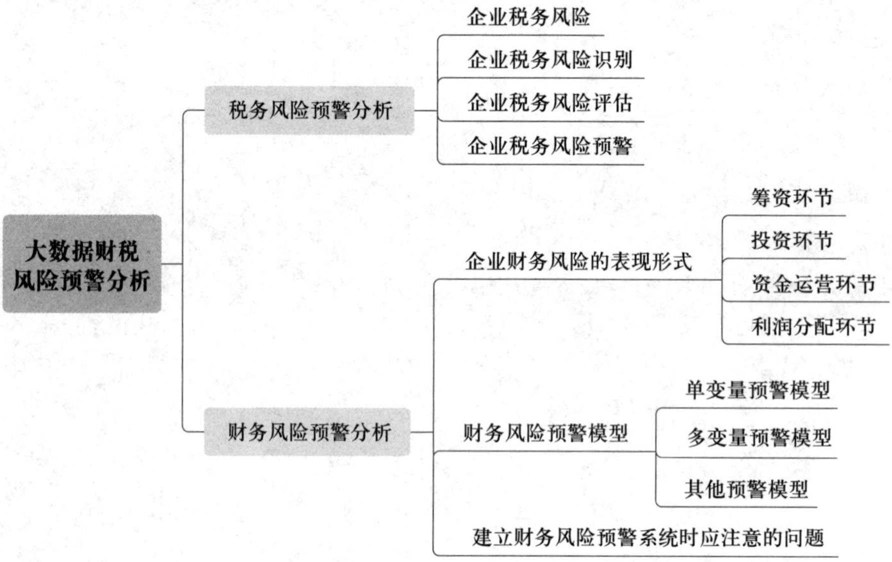

职业素养提升

坚持底线思维，做到居安思危

党的二十大报告指出“我们必须增强忧患意识，坚持底线思维，做到居安思危……”。底线是不可逾越的警戒线、是事物质变的临界点。当今社会正处在百年未有之大变局，企业赖以生存和发展的外部环境充满变数，而企业自身也时常存在各种各样的隐患，从而导致企业存在财务风险和税务风险，这就要求我们必须坚持底线思维，及时准确地判断企业的财务风险和税务风险危机程度，以便有效地防范或化解企业可能出现的财务危机。

作为财务工作者，我们要做到居安思危，在日常财务工作中建立财税风险预警机制，及时准确地识别和评估企业可能存在的各种财务风险和税务风险。对于达到财务风险和税务风险预警基准线的风险点及时采取相应措施降低或化解风险，使企业处于安全水平范围之内，切实提高企业的财务风险和税务风险应对能力，如此才能在风险面前临危不惧，将各种风险化解于无形，从而促进企业健康有序发展。

任务 7.1　税务风险预警分析

【任务描述】

2022 年 1 月，康佳医疗财务部为准备公司年度工作会议材料，需要对公司的税务风险进行分析，从而更好地对公司的税务风险进行预警，并最终提升企业的综合竞争力。

康佳医疗属于增值税一般纳税人，涉及的税种包括增值税、企业所得税、城市维护建设税、教育费附加、地方教育附加、印花税以及预扣预缴的个人所得税等。2018—2020 年度康佳医疗主要税种纳税申报数据如表 7–1 所示。

表 7–1　康佳医疗 2018—2020 年度主要税种纳税申报数据

单位：万元

税种名称	2020 年	2019 年	2018 年
增值税	13 209.27	13 504.03	13 356.66
企业所得税	71 714.09	71 280.71	–556.49

财务部已准备公司 2018—2020 年的资产负债表，2018—2020 年 A 股部分上市公司财务报表数据。

任务布置：

1. 根据给定的 2018—2020 年度中国 A 股上市公司的财务报表数据，运用大数据分析工具，计算填写 2020 年医药制造业（剔除证券简称中包含“*ST”和“U”的企业）税务风险预警指标行业均值（如表 7–2 所示）

表 7–2　税务风险预警指标行业均值计算

预警指标		行业均值 /%	税务风险预警指标计算公式
1	账面所得税税收负担率		账面所得税税收负担率 = 所得税费用 / 利润总额 × 100%

续表

预警指标		行业均值 /%	税务风险预警指标计算公式
2	营业收入税收负担率		营业收入税收负担率＝支付的各项税费／营业收入 ×100%
3	营业收入企业所得税负担率		营业收入企业所得税负担率＝所得税费用／营业收入 ×100%
4	利润税收负担率		利润税收负担率＝支付的各项税费／利润总额 ×100%
5	经营活动现金流出税负率		经营活动现金流出税负率＝支付的各项税费／经营活动现金流出 ×100%
6	增值税税负率	3.50	增值税税负率＝实际缴纳的增值税税额／营业收入 ×100%
7	企业所得税贡献率	1.00	企业所得税贡献率＝实际缴纳的企业所得税税额／营业收入 ×100%

2. 请设置康佳医疗税务风险预警基准线

3. 根据康佳医疗的相关财务数据计算表 7-3 中 2020 年税务风险预警指标值和偏离度，并进行相关分析

表 7-3　税务风险预警指标值和偏离度

预警指标		计算公式	预警指标值 /%	行业均值 /%	偏离度 /%	安全级别
1	账面所得税税收负担率	＝所得税费用／利润总额 ×100%				
2	营业收入税收负担率	＝支付的各项税费／营业收入 ×100%				
3	营业收入企业所得税负担率	＝所得税费用／营业收入 ×100%				
4	利润税收负担率	＝支付的各项税费／利润总额 ×100%				
5	经营活动现金流出税负率	＝支付的各项税费／经营活动现金流出 ×100%				
6	增值税税负率	＝实际缴纳的增值税税额／营业收入 ×100%		3.50		
7	企业所得税贡献率	＝实际缴纳的企业所得税税额／营业收入 ×100%		1.00		

【相关知识】

一、企业税务风险

企业税务风险是指在企业生产经营过程中，未能有效遵从税收法规的一种不确定性，这种不确定性产生的后果可能是由于少纳税、晚纳税被税务机关处罚，从而给企业带来包括经济、声誉、投资心理甚至是法律上的损失，或者是多交税导致了企业经济利益受损等。

二、企业税务风险识别

企业税务风险分为两类，外部税务风险和内部税务风险，其中企业外部税务风险可控制性较弱，很难在事先进行识别与评估，内部税务风险是企业税务风险的主要来源，与企业的生产经营息息相关，识别起来比较容易，且可控制性较强，是本任务学习如何识别与评估的税务风险。

三、企业税务风险评估

由于企业对于外部的涉税数据获取难度较大、信息不充分，因此企业外部税务风险通常采用定性评估的方法。而获取企业生产经营的财务数据较为容易、准确，因此企业内部税务风险通常采用定量评估的方法，也是本任务主要介绍的评估方法。

四、企业税务风险预警

财务报表分析法是最为常用的税务风险预警方法。首先，通过企业财务报表上的相关数据，计算各类税务风险预警指标。然后，采用比较分析法对数据进行分析，若某项指标与同行业、同类企业或企业以前年度平均水平相比差异较大，则说明企业存在税务风险。企业可以参照《纳税评估管理办法（试行）》（国税发〔2005〕43号）等文件提供的各类指标和模型，建立科学合理的税务预警体系。企业税务风险预警指标体系由一系列的指标组成的，依据企业财务数据，可将企业税务风险测评指标分为三大类，即财务分析指标、税务分析指标以及配比分析指标，具体的预警指标计算公式及监测风险点见表 7-4～表 7-6。其中税务分析指标、配比分析指标为核心指标，财务分析指标为辅助指标。

表7-4　财务分析指标的计算公式及监测的税务风险点

二级指标	三级指标	计算公式	监测风险点
收入类评估分析指标	营业收入变动率	（本期营业收入－上期营业收入）／上期营业收入 ×100%	如营业收入变动率超出预警值范围，可能存在少计收入问题和多列成本等问题。
	预收账款收入比	预收账款余额／营业收入	预收账款比例偏大，可能存在未及时确认销售收入行为；重点检查合同是否真实、款项是否真实入账；可根据行业规律判断其是否存在未及时确认销售收入的情况
	营业外收入占主营业务收入比率	营业外收入／主营业务收入 ×100%	分析是否存在将主营业务收入或其他应税收入列入营业外收入账户，从而评析企业是否存在少缴税款的情况
成本类评估分析指标	营业成本变动率	（本期营业成本－上期营业成本）／上期营业成本 ×100%	营业成本变动率超出预警值范围，可能存在销售未计收入、多列成本费用、扩大税前扣除范围等问题
	收入成本率	营业成本／营业收入 ×100%	如收入成本率较高，则有可能存在少计销售额、销售价格偏低导致销售收入降低；直接结转销售成本，不确认收入，也就是收入不入账，商品发出后，成本照样结转；少缴增值税，同时少缴企业所得税的风险
费用类评估分析指标	销售费用变动率	（本期销售费用－上期销售费用）／上期销售费用 ×100%	与预警值相比，如相差较大，可能存在多列费用问题
	营业（管理、财务）费用变动率	（本期管理、财务费用－上期管理、财务费用）/上期管理、财务费用 ×100%	如果营业（管理、财务）费用变动率与前期相差较大，可能存在税前多列支营业（管理、财务）费用问题
	成本费用率	（销售费用＋管理费用＋财务费用）／营业成本 ×100%	与预警值相比，如相差较大，企业可能存在多列期间费用问题
	成本费用利润率	利润总额／成本费用总额 ×100%，其中：成本费用总额＝营业成本＋费用	（1）与预警值相比，如果企业本期成本费用利润率异常，可能存在多列成本、费用等问题。 （2）税前列支费用评估分析指标：工资扣除限额、“三费”（职工福利费、工会经费、职工教育经费）扣除限额、交际应酬费列支额（业务招待费扣除限额）、公益

续表

二级指标	三级指标	计算公式	监测风险点
费用类评估分析指标	成本费用利润率	利润总额 / 成本费用总额 ×100%，其中：成本费用总额 = 营业成本 + 费用	救济性捐赠扣除限额、开办费摊销额、技术开发费加计扣除额、广告费扣除限额、业务宣传费扣除限额、财产损失扣除限额、呆（坏）账损失扣除限额、总机构管理费扣除限额、社会保险费扣除限额、无形资产摊销额、递延资产摊销额等。 (3) 如果申报扣除（摊销）额超过允许扣除（摊销）标准，可能存在未按规定进行纳税调整，擅自扩大扣除（摊销）基数等问题
	其他支出比	营业外支出 / 营业收入	营业外支出包括了固定资产盘亏损失、非流动资产毁损报废损失、非常损失等项目。因此，如销售营业外支出率较高，则有可能存在少计销售额、销售价格偏低导致销售收入降低，少缴增值税、企业所得税的风险；同时也存在增值税进项税额未及时转出，多缴增值税、企业所得税的风险
	期间费用率	（销售费用 + 管理费用 + 财务费用）/ 营业收入 ×100%	如销售期间费用率较高，则有可能存在少计销售额、销售价格偏低导致销售收入降低；多列支费用，从而导致少缴企业所得税的风险
利润类评估分析指标	营业利润变动率	（本期营业利润 − 上期营业利润）/ 上期营业利润 ×100%	与预警值相比相差较大，可能存在多结转成本或不计、少计收入问题。应按审核分析允许弥补的亏损数额。如申报弥补亏损额大于税前弥补亏损扣除限额，可能存在未按规定申报税前弥补等问题。营业外收入增减额与基期相比减少较多，可能存在隐瞒营业外收入问题
	营业外支出变动率	（本期营业外支出 − 上期营业外支出）/ 上期营业外支出 ×100%	营业外支出增减额与基期相比支出增加较多，可能存在将不符合规定支出列入营业外支出
	资本收益率	净利润 / [（年初实收资本 + 年末实收资本）/2] ×100%	企业资本收益率越高，其投资者获得的回报水平也就越高。资本收益率若小于行业水平，就可以说明企业获利能力偏低，同时也要考虑企业是否存在少计收入、多列成本费用，人为调节的风险
	营业利润率	营业利润 / 营业收入 ×100%	如营业利润率过高，则可能存在购进货物已入账，但在销售货物时，只结转主营业务成本而不计或少计销售额问题，从而导致增值税、企业所得税的税务风险
资产类评估分析指标	净资产利润率	净利润 / 平均净资产 ×100%	分析资产综合利用情况。如指标与预警值相差较大，可能存在隐瞒收入，或闲置未用资产计提折旧问题
	总资产周转率（次数）	营业收入 / 平均总资产	分析总资产和存货周转情况，推测销售能力。如总资产周转率（次数）或存货周转率（次数）加快，而应纳税税额减少，可能存在隐瞒收入、虚增成本的问题
	存货周转率（次数）	营业成本 / 平均存货	

续表

二级指标	三级指标	计算公式	监测风险点
资产类评估分析指标	应收账款变动率	(期末应收账款－期初应收账款)/期初应收账款×100%	分析应收（付）账款增减变动情况，判断其销售实现和可能发生坏账情况。如应收（付）账款变动率增高，而销售收入减少，可能存在隐瞒收入、虚增成本的问题
	应付账款变动率	(期末应付账款－期初应付账款)/期初应付账款×100%	
	固定资产综合折旧率	固定资产折旧总额/固定资产原值总额×100%	固定资产综合折旧率高于基期标准值，可能存在税前多列支固定资产折旧额的问题。应检查各类固定资产的折旧计算情况，分析固定资产综合折旧率变化的原因
	资产负债率	总负债/总资产×100% 其中：总负债＝流动负债＋非流动负债，总资产是扣除累计折旧后的净额	分析企业经营活力，判断其偿债能力。如果资产负债率与预警值相差较大，则企业偿债能力有问题，要考虑由此对税收收入产生的影响。资产负债率提高，如果与企业借款变化有关，应重点关注借款合同，防止因将应税收入挤入负债造成的税务风险；了解企业的财务状况，如果资产负债率高，则企业的经营风险就大，同样，不能及时缴纳税款的风险就大；如果资产负债率超过1，需关注“资产负债表”中“未分配利润”的金额，注意亏损的弥补；同时，还应关注合同是否存在少缴印花税的问题
	固定资产周转率(次数)	营业收入/固定资产平均净值	固定资产周转率（次数）可以反映企业利用固定资产获利的能力及对固定资产的利用及管理效率。可以在行业内进行横向比较，如果企业的固定资产周转率(次数）小于行业平均水平，反映出企业固定资产的利用率偏低，其生产能力没有得到充分利用，在这种情况下企业若继续新增固定资产，就可能存在接受虚开固定资产增值税专用发票的情况，还应关注企业是否存在少计收入的情况
	流动资金周转率	营业收入/[(期初流动资金＋期末流动资金)/2]×100%	流动资金周转率反映一个企业流动资金的运用效率。流动资金周转率越高，企业的流动资产运用效率就会越高，因此可以利用该指标在行业中进行横向比较，当该指标低于行业平均水平时，企业就有可能存在未按要求确认销售收入的可能性
	资产收益率	净利润/[(期初资产合计＋期末资产合计)/2]×100%	资产的本质是预期带来经济利益的流入，一定数额的资产与净利润之间有内在关系。与历史数据相比，如果指标数据明显升高，就存在多计费用、支出，少计收入的可能性，从而导致企业所得税税务风险。该指标反映企业净资产的获利能力，从而判断有无漏记收入或多转成本、多摊费用等问题；以净利润、所有者权益作为起点进行分析容易发现企业存在的税务风险。资产收益率在同行业中显著偏高，可视为异常情况；再通过分析影响利润的收入、成本、费用等会计项目，可以发现涉税问题

续表

二级指标	三级指标	计算公式	监测风险点
资产类评估分析指标	收入资产比	[(期初资产合计+期末资产合计)/2]/营业收入	如发现收入资产比升高，而盈利水平降低，则存在少计收入或收入不入账、多转成本和费用的可能性；如果收入资产比与历史相比大幅升高，或与同行业相比明显偏高，则存在销售收入不入账、少入账或虚列资产的可能性，从而导致少缴增值税、企业所得税方面的税务风险
	成本存货比	[(期初存货+期末存货)/2]/营业成本	可结合盈利水平进一步分析，若该指标升高，应考虑是否存在多转成本和费用的情况；还可以结合两年的数据比较，如果存货周转天数缩短，说明销售实现状况好，存货库存积压少，销售收入应该有所增加，增值税税负较高；但如果销售收入没有增加或增幅很小，增值税税收负担率低，就有可能存在少计收入或多转成本、少缴增值税和企业所得税的风险
	存货收入比	(期末存货－营业收入)/营业收入	期末存货额与当期累计收入对比异常，可能存在库存商品不真实，销售货物后未结转收入等问题。检查"库存商品"账户，并结合"预收账款""应收账款""其他应付款"等账户进行分析，如果"库存商品"账户余额大于"预收账款""应收账款"贷方余额、"应付账款"有借方余额且有长期挂账，可能存在少计收入问题。应检查存货是否真实，与原始凭证、账载数据是否一致
	存货资本比	(期末存货－实收资本)/实收资本	期末存货额大于实收资本，生产经营不正常，可能存在库存商品不真实，销售货物后未结转收入等问题。检查"应付账款""其他应付款""预收账款"以及短期借款、长期借款等科目期末贷方余额是否有大幅度的增加，应注意存货是否与账面相符。
	应收账款周转率(次数)	营业收入/平均应收账款总额	如果应收账款周转率（次数）高，说明资金周转速度快，一般表明企业的经营状况较好，税负稳步提高；如果应收账款周转率（次数）低，说明资金周转速度慢，可能存在虚假购进商品、多计进项税额、少缴增值税和企业所得税的风险
偿债能力分析指标	流动资产负债比率	流动负债/流动资产×100%	如果流动资产负债比率过高，则应注意企业负债的真实性，特别是"其他应付款""应付账款"的真实性引发的税务风险。要关注是否存在销售收入没有入账，少缴流转税和所得税；是否将销售的回笼资金记入"应付账款""其他应付款"账户；是否有多抵扣增值税进项税额，少缴企业所得税及个人所得税等问题

表7-5　税务分析指标的计算公式及监测的税务风险点

二级指标	三级指标	计算公式	监测风险点
增值税	增值税税负率	实际缴纳的增值税税额/营业收入×100%	与预警值对比，如果增值税税负率低于预警值的，应以进项税额为评估重点，可查证有无扩大进项抵扣范围、骗抵进项税额、不按规定申报抵扣等问题，对应核实销项税额计算的正确性。 对销项税额的评估，应侧重查证有无账外经营、瞒报、迟报计税销售额、混淆增值税税率等问题
所得税	账面所得税税收负担率	所得税费用/利润总额×100%	与同行业同期和本企业基期账面所得税税收负担率相比，低于标准值可能存在不计或少计销售（营业）收入、多列成本费用、扩大税前扣除范围等问题，可以运用其他相关指标深入评估分析
	营业利润税收负担率	应纳税额/营业利润×100%	与同行业同期营业利润税收负担率相比，如果低于预定值，企业可能存在销售未计收入、多列成本费用、扩大税前扣除范围等问题，应作进一步分析
	应纳税额变动率	（当期应纳税额－上期应纳税额）/上期应纳税额×100%	如果企业处于税收优惠期前后，该指标发生较大变化，则可能存在少计收入、多列成本，人为调节利润问题；也可能存在费用配比不合理等问题
	企业所得税贡献率	实际缴纳的企业所得税/营业收入×100%	将同行业同期与本企业基期企业所得税贡献率相比，低于标准值视为异常，可能存在不计或少计销售（营业）收入、多列成本费用、扩大税前扣除范围等问题，应作进一步评估分析
	所得税贡献变动率	（当期企业所得税贡献率－上期企业所得税贡献率）/上期企业所得税贡献率×100%	与企业基期指标和同行业同期指标相比，低于标准值可能存在不计或少计销售（营业）收入、多列成本费用、扩大税前扣除范围等问题。运用其他相关指标深入详细评估，并结合上述指标评估结果，进一步分析企业销售(营业）收入、成本、费用的变化和异常情况及其原因
	营业收入企业所得税负担率	所得税费用/营业收入×100%	与同行业基期和本企业基期营业收入企业所得税负担率相比，低于标准值可能存在不计或少计销售（营业）收入、多列成本费用、扩大税前扣除等问题，可以运用其他相关指标深入评估分析
	所得税负担变动率	（当期所得税负担率－上期所得税负担率）/上期所得税负担率×100%	与企业基期和同行业同期指标相比，低于标准值可能存在不计或少计销售（营业）收入、多列成本费用、扩大税前扣除范围等问题。运用其他相关指标深入详细评估，并结合上述指标评估结果，进一步分析企业销售（营业）收入、成本、费用的变化和异常情况及其原因
印花税	印花税税负变动系数	当期印花税负担率/上期印花税负担率 其中：印花税负担率＝应纳税额/营业收入×100%	分析可比口径下印花税税额占计税收入的比例及其变化情况。当期印花税负担率与上年同期对比，正常情况下二者的比值应接近1。当比值小于1，可能存在未足额申报印花税问题

续表

二级指标	三级指标	计算公式	监测风险点
印花税	印花税同步增长系数	应纳税额变动率／营业收入变动率 其中：应纳税额变动率＝(当期应纳税额－上期应纳税额)／上期应纳税额×100% 营业收入变动率＝(本期营业收入－上期营业收入)／上期营业收入×100%	分析应纳税额变动率与营业收入变动率，评估企业申报纳税情况的真实性。正常情况下二者应基本同步增长，比值应接近1。当比值小于1，可能存在未足额申报印花税问题。分析中发现高于或低于预警值的，要借助其他指标深入分析并按照纳税评估管理办法规定处理
总体税负	营业收入税收负担率	支付的各项税费／营业收入×100%	与同行业同期和本企业基期营业收入税收负担率相比，低于标准值可能存在为了少缴税费而粉饰报表的情况，或存在大量采购导致增值税进项税额增加的情况等
	利润税收负担率	支付的各项税费／利润总额×100%	与同行业同期和本企业基期利润税收负担率相比，低于标准值可能存在利润总额不变而少缴纳企业所得税的情况，或支付的各项税费不变，虚增收入的情况等
	经营活动现金流出税负率	支付的各项税费／经营活动现金流出×100%	与同行业同期和本企业基期经营活动现金流出税负率相比，低于标准值可能存在大量采购导致增值税进项税额增加的情况等

表7-6　配比分析指标的计算公式以及监测的税务风险点

二级指标	配比范围	监测风险点
营业收入变动率／营业利润变动率	正常值为1或在0.9~1.1的范围内	可以结合“营业利润率”指标进行分析，了解企业历年营业利润率的变动情况；对“营业利润率”指标也异常的企业，应通过年度申报表及附表分析企业收入构成情况，以判断是否存在少计收入的问题；可以结合资产负债表中“应付账款”“预收账款”和“其他应付款”等账户的期初、期末数进行分析，如出现“应付账款”和“其他应付款”红字，以及“预收账款”期末大幅度增长等情况，应判断是否存在少计收入的问题。还可以结合资产负债表中“应付账款”“预收账款”和“其他应付款”等账户的期初、期末数进行分析。也可结合营业成本，通过年度申报表及附表分析企业成本的结转情况，以判断是否存在改变成本结转方法、少计存货（含产成品、在产品和材料）等问题；通过利润表对销售费用的若干年度数据进行分析；找出费用增长较多的项目
营业收入变动率／营业成本变动率		
营业收入变动率／销售费用变动率		
增值税税款增长率／营业收入变动率		税款营业收入弹性是衡量税款随营业收入变化而变化的敏感度，从增值税角度而言，增值税税款增长率应该与营业收入变动率基本同步

【任务实现】

一、医药制造业税务风险预警指标行业均值计算

（一）选择数据源与数据连接

根据任务要求，行业均值计算运用到的数据源主要包括“行业分类明细”“资产负债表 2020”“资产负债表 2019”“利润表 2020”“现金流量表 2020”，因此需要将相关数据源上传至 Power BI 并进行数据连接。

具体操作步骤如下：

（1）启动 Power BI Desktop。

（2）单击“获取数据”。

（3）单击“Excel 工作簿”图标，选择需要上传的数据源类型。

（4）导航器页面左侧勾选需要添加的数据，单击“加载”按钮，完成添加数据。

（5）选中“行业分类明细”中的“证券简称”字段，将其拖拽至“资产负债表 2020”中的“证券简称”字段，即可完成“资产负债表 2020”与“行业分类明细”数据连接操作，采取同样的方式完成“资产负债表 2019”“利润表 2020”“现金流量表 2020”与“行业分类明细”的数据连接，如图 7-1 所示。

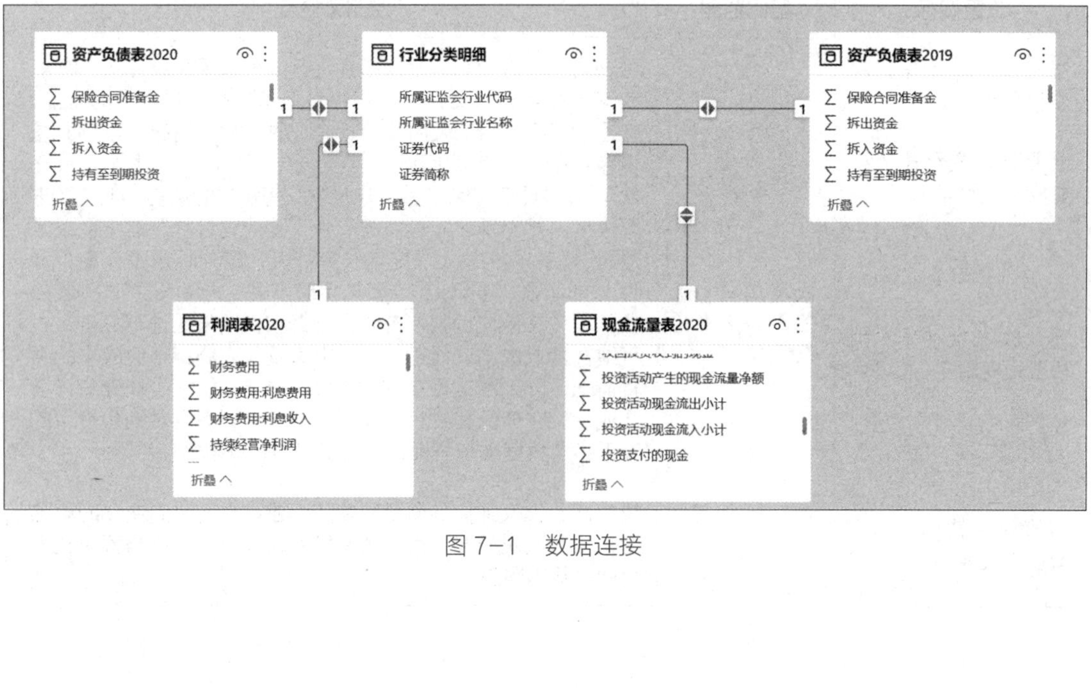

图 7-1　数据连接

（二）添加财务指标计算字段与过滤规则

（1）单击左侧“数据”，进入表工具工作区域。

（2）单击“新建列”，添加“账面所得税税收负担率”计算字段，在格式框中，下拉选择“百分比”。采取相同的方法添加“营业收入税收负担率”“营业收入企业所得税负担率”“利润税收负担率”“经营活动现金流出税负率”计算字段，如图 7-2 所示。

图 7-2　添加计算字段

（3）单击左侧“报表”，进入主页，单击“筛选器”按钮，展开“筛选器”窗口。

（4）在字段搜索框输入“所属证监会行业名称”，将该字段拖拽至“所有页面上的筛选器”下方的方框中，筛选类型下拉选择“基本筛选”，在下方搜索框中输入“医药制造业”，选择“医药制造业”。

（5）在字段搜索框输入“证券简称”，将该字段拖拽至“所有页面上的筛选器”下方的方框中，筛选类型下拉选择“基本筛选”，剔除证券简称中包含“*ST”和包含“U”的企业，如图 7-3 所示。

（三）医药制造业税务风险预警指标行业均值可视化呈现

操作步骤如下：

（1）医药制造业税务风险预警指标行业均值可视化设计。单击“表”，在字段搜索框中依次输入“所属证监会行业名称”“账面所得税税收负担率”“营业收入税收负担率”“营业收入企业所得税负担率”“利润税收负担率”“经营活动现金流出税负率”，并将上述相关税务风险预警指标，下拉选择“平均值”进行均值计算，如图 7-4 所示。

图 7-3　添加筛选规则

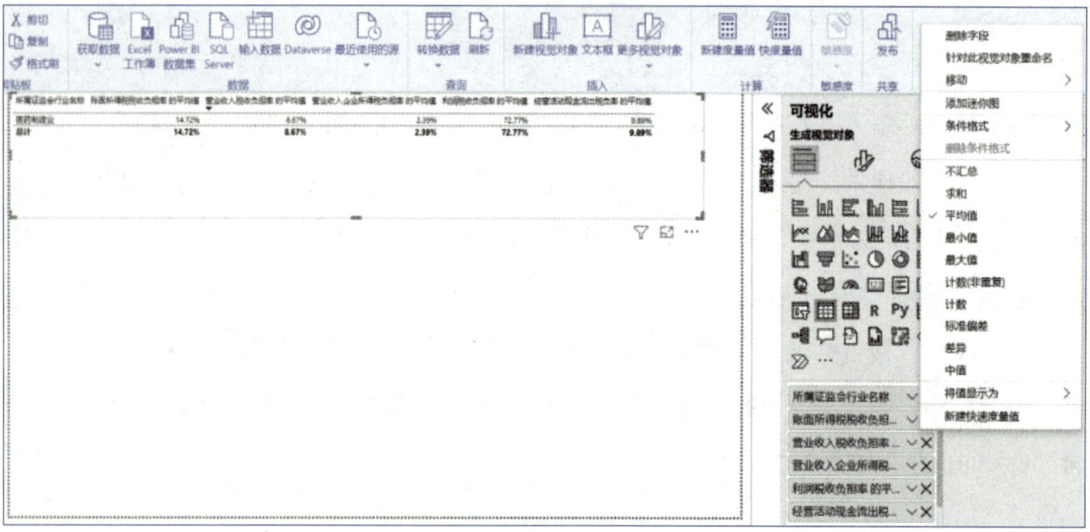

图 7-4　可视化图形设置

（2）医药制造业税务风险预警指标行业均值可视化结果如图 7-5 所示。

所属证监会行业名称	账面所得税税收负担率 的平均值	营业收入税收负担率 的平均值	营业收入企业所得税负担率 的平均值	利润税收负担率 的平均值	经营活动现金流出税负率 的平均值
医药制造业	14.72%	8.67%	2.39%	72.77%	9.89%

图 7-5　医药制造业税务风险预警指标行业均值可视化

二、设置康佳医疗税务风险预警基准线

数据分析平台税务风险预警指标行业均值可视化操作

康佳医疗可以依据行业均值来设置税务风险预警范围。一般来讲，税务风险预警范围的划定应该允许存在一定的偏离程度，可以围绕行业均值设定一个上下偏离的合理幅度，作为企业税务风险的预警基准线。

这个基准线标准的设定由企业自行决定，如果企业所在的行业整体税务风险较高（例如业务比较复杂、近期被查处的同类型企业较多），则应将偏离幅度设定得较小。如果企业所在的行业整体税务风险较低（例如业务相对简单、公开的涉税问题较少），则可适当将偏离幅度设定得大一些。一般来讲，可以考虑将这个标准设定为 4 档，即安全、有风险、较大风险、严重风险；其临界点分别为 10%、30%、50%。

康佳医疗根据自身情况，设置了税务风险预警基准线见表 7-7。

表 7-7　康佳医疗税务风险预警基准线

范围	级别	标志
小于 10%	安全	–
大于 10% 小于 30%	有风险	↓或↑
大于 30% 小于 50%	较大风险	↓↓或↑↑
大于 50%	严重风险	↓↓↓或↑↑↑

三、康佳医疗税务风险预警指标值和偏离度计算及分析

根据康佳医疗的相关财务数据，可以计算本公司 2020 年税务风险预警指标值和偏离度，计算结果如表 7-8 所示。计算过程如下：

账面所得税税收负担率 = 所得税费用 / 利润总额 ×100%

= 71 906.83/123 578.9 × 100% = 58.19%

营业收入税收负担率 = 支付的各项税费 / 营业收入 ×100%

= 78 154.46/1 621 503.92 × 100% = 4.82%

营业收入企业所得税负担率 = 所得税费用 / 营业收入 ×100%

= 71 906.83/1 621 503.92 × 100% = 4.43%

利润税收负担率 = 支付的各项税费 / 利润总额 ×100%

= 78 154.46/123 578.9 × 100% = 63.24%

经营活动现金流出税负率 = 支付的各项税费 / 经营活动现金流出 ×100%

= 78 154.46/6 684 061.91 × 100% = 1.17%

增值税税负率 = 实际缴纳的增值税税额 / 营业收入 ×100%

= 3 209.27/1 621 503.92 × 100% = 0.20%

企业所得税贡献率 = 实际缴纳的企业所得税税额 / 营业收入 ×100%

= 71 714.09/1 621 503.92 × 100% = 4.42%

表 7-8　税务风险预警指标值和偏离度

预警指标		计算公式	预警指标值 /%	行业均值 /%	偏离度 /%	安全级别
1	账面所得税税收负担率	= 所得税费用 / 利润总额 × 100%	58.19	14.72	295.31	严重风险
2	营业收入税收负担率	= 支付的各项税费 / 营业收入 × 100%	4.82	8.67	−44.41	安全
3	营业收入企业所得税负担率	= 所得税费用 / 营业收入 × 100%	4.43	2.39	85.36	严重风险
4	利润税收负担率	= 支付的各项税费 / 利润总额 × 100%	63.24	72.77	−13.10	安全
5	经营活动现金流出税负率	= 支付的各项税费 / 经营活动现金流出 × 100%	1.17	9.89	−88.17	安全
6	增值税税负率	= 实际缴纳的增值税税额 / 营业收入 × 100%	0.20	3.50	−94.29	安全
7	企业所得税贡献率	= 实际缴纳的企业所得税税额 / 营业收入 × 100%	4.42	1.00	342.00	严重风险

注：偏离度 =（预警指标值 − 行业均值）/ 行业均值 × 100%

任务 7.1 测试

通过上述分析可知，康佳医疗的各项税务风险预警指标值中账面所得税税收负担率、营业收入企业所得税负担率和企业所得税贡献率指标偏离度均大于 50%，处于严重风险级别，其他指标均处于相对安全级别。这表明康佳医疗在缴纳企业所得税方面存在严重风险，因此康佳医疗应当从企业所得税方面着手，进一步降低企业的整体税务风险。

任务 7.2　财务风险预警分析

【任务描述】

2022 年 1 月，康佳医疗财务部为准备公司年度工作会议材料，需要对公司的财务风险预警进行分析，并通过跟同行业均值和标杆企业对比，找出自身在行业中的位置，以及与标杆企业的差距，从而更好地提升公司的财务风险预警，并最终提升企业的综合竞争力。

财务部已准备 2018—2020 年的资产负债表，2018—2020 年 A 股部分上市公司财务报表数据。

任务布置：

1. 根据给定的 2018—2020 年度 A 股部分上市公司的财务报表数据，以企业经营规模在 50~100 亿元范围内的医药制造业企业为样本，基于 Z-Score 模型，用数据分析工具计算 2020 年各上市公司财务风险预警指标值，并分析 2020 年财务风险较高的五家企业

2. 进行康佳医疗财务风险预警分析

【相关知识】

企业财务风险是指在各项财务活动过程中，由于各种难以预料或控制的因素影响，财务状况具有不确定性，从而使企业有蒙受损失的可能性。按财务活动的主要环节分类，可以分为流动性风险、信用风险、筹资风险、投资风险。按可控程度分类，可分为可控风险和不可控风险。

一、企业财务风险的表现形式

（一）筹资环节

资金的不同来源和不同的筹资方式，会有不同的资金成本和相应的风险，公司在筹集资金时，必须在风险与成本之间权衡，以选用最佳的筹资方式。负债与权益的比率反映企业财务杠杆程度，财务杠杆越大，股本的收益率越高，但相应的财务风险也越大，最优的资本结构是在对收益和风险进行权衡之后得到适合公司特点的资本结构。另外，加强对流动负债的管理，可以提高短期资金的使用效益，降低成本，保证日常的生产经营需要。随着金融市场发展复杂化，企业在进行筹资决策时，筹资决策环境的不断变化，以及金融衍生工具越来越广泛的应用，都会给企业带来财务风险。

（二）投资环节

公司可投资的流动资产包括库存现金、交易性金融资产、应收账款和存货等，必须在流动性和获利性之间权衡，并做出最佳选择。对流动资产投资过多，虽然可以提高资金的流动性，从而增加公司的变现能力和偿债能力，但是会降低公司的获利能力，影响资金的周转。公司也可投资于长期资产，如固定资产和长期证券。较大的资本投资项目一般需要数年甚至几十年的时间实行计划，由于资金数额大，时间跨度长，投资项目未来报酬是不确定的，存在较大风险和不确定性。

（三）资金运营环节

我国企业流动资产中，存货所占比重相对较大，且很多表现为超储积压存货。存货流动性差，一方面占用了企业大量资金，另一方面企业必须为保管这些存货支付大量的保管费用，导致企业费用上升，利润下降。长期积压存货，企业还要承担市价下跌所产生的存货跌价损失及保管不善造成的损失，由此产生财务风险。在应收账款管理中，企业普遍存在只注重销售业绩，忽视应收账款的状况。一些企业为了增加销量，扩大市场占有率，大量采用赊销方式销售产品，导致企业应收账款大量增加。同时，由于企业在赊销过程中，对客户的信用等级了解不够，盲目赊销，造成应收账款失控，相当比例的应收账款长期无法收回，直至成为坏账。资产长期被债务人无偿占用，严重影响企业资产的流动性及安全性。

（四）利润分配环节

在遵守有关法律法规的前提下，公司可以自主安排盈利中有多少用于给股东发放股利，有多少用于保留盈余作为公司进一步发展的资本，这就形成了公司股利分配政策。股利分配水平过低，股东的近期利益得不到满足；而股利分配水平过高，虽然满足了股东近期的愿望，但不利于企业长期发展。

二、财务风险预警模型

财务风险预警主要是以财务会计信息资料为基础，以计算、统计、分析、监控等方法为手段，设置预警指标，观察这些指标的变化，对企业可能或者将要面临的财务风险进行实时监控和预测警示。出现财务危机的风险主要有：资金链断裂风险、异常波动风险、经营亏损风险（收支不相协调风险）、还债风险（流动性风险）、破产风险等。

常见的财务预警方法分为量化分析和非量化分析两类。非量化分析主要包括标准化调查法、“四阶段症状”分析法、“三个月资金周转表”分析法、流程图分析法、管理评分法等；量化分析分为单变量预警模型和多变量预警模型。这里主要介绍量化分析方法。

（一）单变量预警模型

单变量预警模型是运用个别的财务比率来预测财务危机的模型。美国学者威廉比弗（William Beaver）在研究比较了 1954 年至 1964 年期间的 79 个失败企业和相同数量、相同资产规模的成功企业后，提出了单变量预警模型。他认为预测财务危机的比率有：

$$现金保障率=\frac{现金流量}{债务总额}$$

$$资产收益率=\frac{净收益}{总资产}$$

$$资产负债率=\frac{总负债}{总资产}$$

资产安全率=资产变现率－资产负债率，其中资产变现率= $\frac{资产变现金额}{资产账面金额}$。

营业安全率= $\frac{现有或预计销售额－保本销售额}{现有或预计销售额}$

他的研究认为现金保障率能够最好地判定企业的财务状况，其次是资产负债率。资产安全率和营业安全率一般与临界值 0 作比较。

单变量预测模型法简单易懂，但其缺点也较明显，主要表现在以下方面：

（1）因为单个财务比率不像多个财务比率能够反映企业的整体财务状况，所以要求企业在建立模型时要选择最能反映企业财务运行核心特征的财务比率作为预测指标。

（2）企业的核心管理层为了掩盖真实财务状况往往会对某些财务比率进行粉饰，故由这些不真实的财务比率所做出的预警信息就失去了可靠性。

（3）对同一家公司，预测者可能会因使用的财务比率的不同而得出不同的预测结果。

（二）多变量预警模型

多变量预警模型即是运用多种财务比率加权汇总而构成线性函数公式来预测财务危机的一种模型。多变量预警模型中 Z-Score 五变量模型的应用最为广泛。该模型使用破产企业破产前一年的数据和非破产企业在相应时段的数据，用统计方法对 5 个财务比率分别给出一定权重，进而计算其加权平均值（即 Z 值），公式如下：

$$Z=1.2x_1+1.4x_2+3.3x_3+0.6x_4+0.999x_5$$

其中：

x_1= 营运资本 / 总资产，其中营运资本 = 流动资产－流动负债；

x_2= 留存收益 / 总资产；

x_3= 息税前利润 / 总资产；

x_4= 总市值 / 总负债，总市值即普通股和优先股市值总额，当总市值数据不可得时，用股东权益合计代替；

x_5= 营业收入 / 总资产。

通过加权平均值来分析预测企业财务失败或破产的可能性，Z 值越低，企业越有可能发生破产。通过计算某企业连续若干年的 Z 值可以发现企业是否存在财务危机的征兆，一般来说，当 Z 值大于 2.675 时，则表明企业的财务状况良好，发生破产的可能性就小；当 Z 值小于 1.81 时，则表明企业潜伏着破产危机；当 Z 值介于 1.81 和 2.675 之间时被称之为“灰色地带”，说明企业的财务状况极为不稳定。

多变量预警模型克服了单变量预警模型的缺陷，几乎包括了所有预测能力较强的指标。它除了可预测本企业的财务发展状况外，还可以分析企业的竞争对手、供应商、客户及利益相关公司的情况。

但其局限性在于：① 不具有横向可比性，即不可用于规模、行业不同的公司之间的比较。② 采用的是按权责发生制编制的报表资料，没有考虑到较为客观的现金流量指标，可能不能真实反映企业现实的财务质量。

为了解决权责发生制原则所带来的人为操纵财务比率的问题，也可以增加有关现金流量分析的指标：现金盈利质量率和现金增值质量率。现金盈利质量率 = 现金盈利值 / 净利润。其中，现金盈利值是根据现金流量表提供的财务信息计算出来的企业现金净收益，计算公式为：现金盈利值 = 经营活动现金净流量 + 分得股利和利润收现 + 债券利息收现 + 处置长期资产收现 − 利息及筹资费用付现。现金增值质量率 = 现金增加值 / 留存收益。其中，现金增加值是企业支付了各项现金分配后的留存现金收益，计算公式为：现金增加值 = 现金盈利值 − 分配股利付现。

（三）其他预警模型

目前，还有其他一些比较常见的财务风险预警的分析方法，如人工神经网络分析法、F 分数模型、近邻法、分类树方法等。可见，财务风险预警模型是随着实际运用的发展而不断完善、更新的。

三、建立财务风险预警系统时应注意的问题

每个企业都有各自的特点，包括组织形式、经营理念、管理水平等都不尽相同，要想使财务预警系统在企业真正适用，就必须考虑公司自身特点设计模型。因此建立健全企业的财务风险预警系统应注意以下几点：

（1）牢固树立风险防范意识。这要求企业全体员工及领导在思想上树立识别风

险，防范风险的意识。

（2）遵循成本效益原则。企业财务风险预警系统的设计要使产生预警信息的价值大于产生预警信息的成本，保证系统的经济性和有效性。

（3）加强信息管理，保证预警信息传递路线的通畅。财务风险预警系统必须以大量的动态信息为基础，这就要求加强信息管理，使之能够全面准确及时地向财务风险预警系统提供信息。必要时可配备专业的人员，使预警信息能迅速反馈到管理层，以便及时作出对策反应。

（4）定性和定量分析预测相结合。企业财务风险预警系统不能只注重定量分析，还应结合非量化指标才能提高预警系统的效用。因为定量分析灵活性较差，对于特定方法都有统一的模式，较少考虑到企业的特殊情况。非量化指标无须完整的数据资料，需要凭借人们的经验对财务风险的趋势进行定性分析，有时比定量分析更加可靠和有效。例如，采用定性分析也能十分容易的预示企业在下列情况下可能发生财务危机：① 无力支付优先股股利；② 过度大规模扩张；③ 延期偿还本金和利息等。任何一种方法都不是十全十美的。因此只有将各种方法相互结合，取长补短，才能得出较为合理的结果。

（5）注意保持预警系统的先进性和有用性，淘汰不适用的指标，增加更能反映本企业实际问题的新指标。现有的财务风险预警模型都是外国学者根据本国上市公司的资料进行统计计算出来的，虽然具有一定的有效性，但仍存在局限性，企业应根据我国市场的实际情况完善财务风险预警模型，制定出适合本单位财务特点的财务风险预警系统。

（6）注重企业的现金流量管理。企业所需的经营信息主要来自财务会计报表，良好的经营活动现金流入能增强企业的盈利能力，满足企业长、短期负债的偿还需要，使企业保持良好的财务状况。因此企业除了要对资产负债表、利润表进行关注外，还应对现金流量表格外关注。

【任务实现】

根据任务要求，需要对医药制造业和康佳医疗分别进行仪表板的创建，本书以医药制造业仪表板创建为例进行介绍，康佳医疗仪表板创建方法同医药制造业。

一、财务风险预警分析的可视化呈现

（一）选择数据源与数据连接

根据任务要求，首先需要将“行业分类明细”“资产负债表2020”“利润表2020”“资产负债表2019”“利润表2019”数据源上传至Power BI。具体操作步骤如下：

（1）启动Power BI Desktop。

（2）单击“获取数据”。

（3）单击“Excel工作簿”图标，选择需要上传的数据源类型。

（4）导航器页面左侧勾选需要添加的数据，右侧即会出现预览数据；单击“加载”按钮，完成添加数据。

（5）选中“行业分类明细”中的“证券简称”字段，将其拖拽至“资产负债表2020”中的“证券简称”字段，即可完成“资产负债表2020”与“行业分类明细”数据连接操作，采取同样的方式完成将“利润表2020”“资产负债表2019”“利润表2019”与“行业分类明细”的数据连接，如图7-6所示。

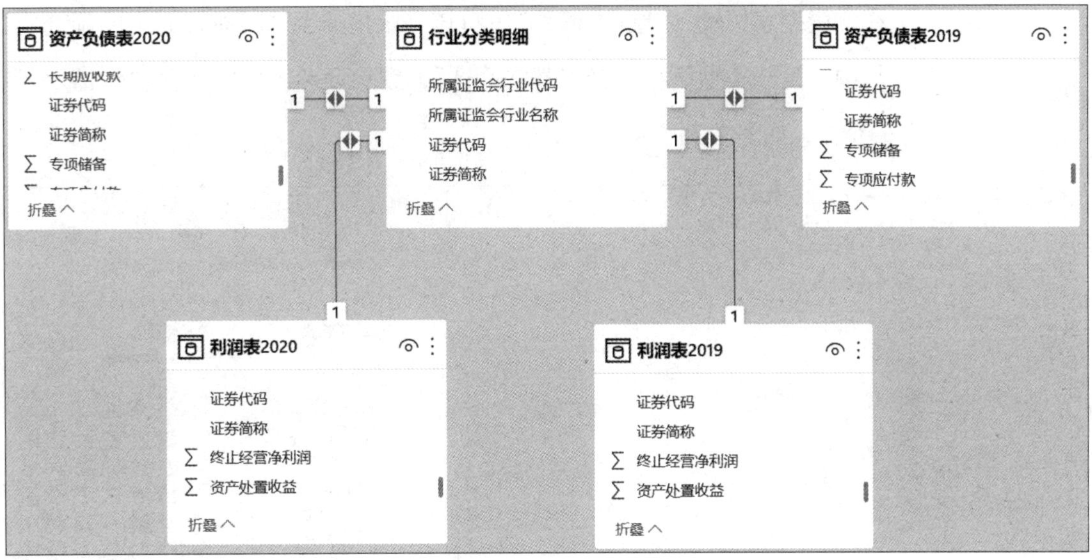

图7-6　数据连接

（二）添加财务指标计算字段与过滤规则

（1）单击左侧“数据”，进入表工具工作区域。

（2）单击“新建列”，添加“X1”计算字段，在格式框中，下拉选择“百分比”。采取相同的方法添加“X2”“X3”“X4”“X5”“Z”计算字段，如图 7-7 所示。

图 7-7　添加计算字段

（3）单击左侧“报表”，进入主页，单击“筛选器”按钮，展开“筛选器”窗口。

（4）在字段搜索框输入“所属证监会行业名称”，将该字段拖拽至“所有页面上的筛选器”下方的方框中，筛选类型下拉选择“基本筛选”，在下方搜索框中输入“医药制造业”，选择“医药制造业”。

（5）在字段搜索框输入“证券简称”，将该字段拖拽至“所有页面上的筛选器”下方的方框中，筛选类型下拉选择“基本筛选”，剔除证券简称中包含“*ST”和包含“U”的企业，如图 7-8 所示。

图 7-8　添加筛选规则

（三）财务风险预警分析可视化呈现

（1）标题设置。单击“文本框”，在文本框中输入“康佳医疗财务风险预警指标可视化综合展示大屏”标题，字体大小设置为“32 号”，字体“加粗”，字体颜色设置为“主体颜色 1”，“居中”对齐。

（2）财务指标可视化图形设计。由于医药制造业行业均值、标杆企业财务指标和康佳医疗财务指标可视化图形设计方法类似，因此本任务接下来以医药制造业 Z 值为例进行可视化图形设计。

（3）单击“堆积柱状图”，在字段搜索框中输入“所属证监会行业名称”，将该字段拖拽至 X 轴下方框，之后继续在字段搜索框中输入“Z”，并将该字段拖拽至 Y 轴下方框中，下拉选择“平均值”。

（4）单击“设置视觉对象格式”，在“视觉对象”下打开“数据标签”按钮，如图 7-9 所示。

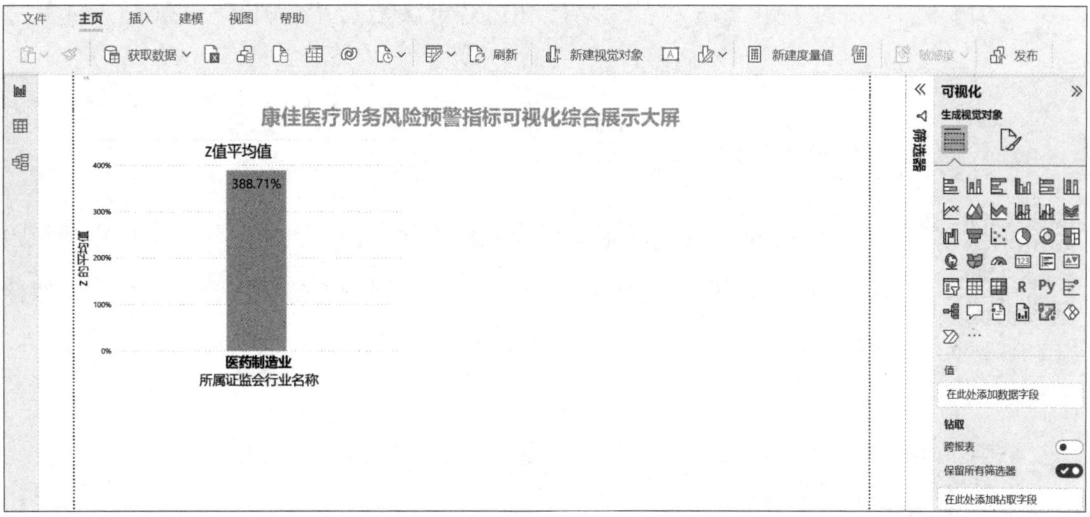

图 7-9　医药制造业 Z 值可视化呈现

（5）采取同样的方法对医药制造业标杆企业财务风险预警指标值和康佳医疗财务风险预警指标值进行可视化图形设计，如图 7-10 所示。

数据分析平台财务风险预警可视化操作

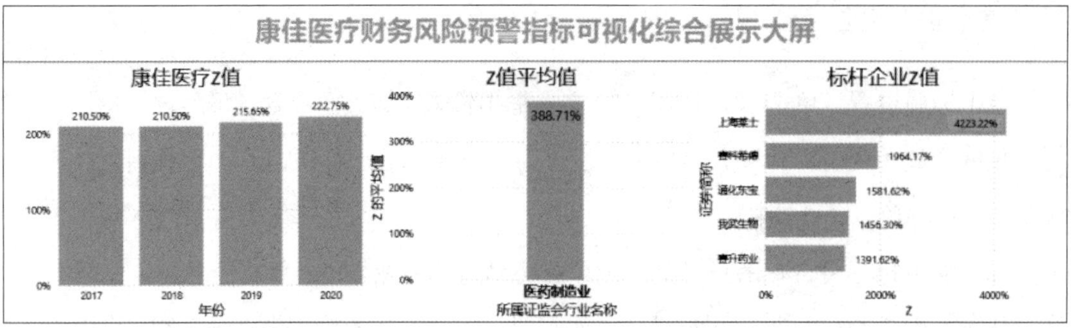

图 7-10　康佳医疗财务风险预警指标可视化综合展示大屏

二、财务风险预警分析

（一）本企业财务风险预警分析

通过加权平均值 Z 值来分析预测企业财务失败或破产的可能性，Z 值越低，企业越有可能发生破产。从上述指标分析可知，康佳医疗近几年财务风险预警指标 Z 值变化不大，维持在 2.15 左右，大于 1.81，表明康佳医疗近几年一直存在一定程度的财务风险，且没有得到明显改善。

（二）本企业与行业对比分析

通过与同行业均值和标杆企业对比分析，康佳医疗 2020 年的财务风险预警指标 Z 值低于同行业均值，且与同行业标杆企业差距较大，表明康佳医疗在同行业中的财务风险相对较大。

任务 7.2 测试

大赛直通车

1. 赛项名称及竞赛模块

业财税融合大数据应用赛项——基于数字场景的管理业财税融合与大数据应用模块。

2. 赛项组别

高等职业教育。

3. 竞赛内容

为更好地防范企业税务风险，以财务报表、纳税申报表为依据，筛选并建立税务预警指标体系，根据企业与行业的税务预警指标偏离度，分析可能存在的税务风险。

4. 竞赛要求

该部分内容对应模块为第三模块（团队赛）中的大数据税务预警与纳税自查内容，各参赛队由综合业务岗 1 根据给定企业的财务报表、纳税申报表等数据，筛选并建立税务预警指标体系；利用大数据工具测算相应行业的税务预警指标值，同时计算企业税务预警指标值，进而分析企业可能存在的税务风险。

5. 相关评分标准及解析

（1）相关评分标准。

计算税务风险预警指标对应的目标企业值、同行业均值及偏离度，并据此判断企业是否存在税务风险及可能存在的税务风险点。

（2）评分标准解析。

税务风险预警分析的成绩评定包括利用中联数据分析平台计算相应行业的税务预警指标均值，同时计算目标企业的税务预警指标值，根据企业与行业的税务预警指标值，计算偏离度。判断相应预警指标是否存在税务风险，并从给定的选项中筛选出可能存在的税务风险点。

单元学习评价

按照表 7−9 大数据财税风险预警分析学习评价表的考核内容，分别评价各项内容的完成度并计算得分，按考核项目的权重计算本单元的总分。

表7-9 大数据财税风险预警分析学习评价表

考核项目	权重 /%	考核内容	分值	得分
知识	30	按时完成企业税务风险、企业税务风险识别、企业税务风险评估、企业税务风险预警相关知识的阅读或听讲	25	
		按时完成企业财务风险的表现形式、财务风险预警模型、建立财务风险预警系统时应注意的问题相关知识的阅读或听讲	25	
		积极参与本单元规定的税务风险预警分析和财务风险预警分析的讨论与交流活动	10	
		正确完成本单元规定的税务风险预警分析和财务风险预警分析的线上、线下测试与作业	40	
技能	50	完成税务风险预警指标行业均值计算及可视化呈现、税务风险预警基准线设置、本企业税务风险预警指标计算及分析	50	
		完成本企业、同行业A股上市公司行业均值和标杆企业财务风险预警指标计算、可视化呈现及分析	50	
素养	20	完成本单元规定的职业素养基本要求	50	
		结合本单元实例，完成有关坚持底线思维、做到居安思危等问题的讨论、简答题或心得感悟短文	50	
总体评价			100	

单元8

财务分析报告撰写

学习目标

知识目标

- 掌握宏观环境分析的主要内容和基本方法；
- 掌握行业竞争分析的主要内容和基本方法；
- 掌握企业财务分析报告的基本结构和主要内容；
- 了解市场数据分析的基本方法。

技能目标

- 依据宏观环境分析和行业竞争分析，能够撰写外部环境分析报告；
- 依据企业经营数据分析、财务报表分析、企业财务指标分析和大数据财税风险预警分析，能够准确、及时、完整撰写财务分析报告。

素养目标

- 通过对编制财务分析报告的学习，坚守诚实守信、弘扬诚信文化，强化诚信为本、不做假账的职业道德；
- 依据国家法律法规和会计准则的规定，在及时对外提供财务报告的同时，学习做社会主义法治的忠实崇尚者、自觉遵守者、坚定捍卫者。

思维导图

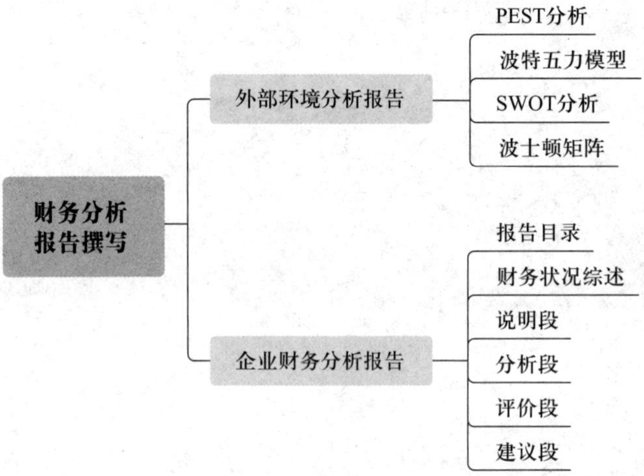

职业素养提升

增强法治观念，坚持诚实守信

财务会计报告是向财务会计报告使用者提供与企业财务状况、经营成果和现金流量等有关的会计信息，服务于财务会计报告使用者作出经济决策，上市公司财务报告直接影响投资者的决策行为。财务工作者在编制财务报告时应当增强法治观念，依据国家法律法规和会计准则的规定，以期能够为财务报告使用者提供公司决策和经济决策所需的信息。

诚实守信是经济社会健康发展的重要保障，是社会主义核心价值观的一条重要准则，是中华民族的传统美德，在我国思想道德建设中具有重要的作用。近年来，财务报告造假案例层出不穷，造假手段复杂隐蔽，形式不断翻新，给企业和社会造成了严重危害。作为财务工作者，编制财务分析报告时，我们要始终坚持诚实守信、大力弘扬诚信文化，强化诚信为本、不做假账的职业道德。

任务 8.1　外部环境分析报告

【任务描述】

2022 年 1 月，康佳医疗财务部为准备公司年度工作会议材料，需要对公司所处外部环境进行分析，以了解企业所处的外部宏观环境和行业竞争力情况，从而更好地提升企业的综合竞争力。

任务布置：

从国内外经济形势、行业竞争力等方面，为康佳医疗编制外部环境分析报告。

【相关知识】

分析报告是根据数据分析原理和方法，运用数据来反映、研究和分析某项事物的现状、问题、原因、本质和规律，并得出结论，提出解决问题办法的一种分析应用文体。分析报告一般应遵循规范性原则、重要性原则、谨慎性原则和创新性原则。分析报告按作用不同可以分为展示分析结果的专题分析报告、验证分析质量的综合分析报告和提供决策依据的日常数据报告。经营分析报告是企业常用的一种数据分析报告，在撰写经营分析报告时应注意综合考虑宏观经济形势、市场数据、企业财务数据、营运数据等信息进行决策。

市场数据分析的常用方法主要有 PEST 分析、波特五力模型、SWOT 分析、波士顿矩阵等。

一、PEST分析

PEST 分析主要针对企业所处的宏观环境进行分析，找出企业在宏观环境中所面临的机会和威胁。宏观环境又称一般环境，是指一切影响行业和企业的宏观因素。模型主要对包括政治（Political）、经济（Economic）、社会（Social）和技术

（Technological）这四大类影响企业的主要外部环境因素进行分析。简称为 PEST 分析，如表 8-1 所示。

表 8-1　PEST 分析模型的要素

政治	经济	社会	技术
1．政府稳定性 2．劳动法 3．贸易法 4．税收政策 5．行业性法规	1．经济周期 2．GDP 趋势 3．利率／汇率 4．货币供给 5．通货膨胀 6．失业率 7．可支配收入 8．经济环境 9．成本	1．市场需求 2．生活方式改变 3．教育水平 4．消费方式、水平 5．区域特性	1．新产品 2．新生产流程 3．新的工作方法 4．新的信息交流方法 5．新的配送方式

第一个因素是政治，政治因素会影响消费者对于未来的信心以及消费能力，会引发企业外部经营环境的变化，带来机会（如政府出台刺激消费的政策）或威胁（如政府增加纳税人的税负）。

第二个因素是经济，经济因素最终决定了消费者对商品或服务的实际需求。对未来经济走势的悲观或不确定性预期，会导致更高的储蓄率和更低的消费率。

第三个因素是社会，社会因素往往决定了客户群体的规模和购买能力。

第四个因素是技术，依靠新的技术创新，企业可以改变其提供给顾客的产品或服务，或者采用不同的渠道与顾客交流。

二、波特五力模型

对于企业外部环境分析，PEST 分析主要关注外部宏观环境，而波特五力模型更关注微观产业结构。波特五力模型认为企业所处的行业环境有五种竞争作用力，这五种竞争作用力决定了企业的外部环境，如图 8-1 所示。五种竞争作用力越强，则企业面临的机会越小、威胁越大、竞争

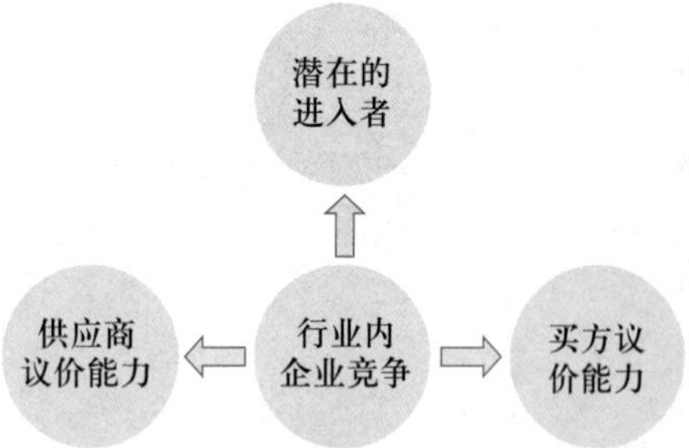

图 8-1　波特五力模型

越激烈。

（一）行业内企业竞争

现有企业之间的竞争常常表现在价格、广告、产品介绍和售后服务等方面，其竞争强度与许多因素有关。影响行业内企业竞争激烈程度的因素包括：① 产品市场的生命周期；② 产品的差异性；③ 行业固定成本投资比重；④ 行业的退出障碍。

（二）供应商议价能力

位于产业链上游的供应商，主要通过提高投入要素价格、提高下游客户的成本来影响下游企业的盈利能力与产品竞争力。站在下游企业角度，供应商的议价能力越强，则企业面临的机会越小，威胁越大。决定供应商议价能力高低的主要因素包括：① 供应商的客户集中度；② 供应商产品的差异化程度；③ 供应商向前整合的能力；④ 上游供应商的数量；⑤ 产品的转换成本。

（三）买方议价能力

购买者主要通过压价以及要求上游公司提供较高的产品或服务质量的能力来影响上游公司的盈利能力。一般来说，决定购买方议价能力大小的因素包括：① 购买者的重要性程度；② 产品的差异化程度；③ 购买者向后整合的能力；④ 产品的转换成本。

（四）潜在的进入者

潜在的进入者可能会与现有企业发生原材料与市场份额的竞争，最终拉低行业中现有企业的盈利水平。潜在的进入者能力的大小取决于以下因素：① 行业的进入壁垒；② 预期现有企业对新进入者的反应。

（五）替代品

两个处于同行业或不同行业中的企业，可能会由于所生产的产品是互为替代品，从而在它们之间产生相互竞争行为，这种源于替代品的竞争会以各种形式影响行业中现有企业的盈利能力以及战略的制定。

三、SWOT分析

通过外部和内部环境的分析，公司可以发现外部的机会和威胁，内部的优势与劣势，上述内外部环境分析只是制定战略的基础，公司需要进一步找到内部要素与外部环境的结合点，有效调整与整合内部各要素，以契合外部环境的变化，获取竞争优势。

通过将企业的竞争优势（Strengths）与劣势（Weaknesses）、机会（Opportunities）与威胁（Threats）对应进行分割，可得出企业应对环境变化的 4 个主要战略，这就是 SWOT 分析。SWOT 分析如表 8-2 所示。

表8-2　SWOT分析

公司环境	优势（S）	劣势（W）
机会（O）	(SO) 发展战略：当企业内部有优势、外部有机会时，应该充分利用有利的内外部环境，把机会和优势变为企业良好的盈利能力	(WO) 发展或稳定战略：当企业存在一些外部机会，但内部有一些劣势妨碍着企业利用这些外部机会时，可以通过利用外部机会来弥补内部劣势
威胁（T）	(ST) 发展或稳定战略：当企业内部有优势，外部有威胁时，应该利用企业的优势回避或减轻外部威胁的影响	(WT) 收缩或放弃战略：此战略是一种旨在减少内部劣势，同时回避外部环境威胁的防御性战略。一个面对大量外部威胁和具有众多内部劣势的企业处于不安全和不确定的境地，此时可以考虑清理、清算或出售现有资产，把资源转移到更有竞争力的领域

四、波士顿矩阵

波士顿矩阵又称市场增长率——相对市场份额矩阵，波士顿矩阵可以帮助企业管理层制定总体战略，为企业进行有关资源分配、新业务开设、并购、裁减、转让等战略决策提供分析工具。

波士顿矩阵认为一般决定产品结构的基本因素有两个：市场引力与企业实力。

市场引力是决定企业产品或业务结构是否合理的外在因素，包括市场增长率、竞争对手强弱及利润高低等，其中最主要的反映市场引力的综合指标是市场增长率，可以用业务的销售量或销售额的年增长率来表示。

企业实力是决定企业产品或业务结构的内在要素，它决定企业的竞争实力。而市场占有率是衡量企业实力的最关键指标。

基于市场增长率和市场占有率的相互作用，波士顿矩阵将不同产品分为四种不同类别：明星型产品、现金牛型产品、问题型产品以及瘦狗型产品，如图 8-2 所示。

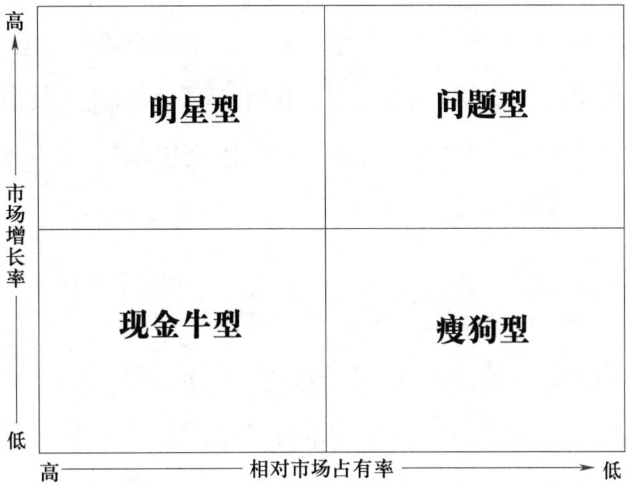

图 8-2　波士顿矩阵

明星型产品，市场增长率高，市场占有率也高，说明产品的发展前景好，产品增长和获利的机会大。

现金牛型产品，市场增长率低，市场占有率高，说明产品的发展前景一般，但属于厚利产品。

问题型产品，市场增长率高，但市场占有率低，这类产品市场机会很大，发展前景比较好，但需要大量投入。

瘦狗型产品，市场增长率低，市场占有率也低，利润率低，一般是市场前景看淡的夕阳类产品或与企业发展战略不符的产品。

【任务实现】

一、宏观环境分析

（一）政治法律环境

医药制造业是一个特殊的行业，国家向来管理严格。2012—2019 年我国医药制造业颁布了许多行业新规以及监管新办法，对医药制造业企业的生产体系、管理体系、操作规范、药品质量、从业人员专业素养以及道德规范等多方面进行了更加细致、严格的规定。

2017 年，医药制造业利好不断，党的十九大报告提出“实施健康中国战略”“传承发展中医药事业”，大力推进“互联网 + 医药”。传统医药制造业将互联网医疗嵌入企业的发展战略中，积极响应政策号召，利用互联网时代的大数据实现“大健康”，打造精准个性化服务型的一站式医疗服务，顺应时代的发展，运用新时代的科技手段助力医药发展。

（二）经济环境

党的十八大以来，消费已经成为我国经济增长的主要推力，在 2015—2019 年，我国 GDP 增长率一直维持在 6%~7%，2019 年国内生产总值为 99.1 万亿元，稳居世界第二位。

正是在良好的经济环境下，尤其是在新兴经济市场发展的带动下，促进了医药制造业的发展，2020 年全球医药市场规模将超 1.3 万亿美元，而我国的医药制造业规模以上工业企业在 2019 年实现主营业务收入约为 23 909 亿元人民币，同比增长 7.4%，高于全国规模以上工业企业同期整体水平 3.6%。

由此可见，经济环境因素对医药制造业公司来说是非常有利的。

（三）社会文化环境

随着经济增长以及人们消费水平的不断提高，在生活质量提升的基础上，人们对医疗保健的认识越来越理性，健康生活的观念已经深入老百姓心中，这为我国医药制造业的快速发展奠定了民众基础。

随着居民保健意识的增强，将会形成巨大且富有潜力的健康消费的内需市场。与此同时，随着国民教育程度的普遍提高，我国广大的农村人口也将成为医药制造业的重要消费群体。

由于我国致力于消除贫富差距，农民收入水平的提高以及农村日益健全的医疗体系为医药市场提供了更大的发展空间和可能。

（四）科技环境

时代在进步，科技也在不断发展，不仅医药制造业本身的制药技术、研制能力在时代和科技的推动下不断有所突破，而且在信息技术发展迅猛的新时代，随着健康中国、“互联网＋医疗”等新概念的提出，医药制造业的模式将面临巨大的变革。

借助大数据、人工智能等信息化手段，中国的传统医药已经重新焕发出新的光彩。新的科技以及信息化时代也会为传统医药制造业带来新的经营模式。

二、行业竞争分析

本任务使用波特五力模型及相关财务指标对康佳医疗的行业竞争力进行分析。

（一）供应商议价能力

供应商议价能力的强弱在于他们对医药制造企业成本的影响程度，这决定着企业能否为自己争取到更大的利润空间。当然，因为医药制造企业通常需要采购的量较大，所以在原料药采购的议价方面，医药制造企业占据一定的优势，供应商的议价能力也随之降低。

（二）买方议价能力

买方议价能力通常取决于其购买的规模与能力，按照其购买能力和购买规模的大小一般分为药品批发商、药品零售商、医疗机构等主要购买者和普通消费者这一类次要购买者。

药品批发商一直都是医药制造企业产品的主要流向，其在与不同卖方的交易中积累了丰富的经验，掌握了大量的信息，买方辨别能力强，不容易让利，并且医药制造企业之间产品的差异化小。因此，总体看来，在医药制造企业中，买方集中程度高，占据议价优势地位。

（三）潜在的进入者

药品作为特殊的商品，直接关系到使用者的生命安全。医药制造业的生产受到国家监督管理部门的严格控制。尽管也不乏一些资金雄厚的其他领域的企业进军医药制造业，它们通过收购来获取医药制造业相关的管理经验以及专业技术。但由于医药及其相关行业的特殊性，除了满足政府的高标准外，企业也需要较长的时间才能提高自己的品牌辨识度，获取消费者的认同，因此也削弱了潜在进入者所造成的竞争威胁。

（四）替代品

药品的替代品一般要么是相同疗效的同类药，要么是不同种类的药，如化学药剂与传统中药。从行业特性来看，药品作为特殊商品，具有极强的专业性，其作用并不能被保健品或医疗器械等其他产品所替代。因此替代品较为局限，对医药制造业竞争所带来的威胁较小。

（五）行业内企业竞争

截至 2019 年年底，中国医药制造业规模以上企业数量为 7 300 多家，其中上市公司 170 多家。2020 年在上市公司市值 500 强中，医药制造产业表现强劲，有 61 家医药公司入榜。因此，激烈的行业内竞争很可能引发企业之间的价格战，它们通过采取压低价格的方式来获取市场份额。

（六）行业竞争力财务指标分析

通过对单元 6 中任务 6.6 行业竞争力财务指标进行分析可知，医药制造业的净资产收益率均值为 9.57%，在全行业中排名第 11 位，处于中等偏上位置，盈利能力相对较强；而权益乘数均值在全行业中排名第 6，几乎处于领先地位，表明偿债能力较强；总资产周转率均值在全行业中处于第 33 位，处于相对落后位置，表明医药制造业总资产的营运能力相对较弱，有很大提升空间。

任务 8.1 测试

任务 8.2　企业财务分析报告

【任务描述】

2022 年 1 月，康佳医疗财务部为准备公司年度工作会议材料，在完成了对企业财务报表、财务指标以及经营数据等分析之后，需要编制一份财务分析报告，用于向集团董事会进行汇报，以期能够更好地为企业做出经济决策提供帮助。

任务布置：

根据对康佳医疗的相关分析，编制康佳医疗的财务分析报告。

【相关知识】

财务分析报告的基本结构与内容主要包括以下几个部分。

一、报告目录

报告目录是告诉报告使用者本报告所分析的内容及所在页码。

二、财务状况综述

财务状况综述是对财务分析报告内容的高度浓缩，概括公司经营、财务方面的综合情况，让财务报告接收者对公司财务状况有一个总括的认识。财务状况综述一定要言简意赅、点到为止。

三、说明段

说明段内容主要是对财务报表期间、重要项目、公司运营及财务状况的介绍。

其中财务状况可以通过主要财务指标的完成情况来介绍。主要财务指标由反映企业偿债能力、营运能力、盈利能力和发展能力四方面构成。

四、分析段

分析段主要是通过财务数据来对公司财务状况、经营成果和现金流量进行分析研究，分析和发现问题的原因和症结，解释财务数据变化的真正含义，一般分重点对报表项目进行分析研究。财务分析一定要有理有据，要细化分解各项指标（如可以按获利能力分析、偿债能力分析、发展能力分析、现金流量分析等进行细化），由于有些报表的数据是比较含糊和笼统的，要善于运用表格、图示来突出表达分析的内容。分析问题一定要善于抓住当前要点，多反映公司经营焦点和易于忽视的问题。

分析段是财务分析报告的核心内容。这部分的写作如何，在很大程度上决定了本次财务分析的质量和档次。要想使这一部分写得精彩，首要的是要有一个好的分析思路。例如，某集团公司下设四个二级公司，且都为制造公司，财务分析报告的思路可以是：总体指标分析——集团总部情况分析——各二级公司情况分析；在每一部分里，按本月分析——本年累计分析展开；再往下按获利能力分析——销售情况分析——成本控制情况分析展开。如此层层分解、环环相扣，各部分间及每部分内部都存在着紧密的勾稽关系。

如果是外部财务分析报告，还需要对公司所处的行业背景及企业的优势与劣势情况进行分析。

五、评价段

做出财务说明和分析后，对企业的经营情况、财务状况、盈利业绩，应该从财务角度给予公正、客观的评价和预测。财务评价不能运用似是而非、可进可退、左右摇摆等不负责任的语言，评价要从正面和负面两方面进行，评价既可以单独分段进行，也可以将评价内容穿插在说明部分和分析部分。

六、建议段

建议段是财务人员在对企业经营运作、投资决策进行分析后形成的意见和看法，特别是对运作过程中存在的问题所提出的改进建议。撰写财务分析报告的根本目的不仅是停留在反映问题、揭示问题上，而是要通过对问题的深入分析，提出合理可行的解决办法，真正担负起“财务参谋”的重要角色。只有如此，财务分析的价值才可能得到提高和升华。值得注意的是，财务分析报告中提出的建议不能太抽象，而是要具体化，最好有一套切实可行的方案。

【任务实现】

由于篇幅限制，本任务对于康佳医疗财务分析报告的目录、财务状况综述、说明等进行了省略，此处仅为财务分析报告的部分内容。

一、财务指标分析

通过对康佳医疗的相关分析可知，康佳医疗近三年发展相对较缓慢，且在同行业中处于相对落后位置，在财务指标方面，主要表现在以下几个方面。

（1）偿债能力。通过将康佳医疗的偿债能力与同行业均值和标杆企业对比分析可知，康佳医疗的偿债能力指标值与同行业均值相比相差较大，偿债能力相对比较薄弱，与各指标排名第一的企业相比更是相差甚远，表明康佳医疗的偿债能力有很大提升空间，康佳医疗偿债能力分析如图 8-3 所示。

（2）营运能力。通过分析可知，康佳医疗的应收账款周转率在同行业中处于相对领先位置，但近三年呈现逐年下降趋势，企业经营管理人员应当及时查明原因，而固定资产周转率和存货周转率均与同行业均值和标杆企业差距较大，表明公司固定资产利用效率不高，且存货竞争力较弱。总资产周转率与流动资产周转率虽与行业均值相差不大，但与标杆企业相比，均有一定差距，仍然有很大提升空间，康佳医疗营运能力分析如图 8-4 所示。

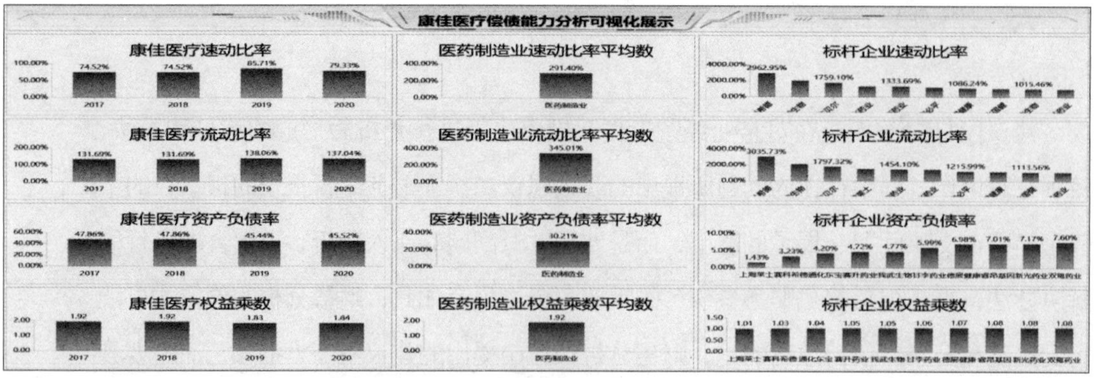

图 8-3　康佳医疗偿债能力分析

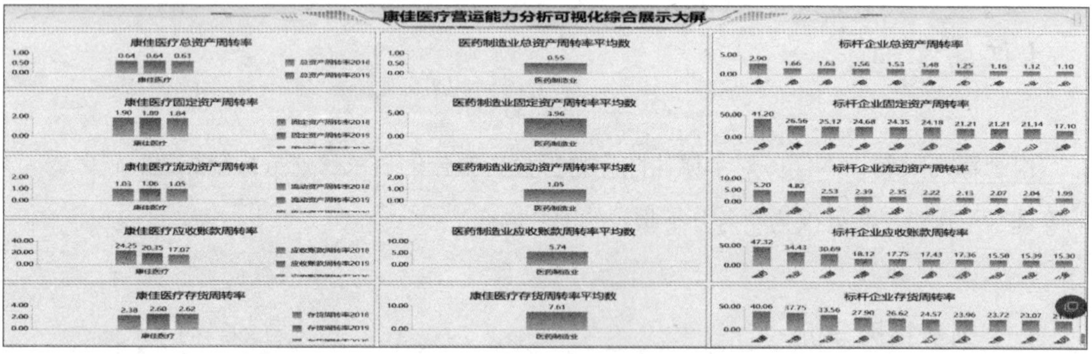

图 8-4　康佳医疗营运能力分析

（3）盈利能力。通过分析可知，康佳医疗盈利能力分析的各项指标值 2020 年虽然相比于 2019 年有所提升，但仍低于行业均值，且远低于同行业标杆企业，表明康佳医疗的盈利能力在同行业中处于落后位置，需要引起企业经营管理人员的高度关注，应当及时找出差距，提升企业的盈利空间，康佳医疗盈利能力分析如图 8-5 所示。

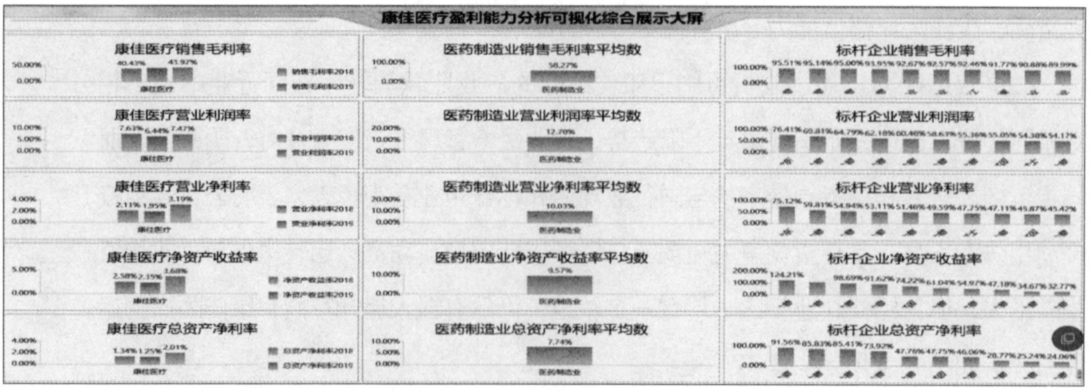

图 8-5　康佳医疗盈利能力分析

（4）发展能力。通过发展能力分析的各项指标值可以看出，近几年医药制造业整体发展形式良好，康佳医疗虽有一定程度的增长，但增长速度远低于行业平均增速，与各指标排名第一的企业相比，更是差距甚远，企业经营管理人员应当进一步提升产品的竞争力，提高公司的发展速度，康佳医疗发展能力分析如图 8-6 所示。

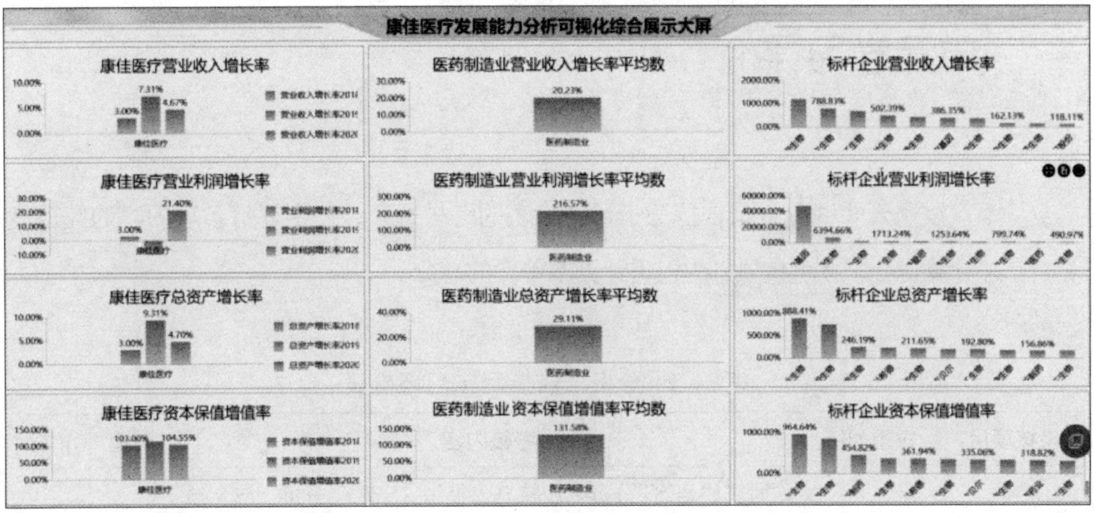

图 8-6　康佳医疗发展能力分析

二、财务评价

通过将康佳医疗与同行业均值和同行业标杆企业进行对比分析可知，康佳医疗的偿债能力、营运能力、盈利能力和发展能力在同行业中均处于相对落后位置，并且通过对康佳医疗的应收账款质量和货币资金质量等进行分析，进一步表明公司的产品竞争力不强，需要通过采取进一步扩大赊销的方式实现营业收入的增长。然而公司的应收账款周转率却逐年降低，回款速度变慢，增加了坏账的风险，因此应收账款质量方面应当引起企业经营管理人员的关注。

三、建议

康佳医疗应当查找与市场同类产品的差异，努力提高自身产品竞争力，加速存货周转，并且尽力提高固定资产的利用效率，从而提高企业的盈利能力、营运能力和

任务8.2测试

发展能力；尽量与信誉较好的客户进行合作，以防止坏账的发生，从而提升应收账款的回款速度和质量，并且提高速冻资产占流动资产的比重，以提高企业的偿债能力等。

单元学习评价

按照表 8-3 分析报告撰写学习评价表的考核内容，分别评价各项内容的完成度并计算得分，按考核项目的权重计算本单元的总分。

表8-3 分析报告撰写学习评价表

考核项目	权重 /%	考核内容	分值	得分
知识	40	按时完成PEST分析、波特五力模型、SWOT分析、波士顿矩阵相关知识的阅读或听讲	25	
		按时完成企业财务分析报告的基本结构与内容相关知识的阅读或听讲	25	
		积极参与本单元规定的外部环境分析报告和企业财务分析报告的讨论与交流活动	10	
		正确完成本单元规定的外部环境分析报告和企业财务分析报告的线上、线下测试与作业	40	
技能	40	完成外部环境分析报告的编制	50	
		完成企业财务分析报告的编制	50	
素养	20	完成本单元规定的职业素养基本要求	50	
		结合本单元实例，完成培养增强法治观念、坚持诚实守信等职业素养的讨论或撰写感悟短文	50	
总体评价			100	

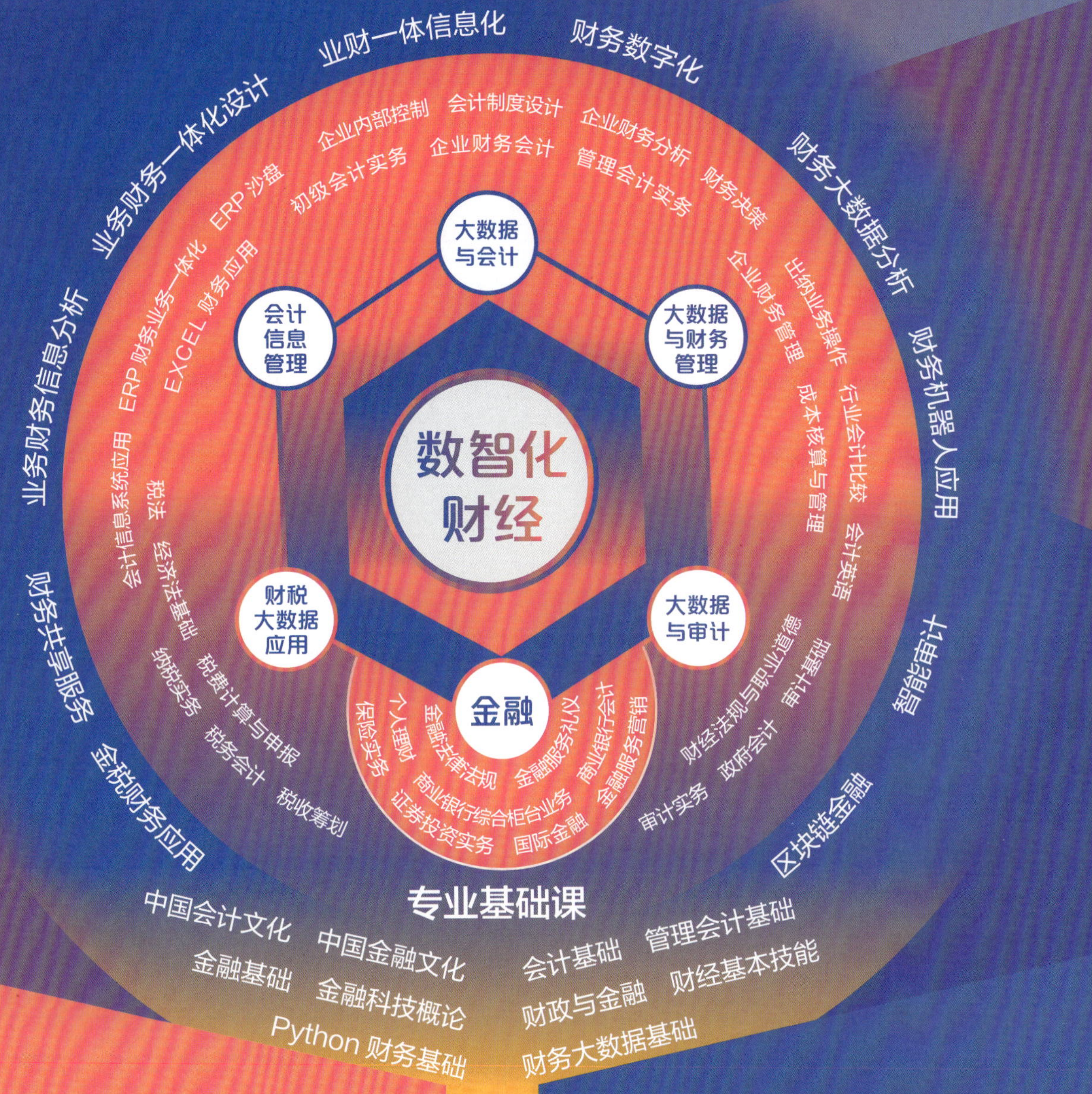

高等职业教育财经类专业群

岗课赛训

- 基础会计实训
- 财务会计实训
- 成本会计实训
- 出纳岗位实训
- 审计综合实训
- 税务会计实训
- 管理会计实训
- 会计综合实训
- 数字金融业务实训
- 会计信息化实验

岗课赛证

- 智能财税
- 金税财务应用
- 财务共享服务
- 业财一体信息化应用
- 财务数字化应用
- 数字化管理会计
- 智能估值
- 智能审计
- 财务机器人应用